나를 소모하지 않는
요즘 학급운영
기본기 60

나를 소모하지 않는
요즘 학급운영
기본기 60

교사성장학교 강민정, 김유리, 김정인, 손경아, 윤용한,
이고은, 이선아, 이지애, 임우균, 조혜민, 주상희 지음

테크빌교육

추천사

교사는 일 년에 열두 번쯤은 벽에 부딪힙니다. 다 준비했다고 생각했는데 아이들의 반응이 낯설고, 이제 좀 괜찮아졌나 싶을 때 학교는 또 다른 과제를 던져 줍니다. 그럴 때마다 교사는 조용히 스스로에게 묻습니다. '지금 내가 잘하고 있는 걸까?' '이 시기에 꼭 챙겨야 하는 건 뭘까?'

교사라는 일은 감정을 많이 쓰는 일이지만 감정만으로는 오래 버티기 어렵습니다. 그보다는 시간을 읽는 감각, 흐름을 가늠하는 눈, 그리고 내 마음을 너무 늦기 전에 살피는 일이 필요합니다. 이 책 『나를 소모하지 않는 요즘 학급운영 기본기 60』은 그런 질문이 많아질 때 꺼내 볼 만한 책입니다.

책에는 거창한 가르침이나 기술보다, 현장에 있는 교사라면 누구나 겪는 작고도 구체적인 순간들이 담겨 있습니다. 누군가는 그걸 흔한 경험이라고 말할지 모르지만, 어떤 교사에게는 그 순간을 어떻게 통과하느냐가 다음 한 달, 다음 학기, 다음 해를 버티는 힘이 되기도 합니다. 이 책은 그런 순간들을 놓치지 않고 기록해 두었습니다.

3월의 시작부터 12월의 작별까지, 무엇을 준비해야 할지 막막한 시기마다 한 걸음 먼저 지나간 누군가가 건네 주는 실용적인 이야기와 단단한 문장들이 담겨 있습니다. 이 책은 교사의 일상을 미화하지 않습니다. 그렇다고 교사의 삶을 낡은 책임감으로만 무겁게 붙잡지도 않습니다. 이 책은 그저 조용히 곁에 머물면서, 한 장 한 장, 교사가 다시 걸음을 내딛을 수 있도록 기준과 감각을 되살려 주는 책입니다. 그러니 벽에 부딪혔다고 느껴질 때, 애써 넘지 말고 잠시 멈춰보세요. 이 책의 한 장이, 지금 필요한 당신만의 지도를 꺼내 줄 것입니다.

창남초등학교 교사 차승민

3월 첫날은 모든 교사들에게 낯설고 두렵기도 하나, 한편으로 마음이 부풀어 오르는 시간입니다. '내 교실'을 통해 빛날 수많은 꿈이 펼쳐질 공간에서 수많은 선택과 결정을 내리며 매일같이 아이들과 함께 살아가는 일 년의 시간은 아름답지만 결코 가볍지 않은 여정입니다. 그런 의미에서 이 책 『나를 소모하지 않는 요즘 학급운영 기본기 60』은 교직의 첫걸음을 내딛는 선생님들뿐 아니라 새로운 교실로 터전을 옮기는 선생님들에게 단순한 생존 매뉴얼을 넘어, 교사로서의 마디를 단단히 채워 주는 든든한 동반자가 되어 줄 책입니다.

이 책은 단순히 '몇 월에 무엇을 해야 한다'는 설명에 머물지 않고, '왜' 그것이 필요한지, 그리고 '어떻게' 하면 더 잘할 수 있는지를 교육적 감각으로 풀어냅니다. 저자들은 자신들의 경험을 배경으로, 학교생활 열두 달을 따라가며 교사로서 마주하게 될 수많은 상황들을 한 걸음 한 걸음 풀어 놓고 있습니다. 그 안에는 이전보다 더 나은 길을 걸어갈 수 있도록 따뜻하게 등을 토닥이는 진심 어린 조언들이 가득 담겨 있습니다.

이 책은 교사들이 자신감을 가지고 교사로서의 길을 걸어가도록 북돋아 주는 책입니다. 이 여정이 생존이 아니라, 아이들과 함께 성장하는 의미 있는 시작이 되기를 바라는 선배 교사의 마음이 이 책 곳곳에 녹아 있습니다. 저경력 교사뿐만 아니라 교육의 본질을 되새기고 싶은 모든 교사들에게 꼭 추천하고 싶습니다.

교육실천이음연구소 대표 · 초등교사 송칠섭

교실이라는 낯선 여행지로 떠나는 교사들의 뒷모습에는 설렘과 두려움이 함께 서려 있습니다. 미지의 여행지로 떠나는 여행자에게 가장 필요한 것은 훌륭한 안내서를 곁에 두는 것입니다. 이 책 『나를 소모하지 않는 요즘 학급운영 기본기 60』은 어쩌면 가장 다정다감한 교실 여행 안내서입니다.

이 책은 3월의 설레는 출발 준비부터 12월의 아쉬운 귀로까지 열두 달의 여정을 친절하게 안내하고 있습니다. '학부모 총회는 어떻게 준비해야 할지' 막막한 갈림길에서 방향을 알려 주고 '학생들끼리 다툴 때'에도 잠시 쉬어 갈 수 있는 그늘이 되어 줍니다. 먼저 이 길을 걸어간 선생님들이 빼곡히 남긴 메모처럼 책의 모든 문장에는 현장의 온기와 진심이 담겨 있습니다.

　도서관에 수많은 책이 있지만 이 책만큼 교사의 마음을 깊이 헤아리는 책은 드뭅니다. 생존을 위한 팍팍한 기술만이 아니라 아이들과 함께 웃고 성장하는 여행의 기쁨을 일깨워 주기 때문입니다. 교실이라는 길 위에서 때로 외롭고 지친 모든 선생님의 배낭 속에 이 책 한 권이 꼭 들어 있기를, 그리하여 교사의 일 년이 '살아남기'가 아닌 행복한 '살아내기'의 여정이 되기를 진심으로 바랍니다.

골약초등학교 교사, 교육부 미래수업에듀터치교사연구회 회장 이승조

머리말

변화와 불안 속에서 모두를 성장시키는 기본기의 힘
: 선생님들께 받은 60개 질문에 답하며

"네, 뭐라고요?"

휴대폰 너머에서 교감 선생님의 무뚝뚝한 목소리가 들려 왔어요. "선생님께서는 ○○초등학교로 3월 1일자 발령이 났어요. 올해 5학년 담임을 맡을 건데…. 우리 학교 아이들이 좀 거친 편이긴 하지만 아마도 괜찮을 거예요. 이틀 뒤에 학교로 오세요."

'오, 이런! 맙소사!' 미용실에서 헤어롤을 만 채 속으로 비명을 질렀어요. 단골 미용실 원장님이 발령을 축하한다고 말씀하셨지만 귀에 전혀 들어오지 않았어요. 차가운 얼음물을 뒤집어쓴 듯 손발이 차가워지고 머릿속이 하얗게 변했어요. 호주에서 목화솜을 따다 발령 소식을 듣고 급히 귀국한다는 친구의 소식에 '이야, 대박!'을 외친 게 바로 어제였어요. 그 대박이 나에게 일어나니 눈앞이 캄캄하더군요. '나는 담임교사를 맡을 준비가 되지 않았는데!'

그러거나 말거나 결국 이틀 뒤에 저는 학교로 찾아가야 했어요. 교장 선생님의 발령

축하 인사도 교감 선생님의 업무 인수인계 설명도 감사히 귀담아 들었어요. 하지만 학교가 어떤 방식으로 운영되는지 몰랐던 터라 솔직히 이해가 잘 되지 않았어요. 그래도 도리 없죠. 일주일 뒤에 저는 일단! 교사가 되었답니다. 그리고 맨땅에 헤딩하는 게 얼마나 아픈지를 알게 되었어요.

"선생님, 우리 애는 왜 맨날 학교에서 친구들과 치고받고 싸우기만 할까요? 집에서는 정말 순한 양 같은데 말이에요. 선생님이 사랑으로 감싸주지 않으셔서 그런 게 아닐까요?"
"선생님은 왜 이렇게 전화를 받을 때 불친절해요? 좀 상냥하게 말하세요!"
"진짜 바빠 죽겠는데 언제 기안 쓰는 법을 다 알려 주고 해요? 기존 기안 보고 선생님이 좀 알아서 쓰세요!"

신규 생활 내내 학교라는 공간이 신규 교사에게 베테랑 수준의 역량을 발휘하길 기대한다고 생각했어요. 어떤 사건이 발생해도 다른 선생님들처럼 그때그때 문제를 잘 해결해야 했고 실수는 그다지 용납되지 않았어요. 교대에서 배운 내용은 학교생활을 할 때 하등 도움이 되지 않는 것만 같았어요. 물론, 교직 경력이 쌓이니 없어서는 안 되는 기본기 지식임을 실감했지만 신규 때는 정말 도대체 왜 내 머릿속에 아무 지식도 들어 있지 않은 건지 한탄하곤 했답니다. 업무를 처리할 때나 생활 지도를 할 때 궁금한 점이 많았지만 주변 선생님들은 모두 너무나 바쁘셨고 교장, 교감 선생님은 궁금한 점을 물어보기엔 부담스러운 존재였죠.

이 책은 그런 문제의식에서 시작됐어요. 저 또한 초임 교사 시절 수많은 시행착오를 겪으면서 배워야 했고 경험이 쌓일수록 익숙해졌어요. 하지만 그 과정은 참 길고 힘들었어요. 이 시간을 힘들게 버텨낸 선배 선생님들이 모여, 후배 선생님들이 조금이라도 수월하게 학교생활을 시작할 수 있도록 돕는 책을 짓게 되었습니다.

학교생활이라는 것은 수업을 잘하는 것뿐 아니라 매일, 매달, 매 학기 학급 운영, 학부모와의 소통, 업무처리, 생활지도 등 다양한 부분을 조화롭게 진행해 나가는 일입니다. 그래서 이 책은 담임교사가 일 년 동안 실제로 품게 되는 질문들을 정리해 제시하고 여러 선생님들의 경험을 바탕으로 현실적인 답을 제공해 두었어요.

그리고 이 책은 현장에서 이미 오랜 시간 근무하신 선생님들도 유용하게 보실 수 있도록 내용을 구성했어요. 교육 환경도 학생들의 특성도 해마다 변화하고 달라지기 때문에 요즘의 새로운 관점으로 상황을 새롭게 이해하면 가벼워지는 문제들도 있는 것 같습니다. 아직 베테랑에는 이르지 못한 요즘 교사들의 해법을 담은 이 책이 새로운 관점을 안내해 드리는 공손한 나침반이 되어 드릴 수 있기를 바랍니다.

경력이 쌓여도 3월은 항상 긴장감과 기대감에 사로잡힙니다. 새로운 1년의 학급 운영을 어떻게 해 나갈지 고민하는 모든 교사들에게 매년 되짚어 보면 좋은 학급운영의 기본사항을 정리해 드릴게요. 이 책으로 여러분의 고민을 조금이라도 덜고 기분 좋은 안정감을 높이실 수 있다면 좋겠습니다.

또한 이 책으로 동학년 선생님들이 월에 한 번씩 함께 대화하시면서 자연스럽게 협업하는 시간을 가져 보시기를 추천드려 봅니다. 서로 말하고 듣는 대화만으로도 피로감이 낮아지고 서로의 상황을 참고하며 새로운 해답이나 힌트를 발견할 수 있을 거예요. 이 책이 동학년 모임의 시작과 진행을 돕는 작은 씨앗으로 쓰일 수 있다면 좋겠습니다.

요즘 학급운영의 기본기를 정리해 엮은 이 책이 여러 선생님들께 유익한 가이드북이자 참고서로 쓰이기를 바라면서도 상황이 정말 여의치 않은 어떤 선생님께는 어쩌면 유일한 페이스메이커가 될 수도 있겠다는 책임감을 가지고 책을 썼습니다. 더 많은 선생님들이 튼튼한 자신감을 가지고 교단에 오르실 수 있기를, 그래서 우리가 우리의 교실을 보다 따뜻하고 의미 있는 공간으로 만들어 나갈 수 있기를 소망합니다.

2025년 8월
저자진 일동

차례

머리말 변화와 불안 속에서 모두를 성장시키는 기본기의 힘
: 선생님들께 받은 60개 질문에 답하며 • 07

Part 1. 학교생활

발령　Q. 발령 첫날 해야 하는 일은 무엇인가요? • 14
학교 이해하기　Q. 학교의 규정이나 관행 중 특별히 알아야 할 것이 있나요? • 18
부서 업무　Q. 처음 맡게 된 업무는 어떻게 준비해야 하나요? • 22
업무포털　Q. 업무포털을 어떻게 사용해야 하나요? • 27
공문서　Q. 공문서 작성법을 알려 주세요 • 35
학년 및 업무 신청　Q. 원하는 학년과 업무를 받는 노하우가 있나요? • 40
교직원 회의　Q. 학년 교직원 회의는 왜 하나요? • 47
업무 관계　Q. 동학년 회의 이후에 티타임은 어떻게 하면 좋은가요? • 53
업무 관계　Q. 다른 선생님들과의 연락 예절에는 어떤 것이 있나요? • 58
업무 관계　Q. 동료 교사와의 협업은 얼마나 중요한가요? • 63
교원 공동체　Q. 교원 공동체는 무엇인가요? • 68

Part 2. 담임생활

학급운영　Q. 3월 첫 학급 운영을 위해 무엇을 준비해야 할까요? • 74
학급 교육과정　Q. 학급 교육과정과 평가는 어떻게 작성해야 할까요? • 80
첫 만남　Q. 아이들과 첫 만남을 어떻게 준비해야 할까요? • 88
자리 배치　Q. 아이들 좌석 배치는 어떻게 해야 할까요? • 96
생활지도　Q. 학년 초 생활지도는 어떻게 해야 할까요? • 101

생활 습관	Q. 기본 생활 습관은 어떻게 만들어 주어야 하나요? • 109
학급 규칙	Q. 학급 규칙을 민주적으로 만드는 방법은 무엇인가요? • 114
학급 회의	Q. 학급 회의는 어떻게 진행하나요? • 119
보상	Q. 학급 보상은 어떻게 하면 좋은가요? • 124
학부모 상담	Q. 학부모 상담은 어떻게 준비해야 할까요? • 131
학부모 총회	Q. 학부모 총회는 어떻게 준비해야 할까요? • 136
공개수업	Q. 공개수업은 어떻게 준비해야 할까요? • 142
아침 활동	Q. 아침 시간에 할 만한 활동은 무엇이 있을까요? • 149
쉬는 시간, 점심시간	Q. 쉬는 시간과 점심시간 생활지도는 어떻게 하면 좋을까요? • 156
글쓰기 지도	Q. 글쓰기 활동을 지도하는 방법이 궁금해요 • 162
일기 쓰기	Q. 사생활 문제가 있는데 일기 쓰기 해도 될까요? • 167
교실 놀이	Q. 교실에서 하면 재미있는 교실 놀이 추천해 주세요 • 173
갈등 해소	Q. 학생들끼리 다툴 때 갈등을 해결하는 방법은 무엇인가요? • 178
문제 행동	Q. 문제 행동을 보이는 학생을 어떻게 지도해야 할까요? • 186
성적 처리	Q. 나이스(NEIS)에 성적 처리는 어떻게 하나요? • 194
방학 준비	Q. 방학 전후에 챙겨야 하는 일이 있나요? • 202
방학 준비	Q. 곧 방학인데 진도가 너무 많이 남았어요. 이럴 땐 어떻게 하나요? • 206
노하우	Q. 수업 연구, 학급경영 노하우는 어디서 얻을 수 있나요? • 209

✚ 교실환경

학급 환경	Q. 학급 환경 구성에 관한 좋은 아이디어를 알려 주세요 • 216
학급 물품	Q. 학급에 비치하면 좋은 물건들이 있나요? • 223
학급 운영비	Q. 학급 운영비로는 어떤 것을 구입하면 좋나요? • 228
학습 준비물	Q. 학기 초 학생과 학급에 필요한 준비물은 어떤 것이 있나요? • 232

✚ 학부모 관계

학부모 소통	Q. 학부모와 소통하는 방법에는 어떤 것이 있나요? • 240
학부모 알림	Q. 학생 문제를 학부모에게 알려야 할 때 어떻게 해야 하나요? • 249
학부모 민원	Q. 학부모 민원이 있을 때 어떻게 처리해야 하나요? • 255

Part 3. 특별한 상황들

1학년	Q. 1학년 3월, 어떻게 준비해야 할까요? • 260
통합학급	Q. 통합 학급 운영은 어떻게 해야 하나요? • 268
부상 사고	Q. 아이가 다쳤을 때 어떻게 대처해야 하나요? • 279
학교 폭력	Q. 학교 폭력이 일어났을 때 어떻게 대처해야 하나요? • 284

Part 4. 특별한 활동들

- 동아리   Q. 동아리 활동은 어떻게 운영하면 되나요? • 292
- 운동회   Q. 운동회는 어떻게 준비하고 진행하나요? • 296
- 생존 수영   Q. 생존 수영, 어떻게 준비하고 진행하면 될까요? • 303
- 현장 체험 학습   Q. 현장 체험 학습을 가려고 해요. 어떻게 준비하고 진행할까요? • 312
- 학예회   Q. 학예회(발표회)를 앞두고 있어요. 무엇을 준비해야 하나요? • 319

Part 5. 교사생활

- 복지   Q. 교사를 위한 복지에는 어떤 것이 있나요? • 326
- 휴가   Q. 교사가 활용할 수 있는 휴가는 어떤 것이 있나요? • 331
- 방학 보내기   Q. 방학을 알차게 보내는 방법이 있을까요? • 337
- 겸직과 부수입   Q. N잡러가 유행인데 초등교사도 할 수 있나요? • 341
- 전문성 키우기   Q. 업무 실력을 키우고 싶을 때 무엇을 살펴보면 좋나요? • 346
- 연수   Q. 41조 연수가 무엇인가요? • 350
- 연수   Q. 교사를 위한 연수에는 어떤 것이 있나요? • 357
- 연구 대회   Q. 연구 대회는 언제, 어떻게 준비해야 할까요? • 361
- 대학원   Q. 대학원은 언제 선택하는 것이 좋을까요? • 370
- 승진과 전보   Q. 승진이나 이동은 어떤 기준으로 이루어지나요? • 374

저자진 소개 • 377

학교생활

발령 | 발령 첫날 해야 하는 일은 무엇인가요?

새 학교에 발령을 받았다. 설렘 반 걱정 반으로 학교로 향하는 발걸음이 가볍지만은 않다. 첫 출근 날 무엇부터 해야 할지, 어떤 것들을 준비해야 할지 긴장되기 때문이다. 많은 점이 여러 모로 낯설고 긴장되는 순간이지만, 체계적으로 준비하면 첫날도 무사히 보낼 수 있을 것이다. 발령 첫날에 꼭 해야 할 일들을 순서대로 알아보도록 하겠다.

1. 출근 전 준비 사항

첫인상이 중요하다. 특히, 발령 첫날은 많은 선생님들과 처음 대면하기 때문에, 단정하고 깔끔한 모습으로 시작하는 것이 좋다. 또한 필요한 서류나 물품을 미리 준비해 당황하지 않도록 한다.

출근 전 준비 사항	
복장 및 외모 준비	• 깔끔한 정장이나 세미 정장 준비 • 편하면서도 단정한 신발 • 깔끔한 헤어 스타일 • 단정한 색상의 의상 선택 • 과하지 않은 액세서리

필수 지참물 체크리스트	• 인사 발령장 원본과 사본 3부 • 교원 자격증 사본 • 통장 사본과 도장	• 최종 학력 증명서 • 주민등록등본(3개월 이내)
개인 물품	• 실내화 • 필기구와 새 수첩 • 개인용 텀블러 • 간단한 필기도구 세트 • 메모지와 포스트잇	

2. 초기 행정 절차

학교에 도착하면 가장 먼저 해야 할 일은 기본적인 행정 절차를 마무리하는 것이다. 이 과정은 학교마다 약간의 차이가 있을 수 있으나, 보통 다음과 같은 순서로 진행된다.

	사고 발생 통지서 작성	
교무실 도착하기	• 시작 시간보다 최소 30분 일찍 도착 • 학교 위치를 미리 확인하고 교통편 체크 • 여유 있게 출발해 지각 위험 방지	• 교무실 위치 미리 파악
첫 행정 업무	교감 선생님 면담 • 간단한 자기소개 • 준비해 온 서류 제출 • 앞으로의 일정 확인 • 특별한 지시 사항 확인	행정실 방문 • 인사 기록 카드 작성 • 급여 관련 서류 제출 • 건강보험 자격 취득 신청 • 교직원 공제회 가입 신청

3. 학교 구성원과의 만남

첫 대면이 중요한 만큼 예의 바르고 겸손한 태도로 인사하는 것이 좋다. 특히, 관리자와의 면담은 앞으로의 학교생활에 중요한 지침이 될 수 있으므로 메모하며 경청하는 자세가 필요하다.

1 관리자 면담

관리자 면담 시	
교장실 방문	• 노크 후 "실례하겠습니다" 하고 입실 • 발령받은 신규 교사 ○○○임을 알리기 • 앉으라고 하시기 전까지 서서 대화 • 학교장 말씀 경청하고 필요시 메모
주요 확인 사항	• 학교의 교육 방침과 특색 사업 • 담당 학년과 담임 여부 • 부서 배정 및 담당 업무

2 동료 교사 만남

관리자 면담 시	
부장 교사 인사	• 교무 부장, 연구 부장, 학년 부장 순으로 인사 • 각 부장님께 향후 지도 편달 부탁하기 • 필요한 서류나 준비물 확인 • 부서별 주요 업무 파악
동학년 선생님들과 첫 만남	• 학년 연구실 위치 확인 • 학년 주요 일정 문의 • 수업 시간표 확인 • 협의회 일정 문의

4. 업무 파악 및 인수인계

실질적인 교사 업무를 시작하기 위한 준비 단계다. 이 과정에서 놓치는 부분이 없도록 꼼꼼히 체크하고 필요한 내용은 반드시 메모한다.

1 기본 업무 확인

학급 기본 서류	• 학급 명단 수령: 남녀 순번, 연락처, 특이 사항 등 확인 • 출석부 인수인계: 이전 출결 상황 및 특이 사항 체크 • 학생 건강기록부: 알레르기, 지병 등 특이 사항 파악 • 개별화 교육 대상 학생 관련 서류 확인 • '정서행동특성검사' 결과 확인
교실 관리	• 교실 비품 목록 확인: 컴퓨터, TV, 청소 도구 등 • 교실 내 시설물 점검: 고장 난 것은 없는지 체크 • 책걸상 배치도 확인 • 게시판 구성 계획 수립

② 교과 업무 관련

교육과정 운영	• 학년별 교과 진도 계획 수령 • 월별·주별 수업 계획 확인 • 교과서 및 지도서 수령 • 교과별 평가 계획 확인 • 수행평가 기준 및 방법 파악
수업 자료	• 기존 수업 자료 인수인계 • 교과별 기자재 보유 현황 파악 • 수업 자료 제작 방법 안내받기 • 학습자료 저장 위치 확인 • 교과 연구실 비품 확인

③ 행정 업무 관련

공문 처리	• 전자결재 시스템 사용법 숙지 • 공문 처리 절차 파악 • 공람 문서 확인 방법 • 보안 문서 취급 방법 • 문서 보관 기한 확인
학교 시스템 활용	• 나이스 시스템 활용법 • 출결 관리 방법 • 학생생활기록부 기재 요령 • 성적 처리 절차 • 학부모서비스 관리 방법 • 각종 통계 자료 입력 방법

이런 경우에는 어떻게 해야 하나요?
5. 출근 첫날 생각보다 일이 많아 정신이 없어요

·······

첫 출근날에는 예상보다 훨씬 많은 일이 기다리고 있어 당황스러울 수 있다. 하지만 모든 것을 하루 만에 완벽하게 처리하려고 하면 오히려 실수할 수 있다. 체계적으로 우선순위를 정해 하나씩 처리해 나가는 것이 중요하다.

오전에 반드시 처리해야 할 일
인사 관련 서류는 급여 지급과 직접 연관되어 있어 가장 먼저 처리해야 하는 중요한 일이다. 인사 발령서 원본과 사본, 최종학력증명서, 교원자격증 사본, 주민등록등본, 통장 사본, 건강검진결과서 등이 기본적으로 필요하다. 이런 서류들은 오전 중으로 제출을 완료하는 것이 좋다. 또한 각종 전자 시스템 접근 권한이 필요하다. 나이스 인증서 발급 신청과 업무 관리 시스템 계정 생성은 실제 업무 처리를 위해 반드시 필요한 부분이니 오전 중에 신청을 완료하자. 발급에 시간이 걸릴 수 있으므로, 최대한 서둘러 신청하는 것이 좋다.
오후에 처리할 일
여유를 갖고 처리할 수 있는 일들을 진행한다. 학급 명단을 받고 교과서와 지도서를 수령하는 일부터 시작하면 좋다. 또한 교실 내 각종 비품도 확인해 두어야 하는데, 이는 다음 날까지 천천히 확인해도 된다.

| 학교 이해하기 | 학교의 규정이나 관행 중 특별히 알아야 할 것이 있나요?

새 학교 첫 출근을 맞아 학교에 갔다. 교무실 자리 배치부터 업무 분담, 동료 교사들과의 소통 방식까지 모든 것이 낯설었다. 그날 오후, 교감 선생님이 박 선생님을 따로 불러 친절하게 학교의 주요 규정과 관행을 설명해 주셨다. "우리 학교는 학부모 상담이 중요해요. 작은 문제라도 학부모와 미리 소통하는 걸 권장합니다. 그리고 매월 첫 주에는 모든 교사가 모여 학년별 보고를 하니 꼭 참석해 주세요." 이전 학교와 운영 방식이 꽤 다르다는 것을 느꼈다.

1. 학교 규정

학교 규정이란 교사들이 일관된 원칙으로 업무를 수행하고, 학생들에게 안정된 학습 환경을 제공하기 위해 마련된 중요한 지침이다. 학교마다 세부 규정이 다르지만, 대부분의 초등학교에서 공통적으로 적용되는 주요 규정들은 다음과 같다.

- 교사의 출근 시간: 오전 8시-8시 30분 사이다. 퇴근 시간은 오후 4시-5시 사이지만, 방과 후 학교, 학부모 상담 등 추가 업무가 있을 경우 더 늦어질 수 있다. 시간 엄수를 강조하는 학교가 많으므로, 정시 출근과 퇴근을 준수하자.
- 학사 일정: 연간 학사 일정에는 학급 운영, 시험 일정, 방학식 및 개학식, 체육

대회, 졸업식 등이 포함된다. 일정 변경 사항은 신속히 학부모와 학생들에게 공지해야 하며, 일정 관리를 위해 주간 업무 회의에 참석하는 것이 필수적이다.

- 문서 작성과 보고 절차: 교사들은 업무 보고서를 작성하고, 이를 교감 또는 교장에게 제출해야 한다. 공문 작성 시 지정된 형식을 따라야 하며, 내용의 정확성을 확보해야 한다. 교육청에서 요구하는 자료 제출 기한을 준수하고, 팀별로 협력해 서류를 작성한다.
- 학급 운영과 학생 지도: 학급 규칙은 학생들과 함께 정하며, 학교 차원의 규정과도 일치해야 한다. 문제 행동이 발생할 경우, 학급 내 해결 방안을 모색한 후 필요시 학부모와 협력해 지도한다.
- 학부모 상담과 소통: 학부모 상담은 학교마다 정해진 양식을 기반으로 진행하며, 상담 내용을 정확히 기록한다. 학교는 학부모와의 긴밀한 소통을 중요시하므로, 작은 문제라도 사전에 알리고 함께 해결 방안을 논의한다.
- 교사 연수와 전문성 개발: 교사 연수는 연간 일정에 따라 필수적으로 참여해야 한다. 연수 내용은 주로 교육과정 변화, 학생 지도 기술, 최신 교수법 등을 포함한다. 연수 결과 보고서를 작성해 교육청이나 학교 관리자에게 제출하는 경우도 있다.
- 안전 관리와 긴급 상황 대응: 화재, 지진, 사고 등 긴급 상황 발생 시 대처 방안은 학교에서 정한 매뉴얼에 따라야 한다. 학생 안전을 최우선으로 하며, 정기적으로 안전 교육과 대피 훈련을 실시한다.

2. 학교 관행

학교 관행은 공식적인 규정에 명시되지 않았지만, 학교 내에서 오랜 시간 동안 형성된 행동 양식이나 분위기를 의미한다. 이는 교사들이 일상 업무에서 자주 접하게 되는 비공식적인 규범들이다.

- 인사 문화: 학교에서는 아침에 인사를 나누며 유대감을 높이는 것이 관례다. 간단하지만 활기차게 인사하는 것이 중요하며, 특히, 먼저 인사를 건네는 것이 좋다.
- 학년별 협력 방식: 학년별로 업무를 나눠 협력하는 것이 일반적이다. 예를 들어, 수업 자료를 공동으로 준비하거나 학부모 상담 일정을 조율하는 경우가 많다. 학년 내에서 팀워크를 발휘하면 업무의 효율성을 높일 수 있다.
- 학부모와의 소통 문화: 일부 학교는 주기적인 학부모 간담회를 열어 학급 상황을 공유하며, 다른 학교는 개별 상담 위주로 진행한다. 소통의 기본 원칙은 신뢰와 존중이다.
- 교내 행사 참여: 체육대회, 학예회, 졸업식 등 교내 행사는 학교 공동체의 중요한 부분으로, 모든 교사가 적극적으로 협력해 역할을 분담하는 경우가 많다.
- 교사 간의 정보 공유: 교사들 간의 정보 공유는 공식적인 회의 외에도 비공식적인 대화나 온라인 메시지로 이뤄질 수 있다. 업무와 관련된 중요한 정보를 빠르게 공유하는 습관을 가지는 것이 효율적이다.

3. 학교 규정과 관행에 적응하는 팁

- 규정과 관행의 차이를 이해하기: 규정은 반드시 따라야 하는 법적·행정적 지침이지만, 관행은 학교 공동체의 분위기와 문화를 반영하는 비공식적인 규범이다. 2가지를 혼동하지 않고 각각의 역할을 명확히 이해하자.
- 관찰과 기록 활용하기: 학교생활 초반에는 선배 교사들이 어떻게 행동하고 소

통하는지 배우는 것이 중요하다. 학교 관행 중 따르기 어려운 부분은 메모해 두고, 시간이 지나면서 적응하도록 노력한다.

- 적극적인 질문과 소통: 규정이나 관행에 대해 궁금한 점이 생기면 주저하지 말고 선배 교사나 관리자에게 물어보는 것이 좋다. 특히, 혼동되거나 모호한 사항은 명확히 해야 한다.
- 개방적인 태도 유지하기: 새 환경에 적응하려면 유연하고 개방적인 태도를 유지하는 것이 중요하다. 기존의 방식을 강하게 고수하기보다, 학교 방식에 적응하려는 노력을 보여야 한다.
- 관행에서 오는 스트레스 관리: 비공식적 관행이 부담이 될 때는 자신만의 스트레스 해소 방법을 찾아야 한다. 예를 들어, 동료 교사들과의 대화를 통해 공감대를 형성하거나, 규정에 집중하면서 관행의 비중을 조정할 수도 있다.
- 관계 형성: 교사 간의 관계는 학교생활에 큰 영향을 미친다. 점심시간이나 쉬는 시간에 동료 교사들과 대화를 나누며 신뢰를 쌓는 것이 관행 적응에도 도움이 된다.

부서 업무 | 처음 맡게 된 업무는 어떻게 준비해야 하나요?

학교에서는 매년 업무가 바뀐다. 경력이 쌓여서 이제 좀 할 만한가 싶으면 또 새로운 업무가 기다린다. 올해 맡은 업무는 예전에 한 번 해 봤던 업무지만 몇 년 사이 지침도 바뀌고 학교마다 상황이 달라서 다시 준비해야 한다. 이렇게 새로운 업무를 맡게 되면 무엇부터 해야 할까? 그리고 학교 업무의 종류에는 어떤 것이 있을까?

1. 학교 업무의 종류에는 어떤 것들이 있나요?

학교 업무는 학급 수와 지역사회와의 교류 정도에 따라 조금씩 다르지만 보통 다음과 같은 업무영역을 갖고 있다.

업무 부서	부서별로 하는 일의 범위
교무부	학교생활기록부, 공식 학교행사, 학적, 출결, 학부모회 관련 업무 등
연구부	교육과정 관련, 연구 학교 진행, 교사 연수, 평가, 전문적 학습 공동체 등
체육부	운동회 관련 진행, 스포츠 클럽 대회, 운동부 관리, 체육 관련 업무
정보부	디지털 기기 관리, 학교 소프트웨어 프로그램, 나이스 관련 업무
인성부	학교폭력대책위원회, 인성 교육 관련, 학생 상담
방과 후 돌봄	방과 후 학교 운영 및 돌봄 교실, 늘봄 학교 운영 관련 업무

과학부	과학실 관리, 과학의 달 행사 추진, 교내 과학 대회 관련 업무
도서부	학교 도서관 관리, 교과서 선정, 도서 구입 예산 사용
복지부	교육 복지 사업 추진, 방과 후 자유 수강권 관리
체험 학습	수학여행, 수련회, 학년별 현장 체험 학습

업무 부서마다 부장 교사가 있고 학교 규모가 크다면 부서별 계원 선생님이 각자 업무를 나눠 일을 추진한다. 학교마다 사정이 다르기 때문에 어떤 학교는 운동회를 가장 큰 학교행사로 추진하는가 하면 과학 행사를 크게 하는 학교도 있다. 연구 학교 추진 여부에 따라서도 업무가 조금씩 조정된다.

2. 담당하게 될 부서 업무 정해지나요?

보통 1-2월에 전보 발표가 난 후 당해 연도 근무 인원이 정해지면 희망 업무 분장표를 교감 선생님께 제출한다. 올해 맡은 학년과 업무의 난이도에 따라 차년도 희망 업무와 학년 배정에서 배려가 되기도 하지만 학교 사정에 따라 변수가 매우 많은 영역이다. 우선, 최대한 희망 업무와 학년 배정이 원칙이지만 같은 업무나 학년에 희망자가 많을 경우 인사관리 위원회에서 학교 자체 지침에 따라 정해진다.

업무 분장표 예

3. 처음 맡게 된 업무 파악은 어떻게 할까요?

차년도 업무 확인 ⇨ 전년도 업무 계획서 시기별 확인 ⇨ 업무 담당 전임 선생님 설명 ⇨ 물품·문서 인수인계서 작성 ⇨ 차년도 업무 추진 시기 확인

① **전년도 업무 추진 계획서 열람 |** 담당 업무가 정해지면 전년도 그 업무의 계획서와 결재된 내부 문서들을 업무포털에서 모두 조회한다. 업무포털 화면에서 등록 일자를 지난 1년으로 설정하고 기안자에 업무 담당 전임 선생님의 이름으로 검색하면 전임자가 기안한 문서를 모두 조회할 수 있다. (문서등록대장 검색하는 방법: [K-에듀파인]-[업무관리]-[문서관리]- [문서함]-[문서등록대장])

② **인수인계 |** 전년도 업무 담당자가 학교에 있을 때: 전년도 업무 계획서와 기안 문서들을 날짜별로 파악했다면 인수인계를 받을 전년도 업무 담당 선생님께 설명을 듣는다. 미리 파악하고 있는 업무 정보가 있을 때 원활한 업무 인수인계가 이뤄질 수 있다. 우리 학교에서 좀 더 중점을 둬야 하는 사항과 실제로 업무 추진을 할 때 유의 사항들을 전년도 업무 담당자에게 들을 수 있다.

전년도 업무 담당자가 학교에 없을 때: 전년도 업무 담당자가 전보로 인해 학교에 없을 때는 업무 부장 교사에게 인수인계를 받아야 한다. 문서화된 인수인계 정보와 전년도 업무 계획서를 토대로 업무를 파악한다. 실제로 업무를 추진하면서 절차를 잘 모르는 일이 있다면 업무 부장 교사와 상의해 계획을 세우면 된다.

4. 업무 계획 세우기

········

1 학교 업무 추진 흐름

전년도 계획서 참고 ⇨ 당해 연도 운영 계획서 작성 ⇨ 사업 예산 에듀파인 확인 ⇨ 내부 기안 또는 학교운영위원회 심의 ⇨ 사업 추진

2 업무 계획서의 내부 기안(계획 수립 및 결과 보고) | 전년도 업무 계획서를 살펴보고 업무의 흐름을 파악했다면 당해 연도 업무 추진 계획서를 작성한다. 전년도의 계획을 참고하면서 올해 업무를 추진하는 과정에 좋은 방법이나 업무상 개선 사항이 생긴다면 이를 계획서에 반영해 작성한다. 같은 사업을 하는 다른 학교의 경우도 참고하면 좋다. 작성한 계획서는 내부 결재로 기안하고 배정된 예산이 있다면 에듀파인에서 예산을 확인한다. 계획서 중에는 학교운영위원회의 심의를 받아야 할 사업들도 있기 때문에 업무 부장님과 상의해 학교운영위원회의 심의 여부도 확인한다.

업무 계획서 예

5. 학교 예산 사용에 관한 궁금증

········

1 예산 사용의 절차 | 업무를 추진하면서 학교 예산을 사용해야 하는 경우가 있다. 학교 예산 사용은 업무 계획서를 기안할 때 사업별로 세부 항목으로 지정돼 있는 예산을 행정실과 협의해 품의를 올리고 사용한다. 품의는 업무 내부 결재 기안과는 별개로 에듀파인에서 하고 결재 경로는 사업 담당자 기안 → 부장 → 행정실 협조 → 교감 → 교장 순이다. 품의 후 교장 선생님까지 결재가 나면 계약이 필요한 일은 행정실에서 계약을 진행하고 실물 카드로 결제가 필요한 일은 담당자가 결제한 후 납품 물품 검수까지 한다. 검수가 완료되면 행정실에서 예

산을 지출해 업체에 금액을 지급한다.

업무 계획서 기안 (담당자) ⇨ 예산 사용 품의 기안 (담당자) ⇨ 원인 행위 (행정실) ⇨ 물품 납품 (업체) 검수 (담당자) ⇨ 지출 (행정실)

② **예산 사용은 누구와 협의하나요?** | 업무를 추진하면서 품의를 올려서 예산을 쓰는 일이 처음에는 낯설고 어렵다. 품의 기안을 하는 형식부터 어떤 곳에 적절하게 예산을 얼만큼 사용해야 하는지 대략적인 가늠도 어렵다. 이럴 때는 행정실과 협의를 자주 하자. 학예회나 운동회 같은 학교 대외 행사에는 많은 예산이 사용되고 세부 항목도 많다. 궁금한 점이 있을 때는 행정실에 문의하는 것이 가장 빠르다. 예산 사용도 전년도 업무 계획서 참고하는 것과 마찬가지로 작년의 예산 사용 기록을 보면 어느 정도 감이 잡힐 것이다.

업무포털을 어떻게 사용해야 하나요?

올해 3월에 발령받은 신규 교사인데 학교에서 '업무포털'에 들어가 나이스로 교육과정 편제를 등록하라고 한다. 아직 어떻게 해야 하는지 모르겠다. 업무 관련 공문도 업무포털의 K-에듀파인에서 보고, 조퇴할 때도 나이스에 올려야 한다는데 낯선 용어에 아득해진다. 업무포털은 어떻게 사용해야 할까?

1. 나이스, K-에듀파인

업무포털에서 주로 사용하는 2가지 메뉴는 나이스와 K-에듀파인이다. 먼저 나이스(NEIS, National Educational Information System)는 전국의 학교 및 17개 시·도 교육청과 교육부를 네트워크로 연결한 종합 교육행정 정보시스템이다. 나이스는 복무, 인사 기록, 급여 등 교사 개인적인 활용 기능과 교육과정, 학생 생활기록부 등 학급 업무 기능을 갖는다. K-에듀파인은 교육부에서 운영하는 교육 행·재정 통합 시스템으로 크게 2가지 기능을 한다. 먼저 공문을 작성하거나 열람할 수 있다. 그리고 학교 예산을 사용해야 할 때 품의할 수 있다. 즉 나이스와 K-에듀파인은 학교 업무 전반을 포함하고 있는 시스템이다.

나이스	K-에듀파인
조퇴, 연가, 병가 등 복무 신청	맡은 업무와 관련된 공문 작성
급여 명세서 조회	학급 운영비 사용을 위한 품의 작성
교육과정 편제 등록	학교로 오는 공문 열람
기초 시간표 입력	이전 해 진행된 업무에 대한 공문 검색
수행평가 기록	간단한 통계를 보내는 자료 집계 입력
학급 출석부 기록	관내 교사에게 내부 메일 작성

나이스와 K-에듀파인를 사용하는 예

2. 업무포털 접속을 위한 인증서 발급

업무포털에 접속하기 위해서는 인증서를 발급받아야 한다. 일반적으로 학교 내 나이스 관련 업무를 담당하는 교사에게 요청해 신청서를 공문으로 보내야 한다. 공문이 접수되면 메일이나 문자로 인증서 발급과 관련된 내용이 통보된다. 안내에 따라 행정전자서명인증센터(www.epki.go.kr)에 접속해 인증서를 발급받는다. 문자나 메일 수신 후 30일 이내에 발급해야 하며 이후에는 공문으로 재신청해야 한다. 인증서를 컴퓨터에 저장하는 경우 일반적으로 '로컬드라이브 (C:)'의 'gpki' 폴더에 저장되며 이 폴더를 복사해 USB, 클라우드 등으로 복사, 이동 가능하다. 분실을 방지하기 위해 인증서를 USB에 백업해 두는 것이 좋다. 인증서가 발급되었다면 업무포털에서 사용자 등록을 해야 한다. 학교의 인사 담당자가 나이스 인사 시스템에 인사 기록을 등재했다면 아이디 개설과 인증서 등록이 원활하게 될 것이다.

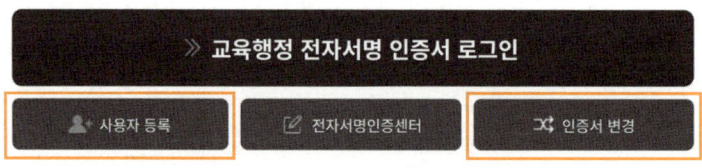

업무포털 첫 화면의 '사용자 등록'과 '인증서 변경'

사용자 등록 시 이런 경고 메시지가 뜬다면

① **업무포털에 등록되지 않았거나 사용 기간이 만료된 사용자입니다.**
- ▶ 나이스 인사에 사용자 정보가 등록되지 않은 경우로 인사 담당자에게 사용자 정보가 정확히 등록되었는지 확인하고 연계 재전송 버튼을 누르도록 요청해야 한다.
- ▶ 타 시·도 전입, 파견 등 기존 업무포털을 사용했던 경우 이전 학교에서 전출이나 발령 처리를 완료했는지 확인하고 연계 재전송을 요청해야 하며 인증서는 이동한 현 학교에서 재발급받아야 한다. 이 경우 사용자 등록을 하지 않고 '인증서 변경' 메뉴로 새로 발급된 인증서를 등록한다.

② **이미 등록된 사용자입니다.**
- ▶ 다른 기관에서 이미 나이스를 사용했을 경우로 '인증서 변경' 메뉴를 통해 'ID 찾기'로 본인 아이디를 확인한 뒤 로그인하면 된다.

③ **사용자 정보와 인증서 정보가 일치하지 않습니다.**
- ▶ 나이스 인사 시스템에 등록된 정보와 인증서 발급 신청서의 정보가 일치하지 않을 때다. 인사 정보 오류 시 수정하고 연계 재전송하며, 인증서 발급 신청서를 수정해야 할 경우에는 재발급을 받아야 한다.

3. 나이스 톺아보기

나이스는 크게 기본 메뉴와 교무 업무 메뉴를 활용할 수 있다. 기본 메뉴에서는 자주 사용하는 기능은 먼저 교사 개인의 복무 관리다. **[기본 메뉴]-[복무]-[개인근무상황관리]**에서 연가, 병가, 공가 등을 신청할 수 있으며 신청 내용을 작성하고 학교에서 안내된 결재 라인을 지정해 승인 요청을 한다. 일반적으로 조퇴, 외출 등 시간 단위의 복무는 교감까지만 상신하지만 하루 이상의 연가, 특별 휴가 등은 교장까지 결재 완료해야 한다. 자녀 돌봄 휴가, 육아시간 등 증빙 서류를 함께 제출해야 할 경우 승인 요청 후 목록에서 오른쪽의 [등록] 버튼을 눌러 증빙 서류를 저장할 수 있다. [복무]-[개인출장관리]에서는 업무차 회의, 연수, 학생 인솔을 위해 학교 밖으로 나가게 될 경우 출장을 요청할 수 있다. 이때 동행하는 다른 교원을 한 번에 신청할 수 있다.

이 밖에도 [인사]-[인사 기록]에서는 호봉, 연구 실적, 징계, 경력, 학위 취득 여부 등 교사 개인정보를 확인하고 수정할 수 있다. [급여]에서는 급여를 확인하고 부양가족 신고를 신청할 수 있으며 [연말정산]에서 매년 1월 관련 서류를 등록해 처리할 수 있다. [외부강의]에서는 겸직 혹은 일회성으로 외부 강의를 신청할 때 사용하며, [원격업무지원서비스]에서는 가정에서도 업무포털에 접속할 수 있는 'EVPN 서비스'를 신청할 수 있다. 신청 후 가정에서 http://evpn.sen.go.kr 등 각 지역의 원격 업무 지원 시스템으로 접속해 인증서로 업무포털에 접속할 수 있다.

[기본 메뉴] 상단에는 교무 업무 기능을 하는 메뉴들이 있다.

[학급담임]에서 대부분 학급 운영, 학생생활기록부와 관련된 업무를 처리할 수 있다. 매 학기 초 [교육과정]-[교과편제관리]에서 학년 교육과정에 따라 과목별 시수를 입력하고, [시간표관리]-[학급시간표관리]-[기초시간표]에 기본적인 시간표를 입력한 뒤 교육과정과 일치하게 시간표를 관리한다. [학생생활]에는 자율활동, 동아리 활동 등 창의적체험 활동을 입력하고, 학생의 전반적인 학교생활을 서술하는 '행동특성 및 종합 의견'을 기록한다.

[성적]에서 학년에서 계획한 평가 계획을 입력해 [학생평가]-[교과평가]에 수행평가 결과를 입력하고 [학기말종합의견]에 학생별로 과목 수업 활동 내용을 서술한다. [학생부]에서는 한 학기 동안 나이스에 기록한 내용을 학생생활기록부에 반영하거나 생활 통지표로 출력할 수 있으며 특히, [정정대장관리]에서는 이전 학년 학생생활기록부에 오류가 있을 경우 수정할 수 있다. 이외에도 [학적]에서는 학생 개인정보를 볼 수 있고 [출결관리]에서 학생들의 출결 상황을 입력할 수 있다. [보건]에서는

학생들의 건강기록부를 관리하며, [학생건강체력평가]에서 PAPS 내용을 입력할 수 있다. [학급담임] 이외에도 [전입전출], [반편성], [학교스포츠클럽] 등을 통해 필요한 교무 업무를 수행할 수 있다.

나이스에서 메뉴가 보이지 않거나 조회했을 때 원하는 내용이 보이지 않을 경우 나이스 업무 담당자에게 메뉴나 내용 권한을 요청해야 한다. 예를 들어, [학교스포츠클럽] 메뉴가 보이지 않아 입력할 수 없는 경우 메뉴 권한을 요청하고 [평가] 메뉴는 뜨지만 내용을 입력하려 하는데 조회해도 학생 목록이 보이지 않을 경우 내용 권한을 받아야 한다.

또한 나이스에서 결재를 요청한 모든 사항은 [승인 사항]-[상신함]에서 확인할 수 있다. 혹시 수정 사항이 발생할 경우 상신함을 조회해 회수, 취소 처리를 할 수 있다. 아직 결재 전인 경우 '회수'를 누르고, 결재가 완료된 경우 '기결문서취소'를 누르면 상신했던 내용이 취소된다. [상신함]-[개인결재선등록]에서는 자주 요청하는 결재 라인을 저장해 매번 나이스 상신 시 편리하게 활용할 수 있다.

현재 나이스에서는 오른쪽 상단에 [튜토리얼] 기능을 제공하고 있다. 나이스 업무 파악을 위한 튜토리얼로 주요 업무에 도움을 받을 수 있다.

학급담임을 선택하셨습니다.

이제, 학급담임 교사의 주요업무에 대해 간략히 알아볼까요?

* 각 업무에 해당하는 하위 메뉴 중 튜토리얼 대상은 빨간색 표기된 세부메뉴 입니다.

학적	기본학적관리(기본신상관리) · 출결관리(일일출결관리)
학생생활	창의적체험활동(자율활동관리, 동아리활동관리(부서배정), 봉사활동실적관리, 진로활동관리) · 행동특성및종합의견(행동특성및종합의견)
성적	학생평가(교과평가, 학기말종합의견, 교과학습발달상황)
학교생활기록부	학교생활기록부(학생부반영, 자료검증 및 반마감) · 생활통지표(통지표등록,자료반영 및 마감관리, 통지표 조회 및 출력)

튜토리얼 화면

4. K-에듀파인 톺아보기

K-에듀파인은 각종 공문(학교 내외 업무 처리를 위한 공적 문서)을 생산하고 접수하는 '업무 관리'와 학교 예산을 처리하는 '학교 회계'로 구분한다. 왼쪽 상단에서 두 메뉴를 선택할 수 있다.

1 업무 관리

- 공문을 작성(기안)해야 할 때: [문서관리]-[공용서식]-[일반기안문 서식]에서 일반적으로 '결재 4인, 협조 4인'을 열어 필요한 내용을 작성한다.
- 이전 업무자가 작성한 기안을 복사해 수정하고 싶을 때: [문서관리]-[문서등록대장]에서 해당 공문을 검색해 상단의 [재작성]으로 수정 및 작성할 수 있다.
- 공문 내용과 관련된 과제 카드가 없을 때: [과제관리]-[학교과제]에서 관련 과제 카드를 찾아보고 행정실에 과제 카드 배정을 요청한다.
- 공문을 완성하지 못하고 보관해야 할 때: [일반기안문 서식]의 상단에 [임시저장]을 활용해 저장하고 [문서관리]-[임시저장]에서 찾아 이어 작성한다.
- 작성하는 공문을 다른 선생님도 알고 있어야 할 때: [일반기안문 서식]에서 [공람]을 찾아 필요한 교직원을 조회해 입력한다.
- 공문을 타 기관으로 보내야 할 때: [일반기안문 서식]-[시행정보]-[수신자지정]에서 기관을 찾아 입력한다.
- 공문에 문서를 첨부해야 할 때: 본문에 '붙임'을 작성하고 하단에 [파일추가]에서 문서를 첨부한다.
- 내게 배정된 공문을 처리해야 할 때: 상단의 [결재(긴급)]의 숫자가 있다면 나에게 배정된 공문이 있을 때다. 알맞은 과제 카드를 입력하고 처리한다.
- 다른 교직원이 공문을 함께 보길 원할 때: 상단의 [공람]에는 공람된 공문을

자주 읽어 본다. 공람은 다른 교직원이 담임 혹은 개인 업무와 관련된 공문이 접수돼 내가 함께 읽어야 한다고 생각하는 공문이다.

- 학교로 접수된 모든 공문을 보고 싶을 때: **[문서관리]-[문서함]-[문서등록대장]** 에서 모든 공문을 검색해 볼 수 있다.
- 교육청에 간단한 통계 자료를 보낼 때: 접수된 공문에서 학교의 자료를 공문이 아닌 '자료집계'로 요청할 때가 있다. 이때는 **[자료집계]-[제출요청자료]**에서 관련 자료를 찾아 입력한다.
- 관내 타 기관에 소속된 개인에게 메일을 보낼 때: **[내부메일]-[메일작성]**에서 타 학교, 교육지원청 등 타 기관에 소속된 개인에게 메일을 보낼 수 있다.

2 학교 회계

- 학교 예산 사용을 위해 품의를 작성해야 할 때: **[사업관리]-[사업담당]-[품의/정산]-[품의등록]**에서 품의를 작성한다.
- 이전 품의를 수정해 사용하고 싶을 때: **[품의/정산]-[품의목록]**에서 해당 이전 품의를 선택한 후 오른쪽 상단 **[품의복사]**를 눌러 복사된 품의를 수정한다.
- 품의 관련 예산이 보이지 않을 때: 품의 작성 시 **[예산선택]**에서 관련 예산이 보이지 않을 경우 행정실에 예산 등록을 요청해야 한다.
- 품의한 내용이 완결되었을 때: 품의한 일시에 맞춰 행정실을 통해 예산을 사용한다.

5. 결재와 관련된 용어들이 어려워요!

....

'상신'은 결재를 올리는 것을 뜻한다. 결재권자에게 작성한 공문이나 복무 요청

등을 나이스나 K-에듀파인을 통해 결재를 올리는 것을 '상신한다'라고 말한다. '기결'은 결재권자가 결재를 완료한 것을 의미한다. 이러한 상태를 '완결'이라고도 한다. 그런데 혹시 결재 이후 수정사항이 발생했을 때는 어떻게 해야 할까? 결재권자가 아직 결재하지 않은 상태에서는 '회수' 처리를 하면 되지만 이미 완결 상태라면 '기결 취소'를 해야 한다. 기결 취소는 사유를 간단히 작성하는 절차를 밟게 된다. '미결'은 아직 결재가 되지 않은 상태이며 '반려'는 결재권자가 수정을 요청하며 다시 기안하도록 되돌려 보내는 것이다.

공문서

공문서 작성법을 알려 주세요!

교사는 학생을 가르치는 것뿐만 아니라 교육과 관련된 행정 업무도 해야 한다. 그래서 교사는 공문서 작성 능력을 갖추어야 한다. 하지만 교직 경력이 오래되어도 공문서를 작성할 때 날짜, 숫자, 특수 기호 등이 여전히 헷갈리는 경우가 있다. 공문서를 쉽게 작성할 수 있는 팁을 소개한다.

1. 공문서의 개요

공문서는 행정기관 또는 공무원이 직무와 관련해 작성하고 처리한 문서와 행정기관이 접수한 문서를 말한다. 공문서의 종류는 표와 같다.

구분	종류		설명
유통 대상 여부	미유통	내부 결재	행정 기관이 내부적으로 계획 수립, 처리 방침 결정, 업무 보고, 소관 사항 검토 등을 위해 결재받는 문서
	유통	대내 문서	해당 기관 내부에서 보조 기관 또는 보좌 기관이 상호 간 협조를 하거나 보고 또는 통지를 위해 수신·발신하는 문서
		대외 문서	해당 기관 이외에 다른 행정기관(소속 기관 포함)이나 국민, 단체 등에 수신·발신하는 문서

문서의 성질	법규 문서	법규 사항을 규정하는 문서
	지시 문서	훈령 · 지시 · 예규 · 일일명령 등 행정기관이 그 하급 기관이나 소속 공무원에 대해 일정한 사항을 지시하는 문서
	공고 문서	고시 · 공고 등 일정한 사항을 일반에게 알리기 위한 문서
	비치 문서	행정 기관 내부에 비치하면서 업무에 활용하는 문서
	민원 문서	민원인이 행정기관에 요구하는 문서 및 이에 대한 처리 문서
	일반 문서	위 각 문서에 속하지 아니하는 모든 문서

일반적으로 사용하는 기안문·시행문은 두문, 본문, 결문으로 구성된다.

- 두문: 행정기관명, 수신, 경유
- 본문: 제목, 내용, 붙임
- 결문: 발신 명의, 기안·검토·협조·결재 권자의 직위 또는 직급 및 서명, 등록 번호, 행정기관 정보 등

2. 본문 작성 방법

1️⃣ 제목은 문서의 내용을 쉽게 알 수 있도록 간단하고 명확하게 기재한다.

2️⃣ 본문의 항목 구분 및 표시는 문서의 내용을 둘 이상의 항목으로 구분할 필요가 있으면 다음 구분에 따라 순서대로 표시하되, 필요한 경우에는 ▫, ○, ─, • 등과 같은 특수 기호로 표시한다.

구 분	항 목 기 호	비 고
첫째 항목	1, 2, 3, 4, …	둘째, 넷째, 여섯째, 여덟째 항목의 경우, 하, 하), (하), ㉻ 이상 계속되는 때에는 거, 거), (거), ㉣, 너, 너), (너), ㉤ … 등 단모음 순으로 표시
둘째 항목	가, 나, 다, 라, …	
셋째 항목	1), 2), 3), 4), …	
넷째 항목	가), 나), 다), 라), …	
다섯째 항목	(1), (2), (3), (4), …	
여섯째 항목	(가), (나), (다), (라), …	
일곱째 항목	①, ②, ③, ④, …	
여덟째 항목	㉮, ㉯, ㉰, ㉱, …	

- 첫째 항목 기호는 왼쪽 기본선에서 시작한다.
- 둘째 항목부터는 위 항목 위치에서 오른쪽으로 2타씩 옮겨 시작한다.
- 항목이 두 줄 이상인 경우 둘째 줄부터는 항목 내용의 첫 글자에서 맞춰 정렬한다.(Shift+Tab 사용)
- 항목 기호와 그 항목의 내용 사이에는 1타를 띄운다.

③ 숫자, 날짜, 시간, 금액 표시

- 숫자는 아라비아 숫자로 표시한다.
- 공문서 날짜는 마침표(.)를 찍어 표시하며 월과 일에 일의 자리가 오더라도 앞에 '0'을 쓰지 않는다. 예를 들면, 2024. 8. 1.(목)
- 시간은 24시각제에 따라 숫자로 표기하되 시·분 사이에 쌍점(:)을 찍어 구분한다. 예를 들면, 18:00, 09:00~13:30
- 금액을 표시할 때는 아라비아 숫자로 쓰되, 숫자 다음에 괄호를 하고 한글로 기재한다. 예를 들면, 금113,560원(금일십일만삼천오백육십원)

④ 문서에 첨부 자료가 포함되는 때는 본문이 끝난 줄 다음에 '붙임' 표시를 하고 명칭과 수량을 쓰되, 첨부물이 2가지 이상인 경우 항목을 구분해 표시한다.

⑤ 문서의 '끝' 표시

- 본문 내용의 마지막 글자에서 한 글자(2칸) 띄우고 '끝.' 표시를 한다.
- 첨부물이 있으면 붙임 마지막 내용 다음에 한 글자(2칸) 띄우고 '끝.' 표시를 한다.
- 본문 또는 붙임 내용이 오른쪽 끝에까지 와서 끝난 경우 그다음 줄의 왼쪽 끝에서 한 글자(2칸) 띄우고 '끝.' 표시를 한다.
- 본문이 표로 끝나면 표 아래 왼쪽 끝에서 한 글자(2칸) 띄우고 '끝.' 표시를 한다.

6 문서 작성 시 유의점

- 정확한 용어를 사용하고 문법에 맞게 구성하며, 사실이 왜곡되지 않도록 작성한다.
- 상대방의 입장에서 이해하기 쉽고 알기 쉬운 용어로 작성하고 구체적인 용어를 사용한다.
- 성의 있고 진실하게 작성하되, 적절한 경어를 사용한다.
- 문장은 가급적 짧게 끊어서 항목별로 표현한다.

Q&A
3. 기안문을 쉽게 작성하는 방법이 있나요?

....

[문서등록대장]-[문서관리카드조회]에서 이전 연도에 작성한 문서를 검색 후 '본문 복사'를 활용해 내용을 수정할 수 있다. 본인이 작성한 문서일 경우 **[내문서함]-[기안한 문서]**에서 '재작성'을 하면 본문까지 복사되므로 내용을 쉽게 수정할 수 있다.

품의서를 쓸 때 **[품의등록]**에서 '기본문구적용'을 클릭하면 품의 유형(물품, 수당, 업무 추진비)에 따라 쉽게 작성할 수 있다.

Q&A
4. 틀리기 쉬운 맞춤법과 띄어쓰기를 알려 주세요

공문서는 한글을 사용하며 필요한 경우 한자나 외국 글자를 괄호 안에 쓴다. 본문 작성 시 교육지원청 명칭은 정식 명칭을 사용하며 극존칭이나 존칭 사용을 지양한다(단, 민원 서류 일 경우에는 예외로 적용). 틀리기 쉬운 맞춤법과 띄어쓰기에 유의한다.

맞춤법	띄어쓰기	낱말 및 표현
갯수 → 개수	10월초 → 10월 초	금일 → 오늘
동·식물 → 동식물	수 차례 → 수차례	보여짐 → 보임
목표 년도 → 목표 연도	차질없이 → 차질 없이	매뉴얼 → 지침
10.28-29간 → 10.28.-29.에	기한내 → 기한 내	체크리스트 → 점검표
의심스런 → 의심스러운	착오없으시기 → 착오 없으시기	포탈 → 포털
실업율 → 실업률	총28건 → 총 28건	워크샵 → 워크숍

학년 및 업무 신청
원하는 학년과 업무를 받는 노하우가 있나요?

첫 1년이 어떻게 지났는지도 모르게 어느새 마무리 단계. 종업식을 앞두고 학년과 업무를 신청하라는 공지를 보고 조금 막막해졌다. 어떤 학년을 맡아야 할지, 올해 업무에서 벗어나고 싶은데 어떤 업무를 신청해야 하는 건지, 신청하는 대로 업무는 받을 수 있는 건지. 비어 있는 신청서를 채우려고 컴퓨터 앞에 앉았는데 학년과 업무 순위를 작성하지 못하고 있다.

1. 학교 업무 톺아보기

업무와 학년을 선택하기 위해서는 업무와 학년별 특징을 알고 있는 것이 좋다. 교사 개인의 기질과 특기에 따라 선호도가 달라지기 때문이다. 학교 업무는 학교별 교사 수, 중점을 두고 있는 교육 활동, 학교 폭력 실태 등 교육 환경 등에 따라 곤란한 정도나 조직 형태가 달라진다. 그렇지만 학교 업무는 '수행', '집중', '독립'의 측면에서 보편적 특징이 있다.

'수행'으로 업무를 볼 때 학교에서 안내되는 '업무 분장표'를 떠올리면 쉽다. 학교 업무는 업무 수행 내용에 따라 '교무부, 연구부, 진로생활부, 과학정보부, 예술체육부' 등 부서로 나뉜다. 학교의 규모에 따라 부서가 더 세분화되거나 통합된다. 또한 각 부서에는 부장 교사가 임명되며 부서와 관련된 업무들이 조직된다. 업무 수행 시 해당 부서의 부장 교사와 상의하기도 하며, 학기 말에 부서별 업무 평가회를 갖기도 한다.

부서	업무 예시
교무부	학적, 학부모회, 교육홍보, 진학, 학생생활기록부, 나이스, 학생 자치
교육과정부	교육과정, 평가, 독서, 영어, 외국어, 기초 학력, 교원 학습 공동체(전문적학습 공동체),
문화예술체육부	예술, 학예회, 체육, 스포츠 클럽, 수영
과학정보부	과학, 정보, 방송, 생태, 영재
진로생활부	인성, 생활 복지, 학교 폭력, 안전, 교통, 상담

'집중'의 측면에서 업무는 집중형과 분산형으로 나눌 수 있다. 3월 학년 초에 집중적으로 연간 계획을 세워 세팅해 두면, 이후 업무는 과학의 달, 체육대회, 학예회 등 일정 기간 몰입해야 하는 집중형 업무와 관리만 해도 되는 업무가 있다. 분산형의 업무는 안전 점검, 학생 자치, 방송 등으로 매달 꾸준한 관리가 필요하다. 어려운 업무일수록 분산형과 집중형의 성격을 동시에 갖고 있다.

집중할 때 몰아쳐서 일하고 나머지 기간은 수월하게 가는 것을 원하는 교사도 있고, 잔잔하고 꾸준하게 업무하는 것이 편안한 교사도 있다. 3월에 몰아쳐서 일하는 것에 큰 부담을 느낀다면 집중형 업무는 피하는 것이 좋다.

집중형	학교 평가, 학습 준비물, 교과서, 학교 교육과정, 예술 물품 구매, 학예회, 체육대회, 생활기록부, 체험 학습, 동아리 활동 조직 등
분산형	방과 후 학교 관리, 연수, 학교 폭력, 방송, 학생 자치 운영, 정보 기자재 관리, 방송, 영재, 운동 선수부 등

마지막으로 '독립'의 관점으로 보면 업무는 독립형과 협력형으로 볼 수 있다. 독립형의 경우 개인 업무로 수행하는 나이스처럼 타 교사와 분리되어 독립적으로 하는 업무다. 이와 달리 관리자 및 부장 교사, 타 교원, 학생과 상의하거나 함께 추진

해야 하는 협력형도 있다. 장학, 수업 연구, 학예회 등 전 교원이 참여해야 하는 경우 긴밀한 협의를 통해 계획하고 수행하게 된다. 자치, 방송 등 학생들을 인솔해 업무를 수행해야 하는 것도 협력형에 포함된다. 업무가 복잡하더라도 개인 선에서 끝나는 독립형을 추구하는지, 함께 일을 만들어 가는 것을 선호하는지 스스로에게 묻는 것이 업무 선택에 도움이 된다.

이 밖에도 업무를 파악하는 것에 중요한 것은 예산이다. 업무 관련 예산이 많다는 것은 그만큼 공문 처리와 지출 품의가 많다는 것이다. 또한 과학, 예술 등 학교에서 중점적으로 다루고 있는 교육의 경우 업무 확장성이 커질 수 있다. 관리자에 따라 기존 업무 추진에서 더 발전적으로 확장시키길 원하거나 교육지원청이나 지자체에 예산을 신청하는 경우가 있기 때문이다.

학교 업무의 특징을 파악해야 하는 이유는 교사 개개인마다 편안하게 느끼는 업무 유형이 다르기 때문이다. 내가 어떤 것을 힘들어하는지, 선호하는지 파악해서 잘 맞는 업무를 찾는 것이 필요하다.

개인 업무와 별개로 학년에서도 업무를 나눈다. 대체로 학년 부장이 세워진 경우 교육과정 및 학년 운영의 전반을 부장 교사가 담당한다. 하지만 그 외에도 평가, 각종 위원회, 학습 준비물, 학년 친목, 통계 및 수합 등 학년 내에서 필요한 업무를 나눈다.

2. 학년별 특징 톺아보기

학년 선택에도 개인의 선호가 반영돼야 한다. 아이들의 발달단계에 따라 학년별 특징이 뚜렷하며 교사의 성향에 따라 더 편안하게 느끼는 학년이 있다. 이를 학년별로 나누어 살펴보겠다.

먼저 1-2학년의 경우 학습보다 기초 생활 습관, 학교생활 적응에 초점을 맞추게 된다. 특히 1학년은 학교 시설을 사용하는 법과 시정표 등 규칙을 익히는 단계이기 때문에 아주 작은 단계로 세분화해 활동을 제시해야 한다. 이 시기의 아이들은 집중력이 짧고 수행이 서툴러, 반복 설명해 주고 직접 행동으로 학생들의 어려움을 돕는 일이 많다. 하지만 교사를 적대시하거나 심각한 친구 간 갈등 등 해결이 어려운 문제는 상대적으로 적다. 또한 4교시와 5교시만으로 이뤄져 오후 시간이 비교적 여유롭다. 칭찬을 잘하고 반복 지도하는 것이 힘들지 않은 성향의 교사라면 1-2학년이 적합하다.

3-4학년의 경우 본격적인 학습을 앞두고 기본적인 학습 습관을 다지는 것이 중요하다. 학교생활에 적극적으로 참여할 수 있는 능력을 지니며 협응력이 높아지고 모둠 활동 등 협력적인 활동의 기초를 다진다. 과거 3-4학년을 '황금 학년'이라 할 정도로 1-2학년에 비해 하나하나 도와야 할 일도 적고 사춘기 이전 시기의 적극성이 있어 수월하다는 인식이 많다.

5-6학년은 사춘기에 진입하는 아이들의 정서에 공감하며 교실 내 높아진 학력 차이를 메워 줘야 한다. 교우 관계에 갈등의 골이 깊어지지 않도록 관찰과 지도가 꾸준히 필요하며 독립적인 사고를 시작하는 시기이므로 성숙하게 대해 줘야 한다. 특히, 6학년은 진학, 졸업 앨범, 졸업식 등 학년 업무가 굵직하지만 학생들과 깊은 추억을 쌓을 수 있다.

담임교사 외에 교과 전담 교사도 있다. 담임 업무를 하지 않는다. 학교에 따라 교과 전담 시수가 많거나 여러 과목을 한 사람이 맡기도 하며 고강도의 업무를 주기도 한다. 하지만 학급 운영의 부담이 적어 선호도가 크다. 일부 시·도 교육청은 '시간 선택제'를 운영하기 때문에 해당 교사는 교과 전담을 할 수밖에 없다.

교과 전담 수는 학교 규모에 따라 정해지며 대부분은 선호하는 교사 수에 비해 부족하다. 그렇기 때문에 휴직 등으로 담임 업무를 1년 내내 유지하지 못하는 등 특수한 상황을 고려해 우선 배정한다. 최근에는 '금쪽이'를 피하는 것이 우선 조건인 경우가 많다. 동학년 선생님들과 소통해 각 학년의 분위기를 살피고 저학년, 중학년, 고학년 중 자신의 성향과 맞는 학년이 무엇일지 고민해 보면 좋겠다.

3. 업무와 학년 신청하기

2학기 성적 처리가 마무리되면 겨울 방학을 앞두고 업무·학년 신청서를 제출한다. 학교마다 양식이 다르지만 일반적으로 학년과 업무 희망 1-3순위, 보직 교사 희망 여부를 적게 된다. 내가 맡고 싶은 업무와 학년이 있더라도 신청한 대로 되지 않는다. 일반적으로 교사들의 업무와 학년을 결정하는 것은 교감 선생님이다. 배정에 있어 신규 교사, 중견 교사, 연차가 높은 경력 교사, 임신과 출산 등 교사 개인의 특수 상황 등을 고려된다. 또한 업무 강도에 따라 학년을 매칭하기도 한다. 업무와 학년을 신청할 때 다음 질문을 스스로 던져보는 것이 좋다.

첫째, 동학년 등 다른 교사에게 학교 상황에 대한 정보를 충분히 얻었는가? 특히 지금 학교에 발령받은 지 얼마 되지 않았다면 다른 교사에게 다양한 정보를 얻는 것이 좋다. 특수한 복병이 숨어 있을 수도 있기 때문이다. 예를 들어, 올해 어떤 학년에서는 까탈스러운 민원이 많아 1년 동안 교사들이 고생했다거나, 작은 업무였지만 갑자기 예산을 받게 돼 확장되는 업무가 있을 수 있다. 더불어 학교 인사 규정에 따라 본교 재직 기간 동안 보직 교사나 6학년을 꼭 해야 하는 경우도 있기에 다른 교사들과 정보를 교류하며 업무와 학년을 신청하는 것이 좋다.

둘째, 내가 신청한 업무와 학년이 모두 다른 교사들이 선호하는 것은 아닌가? 업무와 학년 모두 쉽고 편안한 것을 받기란 쉽지 않다. 고강도의 업무를 맡는 대신 학년을 원하는 것으로 받거나, 기피 학년을 신청하는 대신 쉬운 업무를 맡게 되기 마련이다. 업무와 학년의 밸런스를 고민해 신청하되 교감이나 다른 교사도 납득할 만한지 점검하자.

셋째, 관리자에게 내 정보를 알렸는가? 납득할 만한 선택이라면 관리자에게 내가 하고자 하는 업무나 학년, 혹은 절대 피하고 싶은 업무나 학년을 어필하는 것이 좋다. "교감 선생님, 제가 이런 부분에 관심을 갖고 있어 A 업무를 하고 싶습니다. 올해 했던 업무는 너무 힘들었습니다. 올해는 다른 업무를 해 보고 싶습니다. 업무 분장에 어려움 많으시겠지만 부탁드립니다."라고 부탁하는 것이 경력이 적은 교사에게는 어렵게 느껴질 것이다. 하지만 말하지 않으면 구체적인 내 생각을 학교에서 알기 어렵다. 예의를 갖추어 요청하는 것이 1년의 만족도를 높인다.

이런 경우에는 어떻게 해야 하나요?
4. 보직 교사를 꼭 해야 하나요?
·······

보직 교사는 일반적으로 '부장'이라고 불리는 교사다. 학교 업무의 각 부서를 대표하는 특수 부장(업무 부장)과 각 학년을 운영하는 학년 부장이 있다. 시·도 교육청마다 제도가 다르지만 보직 교사에게는 승진, 인사 이동, 성과급 등에 혜택이 있다. 특히 교무 부장과 교육과정 부장(연구 부장)은 학교 전반의 일을 다루며 근무 평정 점수가 높아서 승진에 관심이 있는 교사들이 맡는다. 나머지 보직은 누구든 할 수 있다. 특별한 경우가 아니라면 1정 연수 이후 부장 교사를 임명하지만 학교 상황에 따라 1정 연수 이전에도 부장 교사를 맡게 된다.

대도시의 경우 최근 보직을 기피하는 현상이 두드러진다. 반면 농어촌 소규모 학교의 경우 승진을 위해 모인 교사들이 많아 보직을 서로 맡으려는 상황도 발생한다. 각 학교 인사 규정에는 업무나 학년 배정 원칙과 더불어 보직 교사 배정에 관한 내용이 포함되므로 인사 규정을 꼭 확인하자.

보직 교사 임명이 어려운 학교는 '보직 순환제'를 적용하기도 한다. 해당 학교 재직 기간 중 1회 이상 보직을 해야 하는 제도다. 보직 순환제를 적용하는 학교라면 높은 순위가 아니라도 미리 보직을 한 해 맡는 교사도 있다. 보직 중 가장 나은 자리를 선택해서 미리 할 수 있기 때문이다. 보직은 수행하지만 혜택(승진, 인사 이동 시 혜택)은 받지 못하는 '물 부장'도 있다. 학급 수의 감소 등으로 학교 내 혜택을 받을 수 있는 보직 교사의 수가 줄어드는 경우가 있다. 하지만 학교 업무는 그래도 줄지 않기에 업무는 하되 혜택을 받지 못하는 물 부장을 임명하게 되는 것이다. 혹시 물 부장을 제안받았다면 편안한 학년 또는 동학년 교사를 요청해 보는 것도 좋겠다.

교직원 회의 | 학년 교직원 회의는 왜 하나요?

학년 운영 교직원 회의는 교직 생활에서 없어서는 안 될 중요한 요소다. 업무라기보다는 학생들과 교사들이 함께 성장할 수 있는 기회다. 교직의 긴 여정 속에서 학년 회의와 운영은 동료 교사들과 함께 협력하는 힘을 배우는 소중한 과정이다. 특히 초등교사에게 동학년 선생님들은 한해 동안 내가 가장 의지하고, 나와 함께 한 해를 보낼 최고의 아군이다. 학년 운영을 위한 교직원 회의가 언제 어떻게 이뤄지는지 예상해 보면, 한 해 동안 학년 운영을 설계하는 데 큰 도움이 될 것이다.

1. 학년 운영 교직원 회의란?

□ **학년 운영 조직의 구성** | 학년 운영 조직과 회의는 학년 단위로 학생들의 학습과 생활을 체계적으로 지원하기 위해 교사 간 협력과 소통을 기반으로 이뤄진다. 학년 운영 조직은 학년별 학급담임, 비담임 교사, 관련 지원 인력으로 구성되며, 회의를 통해 학년 목표 설정, 학급 운영 방안, 학생 관리 방안을 논의한다.

	조직 구성원	역할
1	학년 부장	• 학년 전체 운영을 총괄하고, 학교 관리자와의 소통 창구 역할 • 학년 회의를 주재하고, 학년 내 주요 결정 사항을 조율

2	담임교사	• 각 학급 운영의 핵심 책임자. 학생 지도 및 학부모와의 소통 담당 • 학년의 공동 행사 및 활동에 적극 참여
3	비담임 교사	교과 전담 교사 및 특수교사 등. 학급 및 학년 활동 지원
4	지원 인력	보조 교사, 상담 교사, 학습 지원 교사 등. 학년에서 필요한 특별 지원 제공

2 **학년 운영 회의** | 학년 운영 회의는 초등학교 특성상 늘 정해진 시기가 있는 것은 아니며, 필요에 따라 이뤄질 수도 있다.

① 학년 회의의 목적
- 목표 공유: 학년별 교육목표와 운영 방향 설정.
- 문제 해결: 학생 관리, 학부모 소통, 학습지도 등에서 발생하는 문제 논의.
- 행사 계획: 학년 단위로 진행되는 활동(체험 학습, 학예회 등) 기획 및 실행 방안 논의.
- 교사 협력 강화: 교사 간 정보 공유와 의견 조율을 통해 효율적인 학급 및 학년 운영 도모.

② 학년 회의의 유형
- 정기 회의: 월 1, 2회 또는 학기 초, 중간, 말 등 주요 시점에 개최. 학년 운영 전반, 학급별 현황, 학년 행사 계획 등을 논의.
- 긴급 회의: 학년 내 긴급 상황(학생 문제, 학부모 민원 등)이 발생했을 때 개최. 문제 상황에 대한 즉각적인 대처 방안 논의.
- 분과 회의: 특정 주제(체험 학습, 학업 성취도 분석, 행사 준비 등)를 중심으로 구성. 소규모로 진행되며, 주제별로 책임자 지정 가능.

3 **학년 회의의 운영 방안** | 학년 운영은 동료 교사들과의 협력 관계를 만들어 가는 과정이다. 초등학교는 교사들 간의 신뢰와 협력이 쌓였을 때, 학생들도 학년의 분위기로 인해 긍정적으로 변화한다. 1학년의 경우에는 함께 추진하는 상황이 많이 있으므로 자주 동학년 회의를 열고 해야 할 일들을 결정한다. 하지만 일

반적인 회의는 아래와 같이 운영된다.

① 준비 단계
- 회의 안건 수집: 학년 부장 또는 교사가 사전에 회의 주제와 관련 의견을 수집
- 회의 자료 준비: 안건별 참고자료(학습 성취도 현황, 학급별 문제 기록 등)를 준비

② 회의 진행
- 개요 공유: 학년 부장이 회의 목적과 안건을 간단히 설명
- 안건별 논의: 각 안건에 대해 교사들의 의견을 수렴하고 토론
- 결정 사항 기록: 필요에 따라 회의록을 작성해 모든 교사에게 공유. 결정 사항은 필요에 따라 실천 계획과 함께 배포

③ 회의 후속 조치
- 결정 사항 실천: 교사별 역할 분담에 따라 실행
- 피드백 수집: 실행 후 문제점과 개선점을 논의하기 위해 추가 회의 필요

4 학년 운영 회의의 주요 안건 사례

① 학기 초 회의
- 학년 목표 설정: 학습 및 생활지도 방향 논의
- 행사 계획: 1년 동안 진행할 학년 행사 일정 초안 작성
- 학급 운영 방안 공유: 각 담임교사의 학급 운영 방안 발표 및 협의

② 학기 중 회의: 문제 행동 학생의 지도 논의. 학급별 학습 진도 상황 공유. 학습 성취도가 낮은 학생에 대한 보충 학습 협의

③ 학기 말 회의: 1년간의 학년 활동에 대한 평가. 학급별 문제점 및 개선점 공유. 다음해 학년 부장 또는 담임에게 전달할 사항 정리

2. 학년 운영 회의의 사례

1 학년 운영 회의의 주요 안건별 사례

① 사례 1: 학년 체험 학습 준비

- 안건: 체험 학습 장소 선정 및 일정 조율하기
- 회의 진행: 장소 후보지 토론(박물관, 자연 체험장 등 작년 체험 학습지를 예시)
- 예산 확인 후 결정: 역할 분담(체험 학습 신청서 작성, 학부모 공지, 안전 교육 준비 등)
- 결과물: 체험 학습 일정표, 장소 예약 확인서, 준비물 체크리스트 등 가정 통신문 준비하기

② 사례 2: 문제 행동 학생 지도

- 안건: 학급 내 문제 행동 학생 관리 방안 논의하기.
- 회의 진행: 문제 행동 사례 공유(학급별)하기.
- 지도 방법 논의(개별 상담, 학부모 연계).
- 특별 프로그램 도입 검토(멘토링, 상담 활동 등)
- 결과물: 학생 지도 계획서, 학부모 상담 일정표.

③ 사례 3: 학습 성취도 분석.

- 안건: 학년 전체의 학습 성취도 현황 파악하기.
- 회의 진행: 중간 평가 결과 공유, 학습 부진 학생에 대한 보충학습 방안 논의하기.
- 결과물: 보충 학습 프로그램 계획안, 교재 준비 및 실행 일정 조율하기

2 학년 운영 회의의 월별 사례 | 학년의 효율적인 운영과 학생 지도를 위해 매월 정기적으로 이뤄지며, 각 달의 특성과 학교 일정에 따라 주요 안건과 논의 내용을 설정한다.

월	주제	월별 학년 회의의 내용과 진행
2월	새 학년 준비	• 새 학년도 학년 운영을 위한 전반적인 계획 수립 – 학년 목표 설정(학습 및 생활지도 방향 구체화, 학년 교육과정 계획서 초안 작성) – 학급 운영 준비(학급 배정 및 학년별 행사 초안 공유) – 입학식, 학부모 설명회 등 주요 행사 준비 **결과물:** 학년 운영 계획안, 학급별 준비 사항 리스트
3월	학년 운영 시작	• 학년 초 운영 방안을 점검, 초기 문제 상황 확인 – 회의 주요 내용 – 학생 적응 상태 점검 – 신입생 및 기존 학생의 학급 적응 상태 공유 – 학급별 특이 학생 사례 논의 – 학부모 소통 준비: 학부모 상담 일정 및 내용 협의 – 안전지도 및 생활지도 계획 **결과물:** 학년 초 학급별 적응 지원 계획, 상담 일정표
4월	학습 진도 점검 및 체험 학습 준비	• 학습 진행 상황 점검 및 체험 학습 계획 수립 – 학습 진도 상황 점검(진도 공유 및 보완책 논의, 부진 학생 지원 방안 논의) – 체험 학습 준비(장소 및 일정 확정, 안전지도 및 사전 교육 계획 수립) – 운동회 등 1학기 주요 행사 준비 **결과물:** 체험 학습 계획서, 학습 지원 계획안
5월	학생 생활지도 강화	• 학생 생활지도의 중간 점검과 개선 – 학생 생활지도 점검(교우 관계와 규칙 준수 상태 공유, 문제 행동 지도 방안 논의) – 학부모 소통 강화(학부모 상담 시 유의점, 학년 단위 활동 점검) – 1학기 공동학년 활동 진행 상황 점검 **결과물:** 생활지도 점검표, 학부모 상담 계획
5월	학생 생활지도 강화	• 학생 생활지도의 중간 점검과 개선 – 학생 생활지도 점검(교우 관계와 규칙 준수 상태 공유, 문제 행동 학생 지도 방안 논의) – 학부모 소통 강화(학부모 상담 시 유의점, 학년 단위 활동 점검) – 1학기 공동학년 활동 진행 상황 점검 **결과물:** 생활지도 점검표, 학부모 상담 계획
6	학기 말 준비	• 학기 말 학업 성취도 및 생활지도의 점검과 마무리 – 학업 성취도 평가 준비(학기 말 평가 계획 수립, 학습 부진 학생의 보완 방안 협의) – 학년 행사 마무리(체험 학습 및 기타 학년 단위 활동 보고) – 학기 말 학생 관리(방학 전 생활지도 및 안전지도 계획) **결과물:** 학기 말 평가 계획안, 방학 생활지도 계획
7–8월	방학 및 학년 중간 점검	• 방학 중 학년 운영 상황 점검과 2학기 준비 – 방학 중 과제 점검(방학 숙제 및 학생 생활지도 방안 점검) – 2학기 준비(학년 교육과정 조정 및 학습 진도 계획 협의) – 학급 관리 문제 논의(1학기 문제 행동 학생 개선책) **결과물:** 2학기 학년 운영 초안, 방학 과제 점검 보고서
9월	2학기 학년 운영 계획	• 2학기 학년 운영 방향 점검 및 재조정 – 학습 성취도 점검(1학기 학업 성취도 평가 결과 반영, 2학기 보충 및 심화 학습 계획 논의) – 행사 준비(학예회, 진로 체험 등) – 생활지도 강화 방안 논의 **결과물:** 학예회 준비 계획, 학습 지원 계획

월	구분	내용
10월	2학기 행사 집중	• 2학기 주요 행사 운영과 학급 관리 강화 –학예회 발표 준비 점검 –진로 체험 활동 장소와 일정 확정 –학생 문제 관리(중간 점검 결과에 따른 생활지도 보완) 결과물: 학예회 발표 계획서, 진로 체험 활동 일정표
11월	학기 말 준비	• 학기 말 평가와 생활지도 계획 수립 –학업 성취도 평가 준비(2학기 말 평가 계획 점검) –생활지도 계획(방학 전 학생 안전 지도) –학급별 특이 학생 사항 정리(학생 생활기록부 작성 준비) 결과물: 학기 말 평가 기준, 생활기록부 작성 체크리스트
12월	학년 운영 총평	• 1년간 학년 운영 평가 및 다음 학년도 제언 –학년 성과 평가(학급별 운영 결과 보고 및 학년 전반 평가) –개선점 및 제안(다음 학년도 운영 방향 논의) –업무 인수인계 준비(학년 자료 정리 및 다음 학년 교사와 공유) 결과물: 학년 총평 보고서, 제안서
1월	학년 운영 계획 및 업무 정리	• 학년 말 학년 운영 마무리 및 다음 학년도 준비 계획 수립 –학년 말 평가(학년의 전반적인 운영 성과 및 개선점 논의) –업무 인수인계 준비(다음 학년도 학년 부장 및 담임교사에게 전달할 자료 정리) –학급 문서 정리(학생 생활기록부 및 학급 운영 자료 점검) 결과물: 학년 평가 보고서, 개선 사항 목록

3. 학년 운영 회의

학년 회의에서 중요한 것은 적극적으로 참여하는 자세다. "내가 말을 꺼내면 어색하지 않을까?", "내가 기여를 할 수 있을까?" 걱정하지 말고 작은 사례라도 공유하면서 서로 도움을 주고받자. 성장할 기회라고 여기면 의미 있는 시도가 될 것이다. 회의에서 유의할 점은 다음과 같다.

- 체계적인 준비: 회의 안건을 사전에 명확히 정리하고 자료를 준비하기
- 효율적인 시간 관리: 시간 내 주요 논의를 마치고, 불필요한 논쟁 피하기
- 교사 간 협력과 소통: 모든 교사의 의견을 존중하며, 실현 가능한 대안을 도출하기
- 결과물 공유: 회의록과 실천 계획을 통해 모든 교사가 실행 방향을 명확히 인지하기

업무 관계
동학년 회의 이후에 티타임은 어떻게 하면 좋은가요?

수요일 오후, 동학년 회의를 마친 후 정 선생님은 머리가 복잡했다. 새로운 학기 학급 운영에 대해 논의가 오갔지만, 회의가 끝난 후 남는 건 묘한 답답함과 혼란스러움이었다. "다들 이런 고민을 어떻게 풀어 가는 걸까?"라는 생각이 머릿속을 떠나지 않았다. 회의 내용은 모두 유익했지만, 그중 무엇을 우선적으로 실행해야 할지 판단이 서지 않았다. 회의를 마친 후 동료 교사들이 삼삼오오 모여 티타임을 갖는 모습을 보며, 정 선생님은 그 자리에서 가서 더 구체적으로 물어보고 싶다는 생각이 들었다. 하지만 막상 티타임 자리에 끼어들 용기가 나지 않았다.

1. 회의 내용을 정리하고 실천으로 옮기기

회의 전에 논의될 주제를 숙지하고 자신의 의견과 질문을 미리 정리해 둔다. 회의 이후에는 반드시 내용을 정리하고, 자신의 학급 상황에 맞게 실행 계획을 세워야 한다. 회의는 단순히 아이디어를 나누는 자리로 끝나서는 안 된다. 따라서 회의 중 논의된 아이디어와 결정 사항을 체계적으로 정리하는 것은 이후 실행 과정에서 필수적이다.

① **핵심 사항 파악하기** | 회의의 모든 내용을 기록할 필요는 없다. 결정된 사항, 공

통의 목표, 자신의 학급에서 적용 가능한 내용을 중심으로 기록한다. 회의 이후에는 반드시 주요 내용을 요약하고, 실행 가능한 아이디어를 선별한다. 실행 목표는 점진적으로 확장하며 진행한다. 특히, 공동 목표는 팀워크를 유지하는 데 중요한 지표가 되므로 빠뜨리지 말아야 한다.

[2] **자신의 학급에 맞게 적용하기** | 회의에서 나온 모든 아이디어가 자신의 학급에 들어맞는 것은 아니다. 학생들의 학습 수준과 특성을 분석해 조정해야 한다. 예를 들어, 평가 방식을 논의한 경우 학급 학생들의 성향과 필요를 반영해 실행 계획을 수정한다. 실행 계획을 단계별로 나눠 체크리스트를 작성하고, 각 단계를 완료할 때마다 점검하면 좋다. 동료 교사와 함께 협력해 실행 과정을 공유한다.

[3] **실천 후 점검과 개선** | 실천이 끝난 후에는 반드시 점검 과정을 거쳐야 한다. 실행 결과를 통해 무엇이 잘 작동했는지, 어떤 부분이 개선이 필요한지를 분석한다. 이 과정에서 동료 교사나 학생들로부터 피드백을 받아서 실행 과정에서 놓친 부분을 보완한다. 이렇게 얻은 정보를 바탕으로 계획을 수정하고, 다음 실행에 반영하면 학급 운영의 효과를 향상시킬 수 있다.

2. 티타임에서 효과적으로 소통하기

티타임은 비공식적인 자리에서 동료 교사들과 소통하며 유익한 정보를 얻을 수 있는 기회다. 잘 활용하면 동학년 회의에서 다뤘던 내용의 맥락을 더 깊이 이해하고, 자신만의 적용 방식을 구체화할 수 있다. 다만, 공식 회의에서 다룰 내용을 깊이 논의하지는 않는다.

① 질문하고 배우는 요령

① 궁금한 점을 미리 정리하기: 티타임 전에 회의에서 이해되지 않은 부분이나 추가로 알고 싶은 사항을 간단히 정리해 둔다. 예를 들어, "이번 평가 방식에서 실제로 어떤 도구를 사용하나요?" 같은 구체적인 질문이 도움이 된다.

② 적극적으로 경청하기: 동료 교사들이 자신의 경험이나 아이디어를 공유할 때는 경청이 중요하다. 고개를 끄덕이며 공감하거나 질문을 덧붙이면 신뢰를 쌓을 수 있다. 동료 교사들의 이야기를 경청하며, 학년의 전반적인 문화와 규칙을 파악하고, 자신의 고민을 짧고 명확하게 전달하며 조언을 구한다. (예: "이 부분이 생소한데 어떻게 시작해야 할지 모르겠어요.")

③ 자연스럽게 참여하기: 대화 중간에 자연스럽게 자신의 경험이나 고민을 공유하며 대화에 참여한다. "이 부분에서 좀 어려움을 겪고 있는데, 선생님들은 어떻게 해결하시나요?" 같은 방식으로 이야기를 나눠 보면 좋다.

② 대화를 통해 얻은 내용을 실천에 반영하기

티타임에서 얻은 아이디어를 실행에 옮길 때는, 자신이 학급에서 바로 적용할 수 있는 간단한 계획을 세운다. 예를 들어, 동료가 추천한 평가 도구를 시범적으로 사용하거나, 새로운 학습활동을 소규모로 적용해 본다. 실천 후 그 결과를 동료들과 공유하며 피드백을 요청하면 더 많은 아이디어를 얻을 수 있다.

3. 협력적 교사 문화 만들어 가기

협력적 교사 문화는 업무 공유를 넘어 동료 교사 간의 신뢰와 지원을 바탕으로 학급 운영과 교육 활동을 효과적으로 수행할 수 있는 환경을 조성하는 것이다. 그러기 위해 학년 내 업무를 명확히 나누고, 각자의 책임을 명확히 한다. 이는 협력 과정에서 혼란을 줄이고 효율성을 높인다. 또한 협력 과정에서 얻은 성과를 팀원들과 공유하며, 각자의 노력을 인정한다. 만약 의견 충돌이 발생했을 때 해결책에 초점을 맞춘다. 협력적 교사 문화를 만들기 위해서는 다음과 같은 요소들이 중요하다.

1 **정기적인 소통 시간 확보** | 회의 외에도 정기적으로 소통할 수 있는 시간을 마련한다. 예를 들어, 매주 특정 요일에 짧은 모임을 통해 진행 상황을 공유하거나, 업무와 관련된 질문과 답변을 나누는 시간을 정할 수 있다.

2 **솔직한 의견 교환** | 협력의 시작은 솔직한 의견 교환이다. 논의 과정에서 서로의 의견을 존중하고, 열린 마음으로 대화를 나눌 수 있는 분위기를 조성한다. 의견 충돌이 있을 경우, 감정보다는 문제 해결에 초점을 맞춘다.

3 **작은 도움과 배려 실천** | 동료 교사에게 작은 도움을 제공하거나 배려를 실천하는 것이 신뢰를 쌓는 중요한 방법이다. 예를 들어, 필요한 자료를 공유하거나, 동료가 바쁠 때 간단한 업무를 대신 처리해 주는 행동이 신뢰를 높인다.

4. 회의와 소통의 균형 잡기

회의와 비공식 소통은 교사들 간 협력의 두 축이다. 하지만 이 둘을 적절히 조화롭게 운영하지 못하면 업무 과부하, 소통의 왜곡, 팀워크의 붕괴로 이어질 수 있다. 따라서 공식 회의와 비공식 소통 간의 균형을 유지하는 것이 중요하다.

① **공식 회의 |** 학년 목표와 주요 과제를 공유하고 협력의 방향성을 설정하는 중요한 자리다. 회의의 생산성을 높이기 위해서는 사전에 주제를 명확히 하고 자료를 준비하는 것이 필수적이다. 또한 논의에서 벗어나면 진행자가 주제를 중심으로 돌린다. 회의 이후, 주요 결정 사항과 역할 분담에 대해 정리하고 회의록을 투명하게 공유한다.

② **비공식 소통 |** 정해진 형식을 벗어난 대화로 구성원들 간의 유대를 강화한다. 비공식 소통은 자유롭고 유연한 분위기에서 이뤄지므로 회의에서 다루기 어려운 세부 사항이나 개인적 의견을 공유하는 데 유용하다. 회의가 끝난 후 간단한 요약이나 결정을 이메일로 공유하면, 비공식 대화 중 생길 수 있는 혼선을 방지할 수 있다.

③ **상호 보완적 관계 |** 공식 회의와 비공식 소통은 서로 상호 보완적이다. 공식 회의에서 논의된 내용을 비공식 자리에서 구체화하거나, 비공식 대화를 통해 얻은 아이디어를 공식 회의에서 공유하는 방식으로 협력의 흐름을 지속할 수 있다. 이를 통해 업무와 관계 모두에서 균형 잡힌 발전을 이룰 수 있다. 업무와 소통의 균형이 무너질 경우, 간단한 미팅을 통해 우선순위를 재조정한다.

④ **소통 과정의 갈등 해결 |** 회의와 티타임은 교사들 간 협력을 강화하고 정보를 공유하는 기회지만, 다양한 문제가 발생할 수 있다. 감정적인 대처보다는 문제 해결 중심으로 접근해야 한다. 상대방의 입장을 경청하고, 함께 해결책을 모색하는 대화를 유지한다. 갈등이 쉽게 해소되지 않을 경우 제3자의 도움을 받을 수도 있다. 학년 팀장이나 신뢰할 수 있는 동료의 중재를 통해 새로운 해결책을 제안받을 수 있다.

업무 관계
다른 선생님들과의 연락 예절에는 어떤 것이 있을까요?

올해 처음 학교 문턱을 넘게 된 신규 교사라서 발령 인사차 학교에 갔다. 학교에 정말 많은 선생님들이 학교에서 근무하고 있어서 깜짝 놀랐다. 동료 선생님과 잘 지내며 행복한 교직 생활을 하고 싶은데 사회생활이 처음이라 어떻게 행동해야 할지 잘 모르겠다. 신규 교사가 알고 있으면 좋을 학교에서의 일상 예절이 있다면 알고 싶다!

1. 동료 선생님과의 관계

동료 선생님과 잘 지내는 좋은 방법은 '인사'다. 새로운 학교에 발령 나면 최대한 빨리 학교 선생님들의 얼굴과 이름을 많이 외우는 것이 좋다. 웃는 얼굴로 인사하는 사람을 싫어할 사람은 없다. 인사와 함께 가벼운 스몰 톡을 하며 친분을 쌓는 것도 좋다. 동학년 선생님들이 어디에 사는지, 연세는 어찌 되는지, 요즘 어떤 것에 관심을 가지는지 정도는 기억하고, 먼저 말을 걸어 보자. 나는 이런 부분이 어려워서 초반에 엑셀에 동료 선생님과 이야기했던 것을 정리해 두기도 했다.

동학년 선생님들을 배려하는 행동을 하는 것이 동료 선생님들과 잘 지내는 가장 좋은 방법일 것이다. 아침에 도착해서 복도 창문을 열어 환기시킨다든가, 연구실에 가정 통신문을 가져다 둔다든가, 동료 선생님들을 위해 핸드 드립 커피를 내린다던가 등등. 학교 업무 진행 방식을 눈에 익히면 업무적인 배려도 가능하다. 문서 등록 대장에서 우리 학년에 필요한 업무를 확인해 뒀다가 일정을 말씀드린다든가, 수업 자료를 나눠드릴 수도 있다. 그렇다고 동료 선생님의 업무를 대신하라는 것은 아니다. 만약 동료 선생님이 부당하게 업무를 넘겨 주려고 한다면, 교감 선생님에게 중재를 요청하는 것이 가장 좋다.

"친절하지만 단호하게." 내 교직 생활 모토다. 친절하다는 것이 모든 사람의 요구를 수용하라는 것이 아니다. 내가 할 수 없는 영역이라면 단호하게 거절할 줄도 알아야 한다. '신규 교사니까 뭘 모르겠지!'라는 생각에 신규 선생님을 곤란하게 만드는 분도 간혹 있다. 어엿한 성인인 만큼 자신의 생각과 의견을 논리적으로 밝히는 연습이 필요하다.

2. 교장, 교감 선생님과의 관계

교장, 교감 선생님은 학교의 중요 의사 결정권자이기 때문에 두 분을 존중하는 태도가 꼭 필요하다. 교무실을 방문할 때 문을 열고 들어가면서 가볍게 "안녕하세요"라고 인사해 보자.

요즘은 대부분의 업무가 전자 결제 시스템으로 운영되지만, 그럼에도 중요한 업무는 기안을 직접 교장, 교감 선생님께 보여야 할 때가 있다. 그럴 때는 새 종이에 기안을 단면 인쇄하고(넘겨서 확인하기 편하도록 하는 배려), 결제판에 볼펜 한 자루를 끼워서 보여드리는 것이 예의다.

교장, 교감 선생님께 업무 보고를 드릴 때는 사전에 미리 어떻게 말할지 머릿속으로 정리하고 가자. 만약 어떻게 보고드릴지 가늠이 되지 않는다면 미리 글로 써 보는 것도 방법이다. 대체로 이렇게 보고드리면 좋다.

"안녕하세요, 교감(교장) 선생님? 이번에 교육청에서 ○○ 사업 건으로 ○○을 요청했습니다. 교육청에서 요청한 대로 서류를 작성했는데 한 번 검토해 주실 수 있으실까요?"

그런데 업무 보고를 하다 보면 내가 모르는 문제가 있을 수도 있다.

"아, 이런 부분이 있었네요. 제가 이 부분에 대해서 교육청(혹은 관련 기관이나 부서)에 연락해서 더 확인해 보고, 방과 후에 다시 답변드려도 괜찮을까요?"

이렇게 말씀드리면 대체로 괜찮다고 하시거나 경우에 따라서는 업무를 처리하는 방법을 친절하게 알려 주시기도 한다. 간혹 교장, 교감 선생님이 부당한 업무 지시를 내릴 경우가 있을 수 있다. 이때는 바로 확답을 하지 않는 것이 핵심이다. 관련 부서 담당자(때로는 교육청)에게 이전 업무 처리 방식을 문의해 보자. 이전 사례와 비교해서 내가 수용해야 할 점이 있다면 수용하고 그렇지 못한 부분이 있다면 교장, 교감 선생님께 최대한 상황을 설명한다. 이때 반드시 관련 법령이나 공문을 가지고 가서 이야기해야 한다. 그런데도 조율이 되지 않고, 불이익이 있다면 노조에 문의해 해결법을 찾아봐야 한다.

가급적이면 교장, 교감 선생님과는 마찰을 일으키지 않는 것이 좋다. 학교의 최고 인사권자이자 중요 의사 결정권자이고, 교직 사회는 좁기 때문이다. 하지만 부당한 요구를 했을 때, 단호하게 거절할 수도 있어야 한다. 그러기 위해서는 평소에 교육 관련 법령을 많이 공부하고, 업무와 관련된 기안을 꼼꼼하게 읽는 습관이 필요하다.

3. 연락 예절

```
┌─────────────────────────────────────────────────────────┐
│                      메시지 작성 양식                      │
├─────────────────────────────────────────────────────────┤
│ 안녕하세요, 선생님? ────────────────────(인사말+수신자 직함 명시)
│ 기초 학력 담당 교사 ○○○입니다. ──────────(담당 업무+이름 소개)
│ 3R's 검사 일정을 안내드리고자 연락드렸습니다. ──(연락 목적 1~2줄로 정리·안내)
│
│ 3R's 검사 일정 안내 ─────────────────(안내 내용을 개괄식으로 작성)
│ ① 검사 일시 : 2025년 3월 10일(월) 13:30-14:30
│ ② 검사 장소 : 각 학급에서 진행.
│
│ 기타 문의 사항이 있으시면 메신저(담당자명 입력)나 ─────(담당자 이름 작성)
│ 내선 번호(내선 번호 입력)로 연락 주시길 바랍니다. ──────(내선 번호 작성)
│ 즐거운 하루 보내세요. ──────────────────────(맺음말 작성)
│ 감사합니다 :)
│
│ ※ 관련 공문이나 첨부 파일이 있다면 함께 발송하는 것이 좋음.
└─────────────────────────────────────────────────────────┘
```

　학교에서의 연락 예절은 크게 2가지를 유의하자. 연락 시간과 연락 내용이다. 동료 선생님께 연락을 드릴 때는 그분이 지금 수업을 하고 있는 상황인지, 아닌지를 가장 먼저 확인한다. 수업 중에 연락을 드리면 수업에 매우 방해가 된다. 자세하게 업무 정보를 안내해야 하거나, 답변을 기다리는 시간에 여유가 있는 경우 메신저를 활용하자. 메신저를 작성할 때는 위의 형식을 활용하면 좋다.

　전화의 경우는 업무 상황을 자세하게 설명해야 할 때, 업무 내용을 정확하게 확인해야 할 때, 급하게 업무를 처리해야 할 때 사용한다. 전화 통화를 할 때도 다음의 방식으로 진행하면 좋다.

전화 통화 방식1(전화를 받을 때)
네, ㅇㅇ 담당 교사(혹은 ㅇ학년 ㅇ반 교사) ㅇㅇㅇ입니다. --------------(담당 업무, 이름 밝히기) 무엇을 도와드릴까요? ------------------------------------(친절한 멘트 남기기)

전화 통화 방식2(전화를 걸 때)
안녕하세요, 선생님? ------------------------------(인사말+수신자 직함 밝히기) ㅇㅇ 담당 교사(혹은 ㅇ학년 ㅇ반 교사) ㅇㅇㅇ입니다. ----------------(담당 업무, 이름 밝히기) ㅇㅇ 건으로 연락드렸는데 잠깐 통화 가능하실까요? --------------------(친절한 멘트 남기기)

전화 통화 방식3(잘 모르는 부분이 생겼을 때)
아, 그러시군요. 제가 이 부분은 미처 생각하지 못했습니다. 괜찮으시다면 제가 관련 부서 담당자에게 확인하고 다시 연락드려도 괜찮을까요? ㅇㅇ시까지 연락드리겠습니다.

 위의 사항은 사소할 수 있지만 학교생활에 대해 아는 것이 별로 없는 신규 선생님에게는 좋은 참고 자료가 될 것이라고 생각한다. 아울러 연락을 주고받을 때는 항상 다이어리(혹은 캘린더)와 볼펜을 함께 준비해 두는 것이 좋다. 중요한 일정이나 내용을 메모해 두고, 잘 챙기는 것이 필요하기 때문이다.

업무 관계 — 동료 교사와의 협업은 얼마나 중요한가요?

7년 차 교사인 나는 동학년에 3년 차 후배가 있다. 그런데 지난번 후배의 교실에 우연히 들어갔다가 '지식샘터'에서 강의하는 것을 보았다. 또 한 번은 이웃 교육청에 에듀테크 분야 강의를 하기 위해 일찍 퇴근하는 것도 보았다. 주위에 물어보니, 이미 공저로 책을 3권이나 냈고, 각종 연구회 활동도 활발하게 하는 재원이라고 했다. 갑자기 내 자신이 작아지면서 지금껏 난 무엇을 하고 있었나 자괴감까지 들었다. 나도 더 성장하고 싶은데, 그러려면 혼자의 힘으로는 어렵다는 생각이 든다. 교사로서 더 발전하기 위해 동료 교사와 어떻게 서로 도와야 할지 궁금하다.

1. 동료 교사와의 협업, 꼭 필요할까요?

개인심리학의 대가 아들러는 사람을 가장 성장시키는 동력이 열등감에서 비롯된다고 말한다. 자신이 부족한 것을 알고 그것을 보완해 나가면서 성장한다는 것이다. 하지만 아들러는 중요한 것은 공동체에 대한 기여감이라고 강조한다. 혼자만 잘 살고, 혼자만 잘나가는 것은 자칫 동력을 잃고 무기력해지거나 권태로워질 수 있다.

사람은 혼자만의 힘으로는 쉽게 지친다. 최근 인스타그램이나 밴드에서 각종 인증 모임이 인기다. 사람들은 왜 혼자 하지 않고 꼭 누군가와 무엇을 공유하고, 인증하고, 함께하기를 바라는 걸까? 바로 공언의 힘 때문이다. 누군가의 앞에서 내가 이렇게 해 보겠다고 말하고, 함께 공동의 목표를 향해 나아가면 혼자 갈 때보다 지치지 않고, 방향을 잃지 않고 끝까지 갈 수 있다.

여러분 가까이에 경험과 경력, 취미와 개성, 스타일과 교육관이 서로 다른 개성 있는 동료 교사들이 있다. 이 훌륭한 자원을 활용해 서로 배우고 익히는 도반의 관계를 형성할 수 있다면 당연히 성장할 수 있다. 협업은 선택이 아니라 필수다. 구글에서도 입사를 목적으로 보는 면접시험은 대부분 협업이 가능한 사람을 뽑는다. 혼자 잘난 지원자보다는 타인과 협업해 공동체에 기여할 수 있는 지원자를 선호한다는 의미다. 미래 사회의 화두는 공동체의 협업, 집단 지성의 발휘에 있다는 점을 기억하자.

2. 교원 학습 공동체, 어떻게 하면 내실 있게 운영이 될까요?

'교원 학습 공동체'가 처음 생겼을 때 사람들은 동학년 회의를 매번 하는데 대체 뭘 하라는 것인지 궁금해했다. 동학년이 되면 서로 다른 배경과 경험, 관심 분야를 가진 선생님들이 1년을 동거동락하게 된다. 어떤 선생님은 체육 분야에 비상한 재주가 있고, 옆 반 선생님은 미술을 잘해서 자료를 나눠 주고, 앞 반 선생님은 음악에 조예가 깊어 여러 악기를 다룰 줄 안다. 그렇다면 서로가 제작한 자료와 수업 기법들을 조금씩 나눈다면 어떨까. 지금보다 훨씬 더 수업이 다채롭고 풍성해질 것이다.

교원 학습 공동체의 취지는 이와 같다. 공통의 관심 주제를 정하고, 1년 동안 함께하면서 연구하고, 적용하고, 소통하면서 자신만의 새로운 교수 기법이나 취미 활동을 찾아 나가는 탐구 공동체인 것이다. 그러나 최근 이런 취지가 많이 퇴색돼 형식적으로 끝나기도 한다.

교원 학습 공동체를 내실 있게 운영하기 위해서는 리더 선생님이 주제를 정해 관심 있는 분들을 모집해 함께 계획서를 작성하고 월별로 1회 이상 온라인이나 오프라인으로 꾸준히 만나야 한다. 현행처럼 동학년 위주의 교원 학습 공동체는 저학년에 어울린다. 고학년 선생님들은 관심 분야에 맞게 흩어져서 마음이 맞는 사람들과 내실 있는 교원 학습 공동체를 구성하는 것을 추천한다.

3. 연구회 가입(수업 연구 모임)이 성장에 도움이 될까요?

연구회는 수없이 많다. 초중등연극연구회, 초등교육뮤지컬수업연구회, 초등배드민턴연구회 등 문예체 분야는 물론 최근 에듀테크 분야까지 그 종류가 무척 다양해졌다. 수많은 연구회 중에서 나는 어떤 연구회에 가입해 볼지 고민된다면 크게 2가지 기준을 갖고 선택해 보시기를 권장한다. 첫째, 내가 부족해 노하우를 배우고 싶은 곳인가? 둘째, 내가 잘하는 분야에서 더욱 전문성을 갖추는 데 도움이 되는 곳인가?

1년 전 오랜만에 6학년을 맡으면서 국어 교육과정에서 연극 단원이 큰 비중을 차지하는 것을 보고 화들짝 놀란 나는 당장 초중등연극연구회에 가입했다. 적잖은 비용의 연회비를 내고, 월별로 짜임새 있는 연수를 운영하는 곳이었다. 직접 배우고 익힌 노하우를 아이들에게 바로 써먹을 수 있어서 큰 도움이 되었다. 이런 경우가 첫 번째 기준에 해당될 것이다.

내 지인은 AI 연구회에 가입해 선생님들과 꾸준한 모임을 이어오다가 올해 공저로 출간 소식을 알려 왔다. 함께 연구하다 보니 우연한 기회에 책을 쓰게 되었고, 출간의 기쁨까지 결실을 볼 수 있었다는 것이다. 이것은 두 번째 경우에 해당된다.

연구회는 여러 가지 장점이 있다. 일단 인맥을 쌓기 좋다. 다양한 분야의 정보를 쉽게 접할 수 있고, 도전하고자 하는 영역에서 끌어 줄 수 있는 탄탄한 인적 교두보이자 선후배 라인을 확보할 수 있는 통로다. 또한 계속해서 연구하고 적용하면서 최신의 학문 동향을 파악하기 쉽고 자료를 무궁무진하게 공유받을 수 있다. 일에 대한 부분만이 아니라 다양한 사람들과 모임을 통해 소통하며 편협한 생각에서 벗어나 새로운 시각으로 세상을 볼 수 있는 힘도 얻게 된다. 그에 대한 보답으로 연구회 활동은 이력서에 소중한 스펙이 될 수 있다.

4. 동학년 모임 VS 동년배 모임 VS 동기 모임 무엇이 좋을까요?

········

동학년 모임을 통해 협업하는 것은 낯설지 않다. 1학년 선생님들은 2월부터 입학식을 준비하며 돈독해진다. 3월 적응 기간에 가르칠 내용을 기획하고, 교재를 제작하면서 더더욱 끈끈해진다. 학부모 민원이나 학생들의 문제 행동에 지친 마음을 나누고, 대응 방식도 논의하고 수업의 수준도 조율해 나간다. 아직도 저학년에서는 매일 티타임을 겸한 학년 모임이 존재하는 곳이 많다. 수업에 대해 논의하며 의미 있는 시간을 보낸다면 더없이 좋은 협업의 장이겠지만, 수다만 나누는 모임인 경우도 있어 일부 젊은 선생님들은 티타임을 어떻게 빠져나갈까 고민한다.

그런 의미에서 동년배 모임은 편하다. 나이가 비슷한 사람들은 비슷한 문화적 토대 아래서 성장했기에 말이 잘 통한다. 편안하게 대화하고 의견을 제시할 수 있어 일의 능률이 오른다. 하지만 어려운 문제에 봉착했을 때 완전히 새로운 해결책을 생각해 내기 어렵다. 편협한 벽에 갇혀 이기적인 집단으로 전락하기도 한다. 동기 모임 역시 마찬가지다. 혈연, 지연, 학연으로 얽힌 동기 모임은 자신들끼리 맹목적으로 지지한다. 동기 중에 잘못이 있을 땐 감싸고 넘어가지만, 다른 집단의 경우에는 허용하지 않는 이중적 잣대를 들이대기도 한다.

20-60대까지 모든 세대가 공존하는 교직 사회에서 교사로서 성장하고 살아남

기 위해서는 세대를 초월해 실력과 배움에 대한 열정과 현명한 선택이 필요하다.

5. 협업의 꽃, 온라인 커뮤니티
: 지식샘터, 교사성장학교, 인디스쿨, 쌤동네, 쌤튜브

....

처음 '지식샘터'에서 캔바에 대한 강의를 들었을 때 혁명이라고 느꼈다. '나도 유튜버 되기' 강의를 듣고 나서는 이렇게 모든 노하우를 퍼 주는 분들은 천사라고 감탄했다. 협업의 꽃은 먼저 배운 자가 나누고 베푸는 것이다. 누군가를 돕는 데 엄청난 실력이 필요한 것은 아니다. 공저를 쓸 때도 마찬가지다. 리더가 목차를 완성하고, 글의 샘플을 제공하면서 이렇게 쓰는 것이 어떻겠냐고 의견을 주면 다들 의견들을 덧붙여 샘플에 맞춰 쓰기 시작한다. 혼자 쓴다면 평생 나올 수 있을까 싶은 책이 2달 정도에 11명의 선생님의 힘으로 출간된다면 그것 역시 협업의 승리다.

최근에는 초·중·고 선생님이 '교사성장학교'라는 온라인 커뮤니티에서 만나 함께 논의하고, 연수에도 함께 참여하며 정보를 공유하면서 성장하고 있다. 교육은 초등에서부터 중등으로, 최종적으로 고등학교까지 이어진다. 따라서 초·중·고 선생님들의 긴밀한 협업과 교육과정에 대한 노하우를 나눌 수 있는 장은 소중하다. '인디스쿨'이 대표적인 경우로, 교사들의 협업이 서로를 얼마나 성장시키는지 보여 주는 빛나는 공간이다.

나는 아침에 6학년 교사들의 밴드에 꼭 들어간다. 전국의 동학년 선생님들은 어떻게 수업하고, 소통하는지, 무슨 고민을 하는지 읽다 보면 자연스럽게 내 문제도 해결되고 위로받는다. 이처럼 협업은 멀리 있지 않다. 동학년부터 온라인 커뮤니티까지 손만 뻗으면, 마음만 열면, 교실 문을 활짝 열어젖히면 우리를 응원해 줄 선생님들이 항상 따뜻하게 기다리고 있다.

교원 공동체

교원 공동체는 무엇인가요?

김 선생님은 초등학교에 부임한 지 1년이 채 되지 않았다. 처음에는 교사로서의 사명감과 열정으로 가득했지만, 시간이 흐르면서 다양한 난관에 부딪히게 되었다. 어느 날, 김 선생님은 동료 교사들과의 회의에서 고민을 털어놓았다. "모든 걸 혼자 해결하려니 너무 힘들어요." 이때 선배 교사인 이 선생님이 따뜻한 미소로 말했다. "우리 학교에도 교원 공동체가 있잖아요. 함께 이야기하고 협력하다 보면 많은 답을 찾을 수 있을 거예요." 그날 이후, 김 선생님은 교원 공동체에 참여하기 시작했다. 이후 동료 교사들의 경험과 아이디어는 김 선생님에게 큰 힘이 되었다.

1. 교원 공동체의 개념과 필요성

교원 공동체는 교사들이 자발적으로 협력해 교육적 목표를 달성하고, 학생들에게 더 나은 학습 환경을 제공하기 위해 모이는 집단을 말한다. 이 공동체는 동료 교사 간의 경험과 지식을 공유하며 서로를 지원하고 성장시키는 데 초점을 맞춘다. 교원 공동체가 중요한 이유는 다음과 같다.

- 교사의 전문성 향상: 교원 공동체는 교사들이 서로의 경험과 전문 지식을 공유함으로써, 수업의 질을 높이고 새로운 교수법을 배우는 기회를 제공한다.
- 문제 해결 능력 강화: 교사들이 직면하는 다양한 문제(학생 지도, 학부모와의 갈

등, 교육과정 변화 등)를 공동체 내에서 논의하고 해결책을 찾을 수 있다.
- 학교 내 협력 문화 조성: 교원 공동체는 학교 내에서 동료 간 신뢰를 구축하고, 협력적인 분위기를 조성하는 데 기여한다.
- 학생 학습 환경 개선: 교사들이 공동체를 통해 새로운 교수법과 학습 자료를 개발하면, 이는 곧 학생들에게 더 나은 학습 환경을 제공하는 결과로 이어진다.

2. 교원 공동체의 유형과 특징

교원 공동체는 공식 공동체와 비공식적 공동체로 나눌 수 있다. 공식적 공동체는 학교 내에서 운영되는 공동체를 말한다. 학년별 팀, 교과별 연구회, 학교운영위원회 등이 이에 해당한다. 이런 공동체는 학교의 목표와 운영 계획에 따라 구성되며, 명확한 역할과 책임이 부여된다.

이에 반해 비공식적 공동체는 교사들이 자발적으로 모여 형성한 공동체를 의미한다. 예를 들어, 특정 교육 주제나 관심사를 공유하는 교사들이 모여 학습 모임을 운영하는 경우가 이에 해당한다.

전문적 학습 공동체(PLC: Professional Learning Community)는 교사들의 전문성 향상과 학생들의 학업 성취를 동시에 목표로 하는 공동체다. 이 공동체는 다음과 같은 특징을 가진다.

- 목표 중심성: 공동체는 학생들의 학습 성과를 향상시키기 위한 명확한 목표를 설정한다.
- 협력적 학습: 교사들은 수업 계획, 교수법, 평가 등을 함께 논의하고 공유하며 학습한다.
- 반성적 실천: 교사들은 자신들의 실천을 점검하고, 개선 방안을 모색하기 위해 성찰한다.
- 연속성과 지속성: 전문적 학습 공동체는 지속적인 협력과 학습을 통해 성장한다.
- 전문적 학습 공동체: 지식을 나누는 것을 넘어, 효과적인 학습 경험을 제공하기 위해 교사들이 협력하고 실천하는 데 중점을 둔다.

3. 교원 공동체의 형성과 운영 방법

공동체를 성공적으로 형성하려면 비전과 목표를 명확히 설정해야 한다. 목표는 구체적이고 실현 가능해야 하며, 구성원들이 공통의 방향성을 가질 수 있도록 한다.

공동체 활동에서 소통은 가장 중요한 요소 중 하나다. 의사 결정 과정에서는 공정성을 유지해야 하며, 중요한 결정은 민주적인 방식으로 이뤄져야 한다. 공동체 활동 후 구성원들 간의 피드백 시간을 통해 개선점을 논의한다.

교원 공동체 활동을 위해서는 시간과 자원의 효율적인 관리가 필요하다. 정기적인 모임 일정을 미리 계획하고, 교사들의 업무 부담을 고려해 활동 시간을 조정해야 한다. 또한 공동체 활동에 필요한 자료와 공간을 학교나 외부 기관에서 지원받을 수 있는 방법을 모색해야 한다.

처음부터 큰 규모의 공동체를 운영하려 하기보다, 소규모 모임으로 시작해 확장하는 것이 효과적이다. 각자의 역할을 명확히 정해 공동체 운영의 효율성을 높인다.

공동체 활동의 성과를 가시적으로 보여 줄 수 있는 방법(예: 프로젝트 결과물, 사례 발표)을 마련한다. 필요할 경우 외부 전문가를 초청해 공동체의 학습과 발전을 돕는다.

4. 교원 공동체 운영의 실제 사례

1. **학교 내 학년 팀 공동체 사례:** A 초등학교에서는 학년별 팀으로 구성된 교원 공동체를 운영하고 있다. 각 학년의 교사들은 매주 한 번 정기적으로 모여 학습 자료를 공유하고, 학생들의 특성을 고려한 수업 전략을 논의한다.

2. **지역 기반 교사 연구회 운영 사례:** B 지역에서는 초등학교 교사들이 자발적으로

모여 '창의적 체험 활동 연구회'를 운영하고 있다. 이 공동체는 각 학교에서 진행되는 창체 활동 사례를 공유하고, 지역 내 공공기관과 협력해 활동 범위를 확장하고 있다. 이들은 정기적인 워크숍을 통해 교육 자료를 제작하고, 지역 내 교사들이 사용할 수 있도록 배포한다.

③ **온라인 교원 공동체 활용 사례:** 박 선생님은 온라인 기반 교원 공동체에 가입해 전국의 교사들과 소통하고 있다. 이 공동체에서는 주로 교육과정 운영 팁, 수업 자료, 그리고 학부모 상담 노하우 등이 활발히 공유된다.

④ **교원 공동체 가입과 활동 방법:** 학교 내에 존재하는 공동체를 파악하는 것이 중요하다. 자신의 교육철학과 관심사에 부합하는 공동체를 선택한다. 처음에는 작은 역할로 시작해 신뢰를 쌓아간다. 구성원들과 협력해 공동체의 목표에 기여할 방법을 찾고, 활동의 성과와 배운 점을 기록해 다른 교사들과 공유하자.

5. 교원 공동체 장점과 도전 과제

교원 공동체의 장점을 들면 첫 번째로는 교사들이 서로의 경험과 지식을 공유하며, 교수법과 수업 자료를 개선할 기회를 제공한다는 점이다. 이를 통해 교사 개인의 전문성을 높일 수 있다. 두 번째, 문제 해결 능력 강화다. 교사들이 함께 모여 학급 운영, 학부모 상담, 학생 지도 등 다양한 문제에 대한 해결책을 논의할 수 있다. 세 번째, 협력적 학교 문화 조성이다. 공동체 활동은 교사들 간의 신뢰를 구축하고, 협력적인 학교 문화를 형성하는 데 기여한다. 네 번째, 학생 학습 환경 개선이다. 교사들이 협력해 효과적인 수업 자료와 교육 방법을 개발하면 학생들의 학습 경험과 성과도 향상된다. 마지막으로, 교사들의 심리적 지원이다. 동료 교사들과의 대화와 협력은 교사들에게 심리적 안정감을 제공한다.

다만, 교원 공동체는 다음과 같은 과제도 갖고 있다. 첫 번째, 과중한 업무로 인해 공동체 활동에 시간을 할애하기 어렵다는 점이다. 이를 방지하기 위해 공동체 활동을 정기적인 일정에 포함시키는 노력이 필요하다. 두 번째, 참여 동기의 저하를 들 수 있다. 이를 방지하기 위해 활동의 목적과 가치를 명확히 공유하고, 성과를 보여 주면 좋다. 세 번째, 공동체 내에서 의견 충돌이 발생할 수 있다. 이를 막기 위해 공동체에서는 민주적인 의사 결정 과정을 도입해야 한다. 네 번째, 지속 가능성의 부족이다. 이를 방지하기 위해 목표 재설정, 외부 지원 연계를 통해 지속 가능성을 확보해야 한다. 마지막으로, 학교 관리자와의 협력 부족을 들 수 있다. 공동체는 학교 관리자와의 긴밀한 협력을 통해 활동의 정당성과 지원을 확보해야 한다.

6. 교원 공동체를 통해 성장하는 교사들

교원 공동체는 교사들이 서로의 경험과 지식을 공유하면서 새로운 교수법과 수업 아이디어를 얻을 수 있는 장을 제공함으로써 전문성을 키울 수 있다. 또한 교원 공동체에 참여하는 교사들은 동료들과의 소통 능력을 발전시키게 된다. 이는 협력적 리더십을 강화하고, 학급 운영에도 긍정적인 영향을 미친다. 뿐만 아니라 교사들이 어려움을 나누고 공감대를 형성할 수 있는 공간을 제공함으로써 심리적 안정감을 주고, 교직 생활의 만족도를 높이는 데 기여한다.

교원 공동체는 교사 개인뿐 아니라 학교와 학생들에게도 큰 영향을 미친다. 교사들은 공동체를 통해 지속적으로 배우고 협력하며, 자신의 역할을 재정립할 수 있다.

담임생활

학급운영

3월 첫 학급 운영을 위해 무엇을 준비해야 할까요?

작년은 유독 힘든 해였다. 3월에는 아이들도 긴장한 탓인지 그럭저럭 굴러갔지만 시간이 갈수록 질서가 제대로 잡히지 않고 흐트러져 갔고 심지어 2학기에는 아이들 사이에서 갈등이 자주 일어났다. 돌이켜 생각하니 3월에 아이들과 학급 운영에 관해 충분히 연습해야 했는데 학습 진도를 나가는 데만 너무 신경 썼던 듯하다. 올해는 3월에 집중적으로 학급 운영에 관한 준비를 철저히 하려고 한다. 앞으로 긍정적인 학급 문화를 만들기 위해 무엇을 준비하면 좋을까?

1. 학년 교육과정 운영 계획 수립 및 교육과정 구성하기

2월은 새 학기 준비 기간이다. 학년 부장 교사는 학년 교육과정 운영 계획을 수립한다. 부장 교사는 학교 교육과정 일수에 맞춰 각 교과와 창의적 체험 활동으로 이뤄진 학년 교육과정을 구성하고, 평가 계획을 수립한다. 또한 악기 연주 수업처럼 외부 강사를 초청하는 수업을 포함해 현장 체험 학습, 운동회, 학예회 같은 학교 행사도 고려해 학년 교육과정을 만든다.

그런 교육과정을 기초로 해 각 반 담임교사는 기본 시간표를 만들고 교육과정을 재구성한다. 봄에 운동회를 하는 학교라면 그에 맞춰 체육 시간 활동을 구성한다. 2

학기에 학예회 행사가 있다면 학급에서 공연할 프로그램을 음악이나 체육 교과와 연관 지어 계획하면 더 완성도 있는 무대를 보여 줄 수 있다.

2. 학급경영 목표 정하기

1 **교육철학 세우기** | 누구나 편안하고 따뜻한 분위기에서 생활하고 싶어 한다. 교실에서 선생님의 말투와 표정, 아이들을 대하는 태도는 따뜻한 학급 분위기를 만드는 데 가장 큰 영향을 미친다. 선생님이 긍정적이고 열린 마음으로 아이들을 대하면 아이들도 서로 배려하는 분위기에서 교우 관계를 다져 나갈 수 있다. 올 한 해 어떤 교실을 만들어 나갈지 생각해 보자. 작년과 비교해 아쉬운 점을 보완하는 방향으로 학급 운영을 해도 좋다. 학급 운영에 실제 참여하고 주도해 나가는 것은 아이들이지만 더 나은 방향을 안내하는 역할은 담임교사다. 선생님이 가장 중요하게 생각하는 가치를 생각해 보고 아이들에게 어떤 방법으로 생활 속에서 실천하게 할지 고민하는 시간이 꼭 필요하다. 이런 고민은 매년 학급을 더 나은 방향으로 이끌고 선생님은 학급 운영에 자신감을 쌓아 나갈 수 있다.

2 **학급일지 준비하기** | 수업 준비, 출결 확인, 업무 파악, 공문 제출, 생활지도, 과제 체크 등 선생님은 교실에서 많은 일들을 해 내야 한다. 따라서 학급의 여러 일들을 일지로 기록하는 습관을 들이면 수행평가를 할 때나 학부모와 상담을 할 때 기초 자료로 쓸 수 있다. 학급에서 일어나는 갈등 상황도 객관적으로 정리를 해 놓으면 학기 말 생활기록부 작성할 때도 큰 도움이 된다. 학급일지는 인디스쿨 같은 교사 커뮤티니에서 찾을 수 있으니, 필요한 것을 변형해 나만의 학급일지를 준비해 보자.

학급일지 예시

날짜				( )년 ( )월 ( )일 ( )요일		
번호	이름	과제 완수	기타	출석 사항		
1	강**			결석	지각/조퇴	교외 체험
2	김**					
3	김**					
4	김**			수업 계획		
5	노**			1교시 국어		
6	문**			2교시 수학		
7	박**			3교시 미술		
8	박**			4교시 미술		
9	방**			.		
10	소**			.		
11	서**			업무 처리		
12	오**					
13	우**					
14	유**					
15	윤**			학급에서 일어난 일/ 생활지도		
16	윤**					
17	이**					
18	이**					
19	이**					
20	하**					

③ **학급 규칙 세우기** | 3월은 학급 규칙을 세우고 연습하는 달이다. 세세한 규칙부터 차분히 연습한다. 이 시기를 놓치면 학급 규칙을 적용하기가 힘들어진다. 무질서한 학급은 여러모로 1년 살이를 힘들게 하는 원인이 된다. 안전에 대한 규칙은 담임교사의 지도하에 여러 번 반복해 습관이 되도록 연습한다.

학급 규칙을 정한 다음에는 꼼꼼한 지도가 필요하다. 한 번에 하나의 규칙을 연습하고 반드시 확인해야 한다. 단체 생활에서는 서로의 편의와 안전을 위해 여러 규칙을 만든다. 하지만 규칙을 만들어만 놓고 지키지 않는다면 없는 것과 마찬가지다. 아이들은 아직 충동적으로 행동하는 경향이 많다. 규칙을 연습할 때 세세하게 행동을 쪼개고 완성될 때까지 확인해야 습관이 된다. 청소 지도처럼 여러 단계를 거쳐야 하는 일이라면 칠판에 과정을 써 놓고 시범을 보인 다음, 연습하도록 하고 잘된 과정을 칭찬한다.

④ **1인 1역할** | 학급에 소속감을 느끼도록 아이들 스스로 1인 1역할을 정하게 한다. 선생님이 일방적으로 역할 목록을 정해 나눠 주면 자기가 원해서 하는 일이 아니기 때문에 자신의 역할을 잊어버리기도 하고 하기 싫어하기도 한다. 스스로 지원하게 하면 자기 주도성이 생기기 때문에 자기가 맡은 역할에 더 의미를 부여한다.

> **1인 1역할 예시:** 사진사(학급행사 때 사진으로 기록), 학급 공무원(학급 안내장 배포, 수거), 스포츠 기획사(체육 시간 준비운동 및 줄 세우기), 환경 지킴이(휴지통 주변 관리 및 재활용 쓰레기 관리), 우유 배달원, 119 구급대원(작은 상처 밴드 붙여 주기), 사서(학급 도서 관리), 탐정(잃어버린 물건 찾아 주기), 이벤트 기획자(학급 친구의 생일을 챙기기)

휴지통 관리 등은 지원자가 없기도 하다. 이런 경우에는 모두가 돌아가며 당번을 맡도록 한다. 모두 하기 싫어한다면 모두가 책임질 일이기 때문이다.

3. 학급 특색 활동 구상하기

학급 특색 활동은 교과 지도 외에 담임교사가 아이들과 함께할 수 있는 활동들로 아이들의 흥미와 선생님의 전문성을 고려해 정할 수 있다. 독서와 글쓰기, 예체능 등 다양한 분야에 걸쳐 여러 가지 흥미 있는 활동들로 구성할 수 있다.

① **학급 특색 활동을 할 수 있는 시간:** 아침 활동 시간, 자율 활동 시간, 중간 놀이 시간, 점심시간, 교과 활동과 연관된 수업 활동 시간 등

② **학급 특색 활동의 종류**
① 사회적 관계를 돕는 활동 : 첫째, 학급의 생일 담당자가 학급 친구들의 생일

을 챙긴다. 롤링 페이퍼 형식으로 편지를 적고 장점을 칭찬하는 활동을 통해 학급 내 우호적인 분위기를 만들 수 있다. 둘째, 보드게임을 선정해 모둠별 대항전을 통해 협동심과 배려심을 기를 수 있다. 셋째, 학급 생활의 불편한 점을 토의로 해결한다. 창의적 문제 해결력을 기르고 소속감을 높일 수 있다.

② 학습 능력 향상을 돕는 활동 : 첫째, 학급 뉴스 만들기를 한다. 학급 내에 인상적인 일을 주제로 글을 쓰고 영상, 사진을 찍어 기사를 제작한다. 둘째, 글쓰기를 한다. 아침 활동으로 독서를 하고 간단한 독서록이나 짧은 글쓰기를 하고 결과물을 모아 두면 학기 말 학급문고에도 유용한 자료가 되고 글쓰기에 대한 자신감을 가질 수 있다. 셋째, 수학적 사고력을 기를 수 있는 다양한 수학 놀이를 한다. 넷째, 어휘력 향상을 위해 쉬운 한자를 쓰고 익힌다. 학급 운영비로 한자 교재를 선정해 진행한다.

③ 예체능 활동 : 첫째, 악기 연주를 한다. 배우기 쉬운 악기로 시작한다. 둘째, 줄넘기를 한다. 단체 줄넘기는 아이들의 협동심과 도전의식을 기를 수 있다.

4. 학부모와의 소통 기틀 마련하기

학부모는 자녀가 학교에서 어떻게 생활하는지 자녀의 이야기만을 통해 듣는다. 자녀가 학교에서 있었던 일을 자세하게 이야기할 때도 있지만, 상황을 축소하거나 오해를 살 수 있게 부분만 전달할 때도 있다. 평소에 담임교사와 학부모와의 소통이 없다면 이런 잘못된 전달로 인해 교사와 학부모 사이에 갈등이 생긴다. 학부모와의 잦은 소통이 담임교사 입장에서는 쉽지 않고 부담스럽지만 사실관계를 담백하게 전달할 통로는 항상 열어 둬야 한다.

교사의 학급 운영 원칙이나 학급 규칙에 대한 정보를 객관적으로 전달해 학급이 어떻게 돌아가는지 학부모가 알고 있다면 사소한 갈등은 미연에 방지할 수 있다. 3월에 다음과 같은 사항을 고려해 학부모와 어떻게 소통할 것인지 정한다.

1 **공책 알림장 사용 여부** | 담임교사가 스마트폰 알림장 앱에 그날의 알림 내용을 쓰면, 학부모가 앱에서 내용을 확인한다. 앱을 사용하면 학부모가 편리하게 확인할 수 있는 장점이 있지만, 아이들은 어떤 내용인지 알지 못한다는 단점도 있다. 다음 날 학습 준비물이나 중요한 안내 사항을 아이들 스스로 챙기는 것은 자기 주도적인 생활 습관의 첫걸음이므로 아이들에게 별도의 공책 알림장을 사용하게 하고 학부모의 확인을 받아오는 것도 좋다.

2 **학급 홈페이지 사용 준비** | 각 학교 홈페이지마다 학급 마당을 통해 시간표를 올리고, 학급 사진을 업로드할 수 있는 게시판이 있다. 학급의 일상생활 사진을 종종 게시판에 올려보자. 학부모는 아이의 학교생활에 대해 늘 궁금해한다. 자녀가 수업 활동에 집중한 모습이나 밝은 표정의 사진을 보면 학부모는 안심하게 되고 담임교사를 신뢰하게 된다. 모둠 학습을 하는 사진도 좋고 쉬는 시간에 삼삼오오 모여 보드게임을 하는 사진도 좋다.

3 **학부모와 연락 수단 설정** | 학기 초 3월에 담임교사의 전화번호나 연락 가능한 시간을 정확히 안내한다. 등교해 하교 전까지는 학교의 유선 전화나 교무실 전화로 언제든지 연락할 수 있어 괜찮지만, 하교 후나 이른 시간, 주말에는 어떤 방식으로 연락할지 정해야 한다. 요즘에는 학교에 선생님의 개인 사생활 보호를 위한 예산으로 업무용 개인 번호를 배정한다. 문자로 연락해도 되는 경우와 급하게 전화로 알릴 경우를 자세히 안내해 서로 예의를 지켜 소통하도록 한다.

학급 교육과정 | 학급 교육과정과 평가는 어떻게 작성해야 할까요?

2월 어느 날, 김 교사는 고민에 빠졌다. 그는 잘 짜인 퍼즐 같던 교대 시절의 학습 이론과 학교의 현실 사이에서 괴리감을 느꼈다. 학급 특성을 고려한 교육과정 설계, 학생들의 학습 수준을 반영한 수업, 공정하고 의미 있는 평가까지, 이론적으로 가능해도 실행하기는 어려웠다. 지난해 그는 처음으로 학급을 맡으며 아쉬움이 컸다. 아이들의 호기심을 끌지 못했던 수업, 형식적인 데에 그친 평가 때문이었다. 올해부터는 달라지겠다고 다짐했다. '학급 교육과정을 제대로 설계하고, 평가도 내실 있게 만들어야겠어.' 어디서부터 시작해야 할까?

1. 질문으로 시작되는 준비

2월, 교사들이 새로운 시작을 준비하는 시기이다. 이 시기에 교사들은 "학급 교육과정을 어떻게 설계해야 할까?", "평가 계획은 어떤 방식으로 세우면 좋을까?", "아이들에게 의미 있는 학습 경험을 제공하려면 무엇부터 시작해야 할까?" 같은 질문을 던진다. 이런 질문은 교사가 새 학기에 실천할 방향성과 목표를 설정하는 중요한 출발점이다. 질문을 통해 교사는 무엇을 어떻게 준비해야 할지 실마리를 얻는다.

2월은 단순히 업무를 준비하는 달이 아니라, 학급 운영의 기초를 다지는 시간이다. 이 시기의 특징은 다음과 같다. 첫째, 2월은 학급 특성을 분석해 교육과정을 설계하는 시기다. 따라서 수업 방향을 결정짓는 중요한 요소인 학생들의 학습 수준, 흥미, 필요를 파악해야 한다. 둘째, 2월은 평가 계획을 체계적으로 세우는 시기다. 평가 계획은 단순한 점수 매기기가 아닌 학생들의 성장을 돕는 과정이므로, 평가의 목적과 방법을 고민해야 한다. 셋째, 2월은 교사 자신을 점검하고 성장시키는 시기다. 교사는 교육철학과 목표를 되돌아보고, 이를 실천 가능한 형태로 구체화해야 한다.

2월에 이런 문제를 충분히 고민하고 준비하지 않으면 학기 중 예상치 못한 문제에 부딪힐 수 있다.

유의미한 질문들

① 명확한 목표 설정: "내 학급의 학생들에게 가장 필요한 교육목표는 무엇인가?"
② 학생 이해: "우리 학급의 학생들은 어떤 학습 수준과 특성을 갖고 있는가?"
③ 실천 가능한 계획: "학급 교육과정 설계에서 가장 우선순위에 둘 것은 무엇인가?"
④ 구체적이고 실행 가능한 단계 설정: "2월에 무엇을 준비해야 3월의 수업이 원활하게 시작될까?"
⑤ 교사 자신에 대한 점검: "나는 어떤 부분에서 성장하고 싶으며, 이를 위해 어떤 노력이 필요한가?"

2. 학급 교육과정 설계: 목표와 방향 정하기

학급 교육과정의 설계는 교사의 철학과 학생들의 필요를 반영해 학습 목표를 구체화하는 중요한 작업이다. 지식 전달에 그치지 않고, 학생들의 핵심 역량(문제 해결 능력, 협업 능력 등)을 강화하는 활동을 포함한다. 학급 교육과정을 설계하는 데 필요한 기본 원리와 방법을 제시한다.

1 **교육과정 설계의 기본 원리**

① 명확한 목표 설정: 학습 목표는 교사의 교육철학과 학생들의 학습 요구를 바탕으로 설정한다. 목표가 명확해야 수업과 평가가 일관되게 이뤄질 수 있다.

② 학생 중심 접근: 교육과정은 학생들의 흥미와 학습 수준을 반영한다. 학생들의 관심을 끌고, 그들의 능력을 확장할 수 있는 목표를 설정한다.

③ 통합과 연계성: 학급 교육과정은 교과 간 통합과 학습활동 간의 연계성을 고려한다. 이를 통해 학생들이 학습 내용을 유기적으로 이해할 수 있다.

④ 다양한 학습 방법 활용: 토론, 프로젝트 학습, 체험 학습 등 다양한 학습법을 통해 목표를 달성할 수 있도록 설계한다.

2 **학급 특성을 고려한 목표 설정**

① 학생 분석: 학급의 특성을 파악하기 위해 학생들의 학습 수준, 흥미, 필요를 분석한다. 설문지, 면담이나 관찰을 통해 학생들의 특징을 파악한다.

② 공동 목표 설정: 학생들과 함께 학급 목표를 설정하면, 학생들이 더 큰 책임감을 갖고 학습에 참여한다.

③ 학습 환경 조성: 목표는 학생들에게 도전감을 주면서도 성취 가능한 수준으로 설정한다. 지나치게 높은 목표는 좌절감을 줄 수 있고, 너무 낮은 목표는 흥미를 잃게 할 수 있다.

④ 목표 점검과 조정: 학기 중에도 학습 목표가 잘 실행되고 있는지 점검하고, 필요에 따라 조정한다.

3. 수업 계획 세우기: 학생의 성장을 중심으로

학생들의 성장을 중심으로 수업을 계획하는 것은 교사가 학급 교육과정을 실행하는 첫 번째 단계다. 학생들의 흥미와 참여를 끌어내는 방법, 다양한 학습 수준을 반영하는 수업 설계 방안은 다음과 같다.

1 흥미와 참여를 끌어내는 수업 설계

① 도입부 설계: 수업의 시작은 학생들의 관심이 쏠리는 가장 중요한 순간이다. 이야기, 시각 자료, 질문 등 학생들의 호기심을 자극하는 자료를 활용한다.

② 학생 참여 유도: 학생들이 수업 활동에 적극적으로 참여하도록 학습 목표와 활동의 이유를 명확히 전달한다. 또한 다양한 참여 방식을 제공해 모든 학생들이 자신감을 갖고 참여하도록 한다.

③ 역동적 활동 포함: 단순한 강의식 수업보다는 협동 학습, 문제 해결 활동, 창의적 표현 활동 등 다양한 활동을 설계한다. 이는 학생들의 흥미를 유지하고 학습 효과를 높이는 데 유용하다.

④ 다양한 자료 활용: 디지털 자료, 영상, 교구 등 다양한 자료를 활용해 학생들의 학습 경험을 풍성하게 만든다.

2 다양한 학습 수준을 반영하는 방법

① 개별화된 접근: 학생들의 학습 수준이 다름을 인지하고, 학습 목표를 차별화하거나 선택형 과제를 제공한다. 이를 통해 각 학생이 자신의 속도에 맞게 학습할 수 있다.

② 협동 학습 활용: 학습 수준이 다양한 학생들이 팀을 이뤄 서로 배우고 가르치는 협동 학습을 활용한다. 팀원 간의 역할 분담을 통해 모든 학생이 기여하도

록 설계한다.

③ 피드백을 통한 조정: 수업 중 제공하는 형성 평가와 즉각적인 피드백을 통해 학생들이 자신의 학습 상태를 이해하고 개선하도록 돕는다.

④ 수업 후 반성의 시간 마련: 수업 후 교사와 학생이 함께 학습활동을 반성해 보며 성공한 점과 개선할 점을 공유한다.

⑤ 정기적 확인: 학생들과 정기적으로 현재의 학습 진행 상황을 점검하고, 필요 시 학습 계획을 수정한다.

4. 평가 계획 설계: 공정하고 의미 있게

평가는 단순히 학생들의 성취도를 측정하는 도구가 아니라, 학습 과정의 중요한 일부로 학생들의 성장을 지원한다. 시험뿐 아니라 토론, 프로젝트, 그룹 활동 등 다양한 방법을 활용해 학생들의 강점을 발견할 수 있다. 자기평가와 동료 평가 도입하면 학생들이 학습 과정을 스스로 점검하고, 동료와 피드백을 주고받는 활동을 통해 협력과 자기 주도성을 기를 수 있다. 평가 기준을 학생들과 미리 공유하여 평가에 대한 불안을 줄이고 학습 동기를 높인다. 평가 계획을 설계하는 데 필요한 목적과 원칙, 수행평가에 대해 다뤄 본다.

1 평가 목적

① 학습 과정 지원: 평가를 통해 학생들의 현재 학습 상태를 파악하고, 이를 바탕으로 추가 학습을 설계한다.

② 학습 동기부여: 공정하고 명확한 평가 기준은 학생들에게 동기를 부여하고 목표를 설정하도록 돕는다.

③ 학습 성과 확인: 학생 개개인의 성과를 확인하고, 학급 전체의 학습 상태를 점검할 수 있다.

2 평가 원칙

① 공정성: 모든 학생이 동일한 조건에서 평가받도록 기준을 명확히 한다.
② 신뢰성: 평가 도구를 일관되게 하며, 학생들의 학습 성과를 정확히 반영한다.
③ 유의미성: 평가 결과는 학생과 교사 모두에게 학습 개선을 위한 유용한 정보를 제공한다.

3 수행평가 종류

① 형성 평가
- 정의: 학습 과정 중 학생의 이해도와 성취도를 점검해 피드백을 제공하는 평가다.
- 방법: 퀴즈, 토론, 짧은 에세이, 수업 중 질문 등을 활용해 학생들의 진행 상황을 파악한다.
- 효과: 즉각적인 피드백을 통해 학습 방향을 조정하고, 학생들에게 자신감을 심어 준다.

② 총괄 평가
- 정의: 학습 단원이 끝난 후 학생들의 성취도를 종합적으로 측정하는 평가다.
- 방법: 시험, 프로젝트, 발표 등을 활용해 학생들의 학습 성과를 평가한다.
- 효과: 학습 목표 달성 여부를 확인하고, 이후 학습 설계를 위한 기초 자료를 제공한다.

5. 실천과 피드백: 계획을 현실로 만드는 과정

수업과 평가 계획이 완성되었다면, 이제는 이를 실제로 실행하고 점검하며 개선하는 단계에 들어가야 한다. 실천과 피드백 과정은 계획을 현실로 옮기고 학습 효과를 극대화하는 데 핵심적인 역할을 한다. 실천과 피드백 과정은 시간이 소요되므로, 일정을 세밀히 계획하고 우선순위를 정해야 한다. 작은 단위로 나눠 진행하면 부담을 줄일 수 있다.

1 계획을 실행에 옮기는 방법

① 작은 성공부터 시작하기: 모든 계획을 한꺼번에 실행하려 하지 말고, 우선순위를 정해 작게 시작해야 한다. 첫 수업이나 초기 평가 활동이 성공적으로 이뤄지면, 학생들과 교사의 자신감이 상승한다.

② 명확한 전달: 학생들에게 수업 목표와 활동 방향을 명확히 설명한다. 계획에 대한 이해도가 높아야 학생들이 적극적으로 참여할 수 있다.

③ 유연한 태도 유지: 계획대로 진행되지 않는 경우가 많으므로, 유연성을 유지하며 상황에 따라 계획을 수정한다. 예측하지 못한 변수에 적응하는 능력이 중요하다.

④ 자원 활용하기: 디지털 도구, 동료 교사, 학부모와의 협력을 통해 자원을 최대한 활용해야 한다. 필요 시 외부 지원도 고려한다.

2 실행 후 점검과 개선 과정

① 수업 후 반성할 점 기록: 잘된 점과 개선할 점을 구체적으로 기록한다. 이는 이후 수업 설계에 귀중한 자료다.

② 학생 피드백 수집: 설문지나 간단한 구두 인터뷰 등을 활용해 적극적으로 참

여하게 한다.

③ 동료 교사와 협의: 동료 교사들과 정기적으로 협의회를 가지며, 수업과 평가에 대한 조언을 구하거나 새로운 아이디어를 공유한다. 팀워크를 통해 더 나은 결과를 도출할 수 있다.

④ 데이터를 기반으로 수정: 평가 결과와 학생들의 학습 상태를 분석해, 수업과 평가 계획을 조정한다. 데이터에 기반해 의사 결정을 하면 더 효과적인 개선을 할 수 있다.

⑤ 지속적인 개선: 한 번의 실천과 피드백으로 모든 것을 해결할 수 없다. 지속적으로 실천하고 피드백을 반영해 장기적으로 개선하는 것을 목표로 한다.

고민을 줄이는 체크리스트와 팁

대(大) 영역	중(中) 영역	체크포인트
학급 운영 시 체크리스트	목표 설정	• 학급의 교육목표를 명확히 설정했는가? • 학생들의 특성과 수준을 고려했는가?
	교육과정 설계	• 교과 간 통합과 연계성을 충분히 반영했는가? • 다양한 학습 방법이 포함되었는가?
	수업 계획	• 학생 참여를 유도하는 활동을 포함했는가? • 모든 학생이 도전할 수 있는 수준의 과제가 있는가?
	평가 계획	• 수행평가를 잘 설계했는가? • 평가 기준과 방법이 공정하고 투명한가?
	실천과 피드백	• 실행 가능성을 점검했는가? • 반성과 개선을 위한 시간을 확보했는가?
실용적인 팁		협력 활용: 동료 교사와 협력해 아이디어를 공유하고 지원을 받는다.
		시간 관리: 매주 실행할 과제를 작은 단위로 나눠 부담을 줄인다.
		학생 중심의 피드백: 학생 스스로가 학습 과정을 체크하는 시간을 제공한다.
		유연성 유지: 예상치 못한 변수에 대비해 여유 시간을 확보하고, 필요시 계획을 수정한다.

첫 만남 | 아이들과의 첫 만남을 어떻게 준비해야 할까요?

새 학년의 첫날이 다가오고 있다. 학생들과의 첫 만남을 잘하고 싶은데 어떤 말로 시작해야 할지, 어떤 활동을 해야 할지 걱정스럽다. 걱정과 설렘, 기대와 불안함이 뒤섞인 이 복잡한 감정을 잘 다스리고, 학생들과의 첫 만남을 소중하고 의미 있는 시간으로 만들고 싶다. 며칠 후면 교실 문을 열고 학생들을 만나러 간다. 내 진심이 학생들에게 닿기 위해서는 어떤 첫 만남을 계획하는 것이 좋을까?

1. 학생들과의 첫 만남의 중요성

학생들의 웃음소리로 가득 찰 교실을 떠올리며 설레는 마음으로 새 학기를 준비해 보자. 교사와 학생들 사이의 첫인상은 이후의 관계 형성에 큰 영향을 미친다. 첫 만남은 한순간의 첫인상을 넘어 학급 공동체의 시작을 알리는 신호탄과 같다. 교사는 따뜻한 환영으로 학생들을 맞이해 긍정적인 학급 분위기를 조성하며, 서로 협력하고 존중하는 공동체 의식을 심어 주어야 한다. 이를 통해 학생들은 학교를 안전하면서도 즐거운 배움터로 인식하고, 학습에 흥미와 동기를 가지며, 긍정적인 교우 관계를 형성하며 성장한다.

교사는 모든 학생에게 관심을 갖고, 관찰하고 소통하며, 특성과 필요를 파악해야 한다. 학생들의 흥미와 참여를 유도하는 다양한 활동을 통해 친밀감과 협동심을 키우는 것도 중요하다. 노력과 성장을 칭찬하고, 긍정적인 학습 경험을 제공하며, 규칙의 중요성을 강조해 질서 있는 학급 분위기를 조성해야 한다. 학생들과의 첫 만남을 성공적으로 이끌려면 교실 환경의 조성부터 첫 만남 때 진행할 활동, 교사의 마음가짐까지 꼼꼼히 준비하자.

2. 학생들의 마음을 여는 교실 환경 조성하기

교실은 학생들이 하루 중 가장 많은 시간을 보내는 공간이다. 쾌적하고 안전하며, 학습에 집중할 수 있는 환경을 조성하는 것은 학생들의 학교생활 적응과 학습 효과를 높이는 중요한 요인이다. 교사는 교실 환경 조성 시 다음과 같은 사항들을 고려해야 한다.

1 밝고 긍정적인 분위기 조성

① 교실 앞쪽 게시판, 뒤쪽 게시판: 긍정적인 메시지, 환영의 의미가 담긴 그림이나 글귀를 게시해 학생들의 정서적 안정감을 높인다.
② 게시판 구성하기: 학급 규칙, 시간표, 생일 축하 게시판 등을 만들어 학급 운영에 대한 정보를 제공한다. 학습 결과물을 전시할 수 있는 공간과 학급 행사 사진이나 소식을 게시할 수 있는 공간을 미리 마련한다.

2 학습 공간 구성 및 정돈

① 책상 배치: 활동 목적과 학습 형태에 따라 책상 배치를 구성한다. 모둠 활동,

토의·토론, 개별 학습 등 학급에서 자주 진행할 활동 스타일에 적합한 책상 배치를 고려한다. 교사와 학생이 서로 잘 보이게 시야가 확보되도록 한다.

② 학습 자료 정리: 교과서, 학습 자료, 교구 등을 종류별로 분류해 정리한다. 학생들이 사용하기 편리하도록 바구니 보관함이나 선반을 활용한다. 첫날 진행할 활동과 관련된 학습 자료는 미리 학생들 책상에 올려 둔다.

③ 교실 내 다양한 코너 마련: 독서 코너, 놀이 공간, 상담 공간 등 학생들의 필요에 맞는 공간을 구성한다.

3 안전하고 쾌적한 환경 유지

① 환기: 정기적으로 창문을 열어 환기를 시켜 쾌적한 공기를 유지하고 공기청정기를 활용해 미세먼지와 유해 물질을 제거한다.

② 온도 조절: 적정 실내 온도를 확인하고 적정 온도가 유지되도록 관리한다.

3. 첫 만남 활동 계획하기

교사도 학생도 긴장하는 3월 첫날에 하는 첫 만남 활동은 학생들의 어색함을 녹이고, 서로 친해져 학급 공동체 의식을 형성하는 데 중요한 역할을 한다. 마치 낯선 땅에 첫발을 내딛는 것처럼 학생들은 설렘과 두려움을 느낀다. 이런 학생들의 마음을 헤아려 편안하고 즐거운 분위기 속에서 서로에게 다가갈 수 있도록 돕는 것이 첫 만남 활동의 핵심이다. 이를 통해 학생들은 서로 이름과 얼굴을 익히고 공통점을 발견하며 함께 웃으며 친밀감을 형성한다.

교사는 다양한 활동을 통해 아이들에게 관심과 애정을 표현하고, 긍정적인 상호작용을 끌어낼 수 있다. 이는 학생들이 학급에 소속감을 갖고 학교생활에 적극적으로 참여하며, 협력과 배려의 가치를 배우는 데 중요한 밑거름이 된다. 학생들의 마음을 활짝 열어 줄 특별한 활동을 잘 계획해 즐겁고 의미 있는 우리 반만의 멋진 첫 만남을 만들어 보자.

1 첫 번째 날

① 선생님 사용 설명서: 선생님에 대한 궁금증을 해소하고 친밀감을 높이는 활동이다. 이전 학년 학생들이 작성한 '선생님 사용 설명서'를 예시로 보여 준다. 신규 교사의 경우 직접 작성해 비치할 수 있다. 교사가 좋아하는 것, 싫어하는 것, 재미있는 에피소드 등을 담아 학생들의 흥미를 유발하는 것이 좋다.

② 그림책 읽어 주기: 그림책을 통해 아이들의 마음을 따뜻하게 어루만져 주고, 긍정적인 메시지를 전달한다. 《틀려도 괜찮아》, 《선생님은 몬스터》, 《학교 가기 싫은 선생님》과 같이 학생들과 교사가 함께 공감대를 형성하기 좋은 책을 읽어 주는 것이 좋다.

③ 질문지를 뭉쳐라: A4 용지에 선생님이나 학교생활에 관한 질문을 적어 눈처럼 뭉쳐 던지는 활동으로, 서로에 대해 알아가기 좋은 활동이다. 교사는 학생들이 무엇을 궁금해하는지, 우리 반의 성향은 어떠한지 알고, 학생들은 교사나 학급에 대한 궁금증을 해소할 수 있다.

④ 단체 사진 찍기: 첫 만남의 기쁨을 간직하고, 학급 공동체 의식을 형성하기 위해 단체 사진을 찍는다. 학년 말에 학기 초에 찍은 단체 사진을 함께 보며 1년 동안의 성장과 변화를 함께 추억할 수 있다.

⑤ 학기 초 생활 안내 PPT: 신학기를 시작하는 학생들에게 학교생활 전반에 대한 안내를 제공하는 중요한 자료다. 1년 동안 학교생활을 하면서 지켜야 할 규칙과 예절, 학습 방법, 요일별 해야 할 아침 활동, 안전 수칙 등을 담고 있어 학생들이 학교생활에 잘 적응하고, 긍정적이고 건강한 학교 문화를 만들어

가는 데 도움을 준다.

2 두 번째 날

① 부모님께 선생님 소개하기 미션: 학생들이 부모님께 선생님을 소개하는 과정을 통해 선생님에 대한 이해를 높이고, 긍정적인 관계 형성을 돕는 활동이다. 또한 학부모와의 소통을 통해 가정과 학교의 연계를 강화하고, 교육 공동체 의식을 함양한다.

② 이름 외우기: 학생들뿐만 아니라 교사도 학생들 이름을 외우기까지 시간이 걸리기 때문에, 상대의 이름을 외치는 경기를 함께한다. 아래에 간단히 활동 내용을 소개한다.

- 한 반을 A팀과 B팀 두 개의 팀으로 나눈 후, 각 팀 앞에 의자를 1개씩 둔다.
- 가운데를 기준으로 양쪽으로 바닥에 앉게 한다.
- 가운데를 커다란 커튼이나 천으로 막아 상대방이 보이지 않게 한다.
- 양쪽 진영에서 한 명씩 나와 의자에 앉는다.
- 커튼이나 천이 내려갈 때 의자에 앉은 상대방 얼굴이 보이면 이름을 크게 외친다.
- 빨리 상대방의 이름을 외치는 팀이 이기는 경기다.

③ 오늘의 밥 친구: 교사와 한 명의 학생이 돌아가며 밥을 먹으며 친밀감을 높이고, 편안하게 소통하는 시간을 갖는다. 식사 예절을 지도하고, 즐겁게 대화하며 식사 시간을 보낸다.

④ 5분 청소법: 5교시 시작 전 5분 동안 매일 청소하며 깨끗한 환경을 만들고, 협동심을 기른다. 청소 구역을 분담하고, 청소 방법을 안내해 효율적인 청소 활동을 하도록 한다.

3 **세 번째 날**

① 의미 있는 역할 나누기: 학급에 필요한 다양한 역할을 나눠 맡아 책임감을 갖고 봉사하는 경험을 제공한다. 역할의 종류와 임무를 설명하고, 미리 학생들에게 지원받아 역할을 분담한다.

② 타임캡슐: '3월의 나는 이런 아이었어'라는 주제로 자신에게 올해의 목표 등에 대해 편지를 쓴다. 1년 후에 타임캡슐을 열어 보는 활동을 통해 스스로 성장을 확인하고, 목표 달성을 위한 동기를 부여한다.

③ 자기소개: 다양한 자기소개 활동지를 활용해 자신의 관심사를 적어 소개하며 서로의 공통점과 차이점을 이해하고, 존중하는 마음을 키운다.

4 **네 번째 날**

① 'I SEE U': 친구의 얼굴을 그리고, 칭찬과 격려의 말을 주고받으며 서로를 이해하고 존중하는 마음을 키운다.

② 자리 정하기: 모둠 자리를 주기적으로 바꾸어 다양한 친구들과 교류하고 협력할 수 있도록 한다. 자리 배치 방식과 모둠 구성원은 교우 관계를 넓혀 나가는 데 영향을 미치므로 신중하게 결정한다.

③ 콜버그(Kohlberg) 도덕성 6단계 설명하기: 콜버그 도덕성 발달 6단계 이론을 아이들의 눈높이에 맞춰 설명해 도덕적 판단 능력을 키우고, 바람직한 행동을 하도록 지도한다. 다양한 상황을 제시하고, 토론이나 역할극을 통해 도덕적 갈등 상황에 대한 해결 능력을 키운다.

④ 비전 보드 작성하기: 자신의 꿈과 미래를 생각해 보고, 목표를 설정해 긍정적인 자아 정체성을 확립하도록 돕는다.

5 다섯 번째 날

① '게스 후(Guess Who)?': 어릴 때 사진을 1장씩 가져와서 교사에게 제출하고, 교사가 화면에 띄운 사진을 보고 누구인지 맞추는 활동이다. 교사의 어릴 때 사진도 가져와서 함께 보여 주면 학생들이 '선생님도 우리처럼 어렸을 때가 있었구나'라는 마음으로 동질감을 느낀다. 학생들과 함께 서로의 어릴 때 모습을 보는 것만으로도 친밀감과 공동체 의식이 시작된다.

② 코넬 노트 정리(초등학교 3학년 이상): 효과적인 학습 방법인 코넬 노트 정리법을 지도하여 학생들의 자기 주도 학습 습관을 형성한다. 코넬 노트 작성 방법을 단계별로 설명하고, 실제로 노트를 작성하는 연습을 한다.

③ 함께 만드는 총회: 학생들이 부모님께 하고 싶은 말을 편지로 적게 한다. 평소 편지를 쓰거나 받을 기회가 거의 없는 요즘, 직접 쓴 편지로 학생들의 생각을 살펴보고, 학부모와의 소통을 강화하는 효과를 얻을 수 있다. 이 편지는 교사가 잘 간직해 두었다가 총회 당일 학부모가 읽을 수 있도록 학생 책상 위나 서랍에 둔다.

4. 교사의 마음가짐

첫날부터 무섭게 해야 학생들이 말을 잘 듣는다는 말도 안 되는 이야기에 현혹돼서는 안 된다. 학생들과 긍정적인 관계를 형성하기 위해서는 공감해 주고 학생들의 이야기에 귀를 기울이는 교사가 돼야 한다. 덧붙여 유쾌함이나 트렌디함으로 무장한 재미있는 교사라면 금상첨화다. 교사의 마음가짐은 학생들이 학교생활에 안정감을 느끼고 긍정적인 태도를 형성하는 데 큰 영향을 미친다.

1 따뜻한 미소로 학생들을 맞이하기 | 첫 만남에서 교사의 따뜻한 미소는 학생들에게 '환영'과 '안전함'의 메시지를 전달한다. 낯선 환경에 대한 불안감을 해소하고, 안정적인 분위기를 조성해 학생들이 학교생활에 잘 적응하도록 도와준다. 새학년의 일주일은 평소보다 좀 일찍 출근해 "안녕하세요. 반가워요."와 같이 활기찬 목소리로 인사를 건네는 것도 좋다. 나이스에서 학생들의 이름과 얼굴을 확인해 기억해 두고, 이름을 불러 주며 인사하면 친근하게 다가갈 수 있다.

2 긍정적인 말로 칭찬과 격려를 아끼지 않기 | 학생들의 적은 노력에도 긍정적인 말로 격려해 학생들이 스스로의 가능성을 믿고 도전할 수 있도록 한다. "○○이는 친구에게 친절하게 인사하는구나!", "○○이는 발표를 정말 자신감 있게 잘했어요."와 같이 구체적인 행동을 언급하며 칭찬하자. 또한 결과보다는 과정에 대한 칭찬을 통해 아이들이 꾸준히 노력하는 자세를 갖도록 격려한다.
학생들이 어려움에 직면했을 때, 따뜻한 말로 격려해 용기를 주고 도전할 수 있는 분위기를 만드는 것도 중요하다.

3 학생들의 눈높이에서 공감하고 경청하며 소통하기 | 학생들의 눈높이에서 공감하고 경청하는 것은 신뢰 관계를 형성하는 데 매우 중요한 요소로 작용한다. "○○이의 마음이 많이 속상했겠구나. ○○이가 얼마나 힘들었을지 선생님도 이해돼요."라고 학생들의 감정을 이해하고 공감하는 말을 건네는 것이 좋다. 따뜻한 미소, 긍정적인 말, 진심 어린 소통은 학생들의 마음을 여는 마법과 같다.

첫 만남은 학생들에게 학교생활에 대한 첫인상을 심어 주는 중요한 시간이다. 따뜻하고 긍정적인 분위기 속에서 학생들을 맞이하고, 즐거운 학교생활을 만들어 나갈 수 있도록 도와준다면, 학생들은 낯선 환경에 잘 적응할 수 있을 것이다.

자리 배치

아이들 좌석 배치는 어떻게 해야 할까요?

학급 내 자리 배치는 교사와 학생 모두에게 중요한 요소다. 새로운 자리를 앞두고 설레고 긴장했던 학창 시절의 기억, 누구나 한 번쯤 떠올릴 수 있는 공통된 경험일 것이다. 작은 사회인 교실에서 학생들은 지식을 쌓고, 친구들과 소통하며 사회성을 배운다. 물리적 공간의 배정을 넘어 개인의 성장과 학습에도 영향을 미치는 자리 배치를 어떻게 하면 좀 더 현명하게 할 수 있을까?

1. 학급 자리 배치의 의미와 중요성

"선생님, 자리 언제 바꿔요?" 아이들이 선생님에게 가장 자주 묻는 질문 중 하나가 바로 자리 배치다. 초등학교에서 자리와 교실은 좀 더 특별한 의미를 지닌다. 아이들에게 교실은 단순한 학습 공간을 넘어 친구들과 어울리고 선생님과 소통하며, 작은 사회생활을 경험하는 중요한 생활 공간이다. 자리의 변화는 학급 내에서 늘 뜨거운 화제가 되고, 누가 누구 옆에 앉는지, 어떤 모둠에 배정되는지가 아이들에게는 설레고 긴장되는 순간이다.

자리 배치는 겉으로 보기에는 단순하고 사소한 일처럼 보일 수 있지만, 교사에게는 학습 분위기를 조성하고 학급 운영의 방향성을 반영하는 중요한 환경 구성 요소다. 교실에서 아이들은 다양한 사람들과 어울리며 소통하고, 일상의 작은 문제들을 해결해 나간다. 자리 배치는 교우 관계, 학습 태도, 그리고 교실 내 사회적 상호작용에 중요한 역할을 하며, 학급 내에서 형성되는 관계와 분위기를 결정짓는 데 중요한 요소로 작용한다.

2. 자리 배치 전 고려할 사항

자리 배치는 학급 분위기, 학생들의 학습, 그리고 사회적 관계 형성에 큰 영향을 미치는 중요한 과정이다. 학생들의 개별적 특성과 필요를 분석하고 이를 반영해 자리 배치를 설계하는 것은 학습 환경을 최적화하고 긍정적인 학급 변화를 이끄는 데 있어서 핵심적인 역할을 한다. 교사가 자리 배치를 계획할 때 고려해야 할 주요 사항은 다음과 같다.

1 **학생 개별 특성 분석** | 학습 태도가 산만한 학생은 수업에 집중할 수 있도록 자리를 배치하는 것이 중요하다. 또한 시력이 좋지 않은 학생은 칠판이 잘 보이는 앞자리나 적절한 위치에 배치하고, 청각적 지원이 필요한 학생은 교사의 목소리가 잘 들리는 자리를 고려하자.

2 **학교 폭력 및 갈등 관리** | 학생 사이에 특별히 부정적인 관계가 있거나 학교 폭력 사안이 발생하는 경우가 있다. 더 큰 갈등을 예방하기 위해 해당 학생들의 자리를 조정하는 과정이 필요하다.

③ **원활한 학습 환경 조성** | 교실에서 학생들이 학습에 몰입할 수 있는 최적의 환경을 만드는 것이 중요하다. 학교는 교육기관이므로 학생들이 교육 활동에 즐겁고 집중할 수 있도록 배려하는 것이 우선돼야 한다. 자칫 친한 친구들끼리 자리를 가깝게 배치하는 것은 학습 분위기를 방해할 수 있다.

3. 일반적인 자리 배치 유형

⋯⋯⋯

학급에서 주로 사용하는 자리 배치 방법에는 일반적으로 세 가지 형태가 있다. 학생 모두가 칠판과 교사가 있는 전면을 바라보는 일제형 대형, 서로를 마주하고 앉는 ㄷ자 대형, 모둠 활동을 위해 소규모 그룹으로 배치해 앉는 모둠 대형이 있다.

① **일제형 대형** | 전통적인 자리 배치 방식으로, 모든 학생이 칠판과 교사를 정면으로 바라보는 형태다. 이 배치는 집중력을 높이는 데 유리하며, 특히 강의식 수업처럼 교사가 일방적으로 수업을 진행해 나가야 하는 경우에 적합하다.

② **ㄷ자 대형** | 학생들이 서로 마주 보며 앉는 ㄷ자 배치는 교사가 중앙에 위치하기 때문에 모든 학생이 한눈에 들어온다. 이 배치는 학생들 간의 상호작용을 촉진하고, 발표와 토론을 활성화하는 데 효과적이다. 가운데 빈 공간은 발표 자리나 무대처럼 활용할 수 있어, 학생들이 토론이나 대화를 주고받으며 수업을 진행하기 좋다. 또한 의견 교환이 활발히 이뤄져 소통이 원활하지만, 산만한 학생들이 많을 경우 집중력이 떨어질 수 있는 단점도 있다.

③ **모둠 대형** | 학생들이 소규모 그룹으로 나뉘어 앉는 배치다. 협동 학습이나 그

룹 활동에 적합하며, 학생들이 함께 문제를 해결하거나 프로젝트를 진행할 수 있는 환경을 제공한다. 이 배치는 팀워크를 배우고, 상호작용을 통해 학습 효과를 높이는 데 유리한 장점이 있다.

학급의 자리 배치에는 정답이 없다. 교사가 학급 분위기와 학생들의 성향을 지속적으로 관찰하며 유연하게 대응하는 것이 중요한다. 또한 학급 구성원 서로가 배려하고 협력하는 분위기를 조성하는 것이 필요하다.

4. 자리 배치의 다양한 방법

자리 바꾸기는 설레고 재미있는 학급 이벤트가 되기도 한다. 자리 배치 방법에는 랜덤 뽑기, 카드를 활용한 짝 찾기, 모둠 찾기 등이 있다. 의외로 아이들이 선호하는 방법은 랜덤 제비뽑기다. 어떤 자리에 누구와 어떻게 앉게 될지 모른다는 기대감이 즐겁기 때문이다. 매달 다양한 방식으로 시도하면 학급만의 소중한 추억을 쌓으며 더욱 즐겁고 활기찬 분위기를 만들어 나갈 수 있다. 다만, 학기 초에는 학습 분위기를 산만하게 할 수 있으므로, 학급의 규칙이 확립된 2학기부터 하는 것을 추천한다.

① **랜덤 제비뽑기** | 교사는 미리 책상 배치도에 번호를 붙여 PPT에 준비한다. 학생들은 숫자가 적힌 쪽지를 하나씩 뽑고 PPT 화면 속 번호를 맞춰 보면서 자신이 어디에 앉게 될지, 누구와 함께 앉게 될지 몰라 설렘과 기대감을 느낀다.

② **짝꿍 찾기** | 랜덤 뽑기의 업그레이드 버전으로 교사는 짝이 지어지는 카드를

준비한다. 예를 들어 캐릭터 세트를 구성하거나, 계절에 어울리는 단어 등의 주제로 카드를 제작한다. 학생들은 각자 카드를 뽑고, 자신과 짝을 이루는 카드를 가진 친구를 찾으러 다닌다. 학생들이 즐거워하고, 동시에 새로운 관계를 형성하는 데에도 도움이 된다.

3 **모둠 찾기** | 이번에는 모둠원이 세트가 되는 구성 카드를 만든다. 짝꿍 찾기와 동일하게 학생들은 각자 카드를 뽑고, 교실을 돌아다니며 모둠원을 찾는다. 모둠이 모두 모이면 선생님이 준비해 둔 카드 자리 배치표를 보여 주거나, 자리와 짝꿍을 모둠 내에서 자유롭게 선택해 앉게 할 수도 있다.

4 **보물 찾기** | 교사는 아이들이 없을 때 교실에 자리 번호가 적힌 보물(번호 쪽지)을 숨긴다. 학생들은 교사가 숨긴 쪽지를 정해진 시간 안에 찾는다. 찾은 쪽지에 적힌 번호가 자신의 자리가 되고, 마지막까지 보물을 찾지 못한 친구들은 가위바위보를 통해 자리를 고른다.

카드 구성을 만들 때 학습 내용을 적용하는 것도 재밌는 방법이 된다. 예를 들어 사회과 내용을 접목한다면 아시아에 해당하는 국가 이름 4가지, 유럽에 해당하는 국가 이름 4가지 등 각 대륙에 해당하는 국가들이 모일 수 있도록 카드를 구성한다. 또는 인기 있는 캐릭터 버전으로 구성하는 방법도 재미있다. 1모둠은 〈뽀로로와 친구들〉에 등장하는 인물, 2모둠은 〈겨울왕국〉에 등장하는 인물, 3모둠은 〈티니핑〉에 등장하는 인물 등으로 설정하는 방식이다.

생활지도 | 학년 초 생활지도는 어떻게 해야 할까요?

주변에서는 학기 초 생활지도를 잘해야 1년이 편하다고 하는데, 어떻게 해야 할지 잘 모르겠다. 특히, 학기 초 생활지도는 학생들의 학교생활 적응과 학급 분위기 형성에 큰 영향을 미치기 때문에 더욱 신경이 쓰인다. 어떻게 하면 학생들이 학교 규칙을 잘 지키고 서로 배려하며 생활하도록 지도할 수 있을까?

1. 긍정적 학급 분위기 형성하기

새 학년에 새로운 학생들과의 만남은 교사에게 설렘과 기대를 안겨 주지만, 동시에 생활지도에 대한 부담감을 느끼게 한다. 특히, 학기 초 생활지도는 학생들의 학교생활 적응과 학급 분위기 형성에 큰 영향을 미치므로, 교사의 역할이 무엇보다 중요하다. 교사가 학기 초부터 긍정적인 학급 분위기를 만드는 것은 학생들의 학습 의욕을 높이고, 바람직한 행동 변화를 유도하며, 건강한 교우 관계를 형성하는 데 큰 영향을 미친다. 따라서 학급 분위기를 긍정적으로 만들기 위해 교사는 다음과 같은 노력을 기울여야 한다.

1 **학생들과 긍정적인 관계 형성하기** | 학생들의 이름을 불러 주고, 따뜻한 미소와 긍정적인 말로 칭찬과 격려를 아끼지 않으며, 학생들의 이야기에 귀 기울이는 자세를 보여야 한다. 예를 들어, "우리는 오늘부터 한배를 탔습니다. 함께 항해를 시작할 수 있는 소중한 인연을 맺어 보아요."와 같이 이야기하며 학급 공동체 의식을 심어 준다. 이때 협동 놀이 등을 진행하며 핵심 가치를 전달할 수도 있다. 협동 놀이를 할 때는 승패보다는 서로 존중하고 배려하는 분위기를 조성한다. 학생들은 교사와 또래 집단으로부터 사랑받고 있다고 느낄 때 긍정적인 학습 태도를 보이고 학교생활에 적극적으로 참여한다.

2 **교사가 중시하는 가치를 학생에게 전달하기** | 교사는 지식 전달자를 넘어 학생들의 인성과 가치관 형성에 중요한 역할을 담당한다. 특히, 학기 초에는 교사가 중요하게 생각하는 가치를 학생들에게 명확하게 전달하고, 이를 내면화할 수 있도록 지도한다. 교사는 먼저 자신이 중요하다고 생각하는 핵심 가치를 정한다. 협력, 존중, 책임, 배려, 정직 등 다양한 가치 중 학급 교육목표와 학생들의 발달단계에 맞는 가치를 선택하고, 이를 구체적인 행동 지침으로 만들어 학생들에게 제시한다. 예를 들어, 협력을 핵심 가치로 선정했다면, "친구와 협력해 과제를 해결한다.", "모둠 활동에 적극적으로 참여한다.", "다른 사람의 의견을 경청하고 존중한다."와 같이 구체적인 행동 지침을 만들 수 있다.

3 **학생들의 질문과 요구에 적절하게 대응하기** | 학생들은 수업 시간이나 학교생활 중 교사에게 다양한 질문과 요구를 한다. 학생들의 질문과 요구에 귀 기울이고, 적절하게 대응해 학생들의 궁금증을 해소하고, 학습활동에 적극적으로 참여하도록 격려해야 하지만 때로는 단호하게 대처할 필요가 있다. 예를 들어 수업과 관련 없는 질문에 대해서는 "쉬는 시간에 이야기해 줄게요."와 같이 단호하게 답

변하고, 수업 시간에는 학습에 집중할 수 있도록 지도한다. 학생들의 요구에 대해서는 타당성과 상황을 고려해 합리적인 요구는 수용하고, 그렇지 않은 요구는 감정적인 대응을 자제하되, 객관적이고 명확한 이유를 들며 거절한다.

2. 학년 초 생활지도 방법

새 학기의 교실은 설렘과 기대로 가득하지만, 곧이어 규칙 위반, 수업 방해, 아이들의 갈등 같은 다양한 문제 상황이 발생하기 쉽다. 이런 문제들을 방치할 경우, 학습 분위기가 저해되고, 학생 간 갈등이 심화될 수 있다. 따라서 학기 초부터 교사의 체계적인 생활지도가 중요하다. 따라서 교사는 명확한 규칙 제시, 자발적 참여 유도, 긍정적 강화, 상호작용 증진 등에 힘써야 한다. 학기 초의 생활지도는 전체 학년 운영의 밑바탕이 되므로, 교사는 학생들의 성장과 발달을 위해 끊임없이 노력하고 긍정적인 관계 형성 및 공동체 의식 함양에 최선을 다해야 한다.

① **아침 시간, 쉬는 시간, 점심시간** | 아침, 교실 문이 열리면 밝은 표정으로 학생들을 맞이하며 따뜻한 인사를 건넨다. 교실 벽면에는 학교 및 학급 규칙을 보기 쉽게 게시해 학생들이 규칙을 잘 이해하고 지킬 수 있도록 지도한다. 복도에서 뛰지 않기, 실내화 착용, 점심시간 예절 지키기 등 기본적인 규칙들을 상기시키고, 규칙 준수의 중요성을 강조한다. 쉬는 시간과 점심시간에는 학생들의 안전을 위해 교실과 복도를 꼼꼼하게 순회하며 위험한 장난이나 다툼을 미리 예방한다. 안전사고 발생 시에 즉시 대처할 수 있도록 주의를 기울인다.

② **수업 시간** | 수업 시간에는 딴짓하거나 돌아다니는 학생들에게 개별적으로 주

의를 주고 수업에 집중하도록 돕는다. 발표나 질문을 할 때는 손을 들고 발표하는 규칙을 안내하며, 모든 학생에게 발표 기회를 제공해 적극적인 수업 참여를 유도한다. 모둠 활동 시에는 각자의 역할을 분담하고 협력해 과제를 수행하도록 해, 서로 돕고 배려하는 긍정적인 교우 관계를 형성하도록 지도한다.

3 **휴대폰 등 디지털 기기** | 학교 규칙에 따라 수업 시간에는 휴대폰 사용을 제한하고, 학생들이 이를 잘 지키도록 지도한다. 필요한 경우 휴대폰 수거함을 활용하고, 사용 가능한 시간을 명확하게 안내한다. 또한 사이버 폭력의 위험성을 알리고 예방 교육을 통해 건전하게 디지털 기기를 사용하는 습관을 길러 준다. 사이버 폭력 발생 시 대처 방법도 함께 안내해 학생들을 보호한다.

4 **학교 폭력 예방 및 교우 관계** | 학교 폭력 예방 교육을 통해 학교 폭력의 유형, 피해 사례, 대처 방법 등을 학생들에게 교육하고, 갈등 해결과 긍정적 소통을 위한 '행감바', '인사약' 2가지 전략을 활용한다.

첫째, '행감바'는 화났을 때 마음을 표현하는 아이스크림이다. '나 전달법'을 기반으로, 학생들이 자신의 감정을 솔직하게 표현하고 상대방을 비난하지 않으면서 갈등을 해결하도록 돕는 소통 방법이다.

- 행동: 상대방의 행동을 객관적으로 묘사한다. (주관적인 평가나 비난은 No!)
- 감정: 그 행동으로 인해 내가 느낀 감정을 솔직하게 표현한다.
- 바람: 앞으로 상대방이 어떻게 해 주면 좋을지 구체적으로 말한다.

예를 들면, "네가 내 허락 없이 내 샤프를 가져갔잖아."(행동) → "그래서 나는 화가 났어."(감정). → "다음부터는 샤프를 빌리고 싶을 때 먼저 나에게 말해 줬으면 좋겠어."(바람)

둘째, '인사약'은 갈등 해결을 위한 마법의 약이다. 갈등 상황에서 상대방과의 관계를 회복하고 문제를 건설적으로 해결하기 위한 '인정, 사과, 약속'이라는 세 단계를 의미한다.

> - 인정: 상대방의 감정이나 입장을 있는 그대로 이해하고 받아들이는 것이다. 상대방의 말을 주의 깊게 듣고, "네 말은 이런 뜻이구나."와 같이 상대방의 말을 다시 말해 주면서 이해했음을 표현한다. (예: "아, 네가 게임에서 졌다고 놀려서 기분이 상했구나.")
> - 사과: 내 행동으로 인해 상대방이 상처받았거나 불편함을 느꼈다면 진심으로 사과한다. 변명하거나 책임을 회피하지 않고, "내가 잘못했어. 미안해."와 같이 솔직하게 사과한다. (예: "내가 네 마음을 헤아리지 못하고 심한 말을 해서 미안해.")
> - 약속: 앞으로 같은 문제가 발생하지 않도록 구체적인 행동의 변화를 약속한다. "다음부터는 ~하도록 노력할게."와 같이 미래의 행동 변화에 대한 약속을 명확하게 전달한다. (예: "앞으로는 네 기분을 상하게 하는 말을 하지 않도록 조심할게.")

'행감바'와 '인사약'은 학생들이 갈등 상황에 건강하게 대처하고, 서로의 감정을 이해하며, 원만한 관계를 맺도록 돕는 효과적인 도구다. 교사는 학생들이 이런 방법들을 자연스럽게 사용할 수 있도록 꾸준히 지도하고 격려해야 한다.

5 청소 방법 | 깨끗한 학급 환경을 조성하기 위해 청소 구역을 정하고, 학생들에게 청소 방법을 구체적으로 안내한다. 청소 도구 사용법, 쓰레기 분리배출 방법 등을 익히고, 책임감을 갖고 청소에 참여하도록 지도하는 것이 중요하다.

6 1인 1역(의미 있는 역할) | 학급 운영에 필요한 다양한 역할을 정하고 학생들에게 1인 1역(의미 있는 역할)을 부여해 학급 공동체에 참여하도록 한다. 출석 체크, 급식 도우미, 학습 자료 준비 등 각자 맡은 역할을 성실하게 수행함으로써 책임감과 봉사 정신을 기르고, 학급에 기여하는 경험을 통해 소속감과 공동체 의식을 함양할 수 있다.

3. 학생 생활지도 주의 사항: 아동학대 예방을 위한 길잡이

학생의 건강한 성장을 지원하는 생활지도는 교사의 중요한 책무다. 그러나 안타깝게도 교사의 정당한 생활지도가 아동학대로 오해받는 사례가 발생하기도 한다. 이는 교사의 교육 활동을 위축시키고, 궁극적으로는 학생들의 학습권 침해로 이어질 수 있다. 이런 문제를 예방하고 교사가 안심하고 생활지도에 임할 수 있도록, 아래 주의 사항들을 숙지하고 실천하는 것이 중요하다.

1 **긍정적인 교사-학생 관계 형성하기** | 학생들과 긍정적인 관계를 형성하는 것은 생활지도의 기본이다. 평소 학생들의 이야기에 귀 기울이고, 칭찬과 격려를 아끼지 않으며, 학생 개개인에 대한 진심 어린 관심을 표현해야 한다. 이는 학생들의 신뢰를 얻고 오해를 예방할 수 있게 해 준다. 또한 학생 및 학부모들과 긍정적 상호작용을 한 결과를 많이 남겨 놓으면 혹시 모를 문제 상황에서 교사를 보호하는 큰 힘이 될 것이다.

2 **상시 녹화를 가정하고 생활지도** | 교실은 항상 녹화되고 있다고 가정하고 생활지도에 임해야 한다. 어느 한 장면을 떼어 놓고 뉴스에 나오더라도 전혀 문제가 없을 정도여야 한다. 좀 피곤할 수도 있지만 교사로서 적절한 언행인지 돌아보고 개선하는 데 도움이 된다.

3 **학생과 적절한 거리 유지, 신체 접촉 최소화** | 학생과 적절한 거리(손에 닿지 않는 거리 1-2m)를 유지하고, 응급 상황 외에는 신체 접촉을 최소화한다. 특히 학생과 단둘이 있는 상황은 가급적 피한다. 불필요한 신체 접촉은 오해를 불러일으키고, 억울하게 아동학대 신고로 이어질 수 있다.

4 **긍정적인 언어 사용** | 학생들에게 비난, 욕설, 모욕적인 언행을 해서는 안 된다. 성별, 외모, 출신 등에 대한 차별적인 발언도 절대 금물이다. 학생들의 인격을 존중하고, 긍정적이며 따뜻한 언어를 사용해 소통해야 한다.

5 **생활지도 내용과 상담 내용 기록** | 학생의 문제 행동, 상담 내용, 지도 내용 등을 꼼꼼하게 기록하는 것은 매우 중요하다. 이는 추후 발생할 수 있는 오해나 분쟁 상황에서 객관적인 증거 자료로 활용될 수 있다. 나이스 행동 발달 누가기록 등을 활용해 상세하고 정확하게 기록을 남겨야 한다.

이런 경우에는 어떻게 해야 하나요?
4. 학기 초부터 공부하기 싫다고 복도로 나가는 등 무단 이탈을 하고, 수업 방해 행동을 계속합니다

....

교사 지시를 불이행하고 수업을 방해하는 학생을 지도할 때는 먼저 상황을 정확히 파악하고 기록하는 것이 중요하다. 학생의 문제 행동을 구체적으로 기록하고, 나이스 행동 발달 누가기록 시스템에도 꼼꼼하게 입력한다. 필요하다면 학교 CCTV 또는 휴대폰 녹음 기능을 활용해 증거 자료를 확보할 수 있지만, 이 경우 사전에 학생 및 학부모의 동의를 얻고 개인정보 보호에 유의해야 한다. 학생 지도는 단계적으로 진행하는 것이 효과적이다.

> **1단계** | 학생의 행동에 대한 구체적인 피드백 제공 및 규칙을 상기한다.
>   예: "지금 ○○이는 착석하지 않고 돌아다니고 있어요. 수업 시간에는 자리에 앉아서 선생님 말씀을 들어야 해요."
> **2단계** | 타임아웃 또는 잠깐 쉬는 시간을 제공한다.
>   예: "○○이는 지금 너무 흥분한 것 같아요. 잠시 복도에서 마음을 진정시키고 오세요."
> **3단계** | 학부모에게 연락해 협조를 요청한다.
>   예: "○○이가 오늘 수업 시간에 계속해서 규칙을 지키지 않고 다른 친구들을 방해했어요. 가정에서도 ○○이가 학교 규칙을 잘 지킬 수 있도록 지도 부탁드립니다."

학부모 상담 시에는 상담 내용을 상세히 기록하고 필요시 학부모 확인 서명을 받는다. 잦은 전화 상담은 부담스러울 수 있으므로, 간단한 내용은 문자 메시지로 전달하는 것이 좋다. 학부모에게는 학생의 문제 행동에 대한 객관적인 정보를 제공하고, 감정적인 표현은 자제한다. 또한 가정에서의 협조를 구체적으로 요청한다.

아동학대 예방을 위해 교사는 학생의 몸에 손을 대는 것을 최대한 자제하고 비난과 욕설, 모욕적인 언행을 삼가야 한다. 학생의 문제 행동에 흥분하거나 감정적으로 대응하지 않도록 주의하고, 긍정 훈육, 비폭력 대화 등 교육적 지도 방법을 익히고 적용한다.

학생의 심리적인 어려움을 파악하고 지원하기 위해 학교의 위클래스 또는 상담 교사에게 도움을 요청하고, 필요시 청소년 상담 센터, 정신건강복지센터 등 외부 기관과도 연계해 전문적인 도움을 받는다. 학생 지도 과정에서 어려움을 겪을 때는 동료 교사, 학교 관리자, 전문가에게 도움을 요청해 심리적 안정을 유지한다. 학생이나 학부모로부터 교권 침해를 당한 경우 학교교권보호위원회에 도움을 요청할 수 있다. 학생 지도는 인내심을 갖고 꾸준히 노력하는 것이 중요하다. 어려움에 직면했을 때는 학교와 전문가의 도움을 요청하여 해결책을 도모하도록 한다.

생활 습관 | 기본 생활 습관은 어떻게 만들어 주어야 하나요?

1학년 담임을 처음으로 맡았다. 그런데 학생들이 기본 생활 습관을 제대로 형성하지 못해 수업을 진행하는 데 어려움을 겪었다. 선배 교사에게 조언을 구했다. "학생들이 기본 생활 습관을 못 지켜요. 게다가 준비물까지 집에 놓고 등교하네요." 그러자 선배 교사가 답했다. "규칙을 한 가지씩 명확히 익히게 하세요. 그리고 준비물 체크리스트를 만들어 붙이세요." 이를 위한 방법을 마련하고 실행해 보려 한다.

기본 생활 습관은 초등학교 시기에 형성돼 학생들의 현재와 미래의 성장에 큰 영향을 미치는 중요한 요소다. 이를 효과적으로 지도하기 위해 교사는 각 학년 군의 발달단계와 특성을 이해하고, 이에 맞는 적절한 방법을 적용해야 한다. 1-2학년에서는 기초를 다지는 데 중점을 두고, 3-4학년에서는 책임감을 강화하며, 5-6학년에서는 자기 주도성과 사회적 책임감을 배양하는 데 초점을 맞추어야 한다.

1. 기초 형성 단계: 1-2학년

1-2학년은 기본 생활 습관을 형성하는 매우 중요한 시기다. 이 시기의 학생들은 규칙을 배우고, 스스로 실천하는 데 어려움을 느낄 수 있으므로 교사의 세심한 지도가 필요하다.

1 주요 생활 습관

- 시간 관리: 정해진 시간에 등교하고, 수업 시간에 자리를 지키며, 쉬는 시간을 활용하는 법을 배운다.
- 정리정돈: 학용품을 정리하고, 자신의 물건을 스스로 챙기는 습관을 기른다.
- 사회적 규칙 이해: 친구들과 인사하기, 차례를 기다리기, 선생님 말씀을 경청하는 기본적인 사회적 규칙을 배운다.

2 사례와 해결 방안

- 사례 1: 수민이는 매일 등교 시간이 늦어지고, 수업 시간 중에도 자주 자리를 이탈했다. 선생님은 수민이와 함께 하루 일정을 시각적으로 표시한 시간표를 만들고, 교실 앞에 부착했다. 매 시간 시작 전, 학생들과 함께 시간표를 확인하며 준비 시간을 가지자 수민이는 등교 시간과 수업 시간을 지키게 되었다.
- 사례 2: 지영이는 자주 학용품을 잃어버려 준비물을 챙기지 못했다. 선생님은 지영이의 책상에 정리 상자를 배치하고, 준비물 리스트를 책상 앞에 부착했다. 매일 조회 시간에 학생들과 함께 준비물을 확인하는 시간을 가지면서, 지영이는 점차 자신의 물건을 정리하고 챙기게 되었다.
- 사례 3: 민수는 친구들과 놀이 중 차례를 기다리지 못하고 갈등을 자주 일으켰다. 선생님은 역할 놀이를 활용해 민수와 친구들에게 차례를 기다리는 상황

을 연습하게 했다. 놀이를 통해 민수는 친구들의 차례를 존중하는 방법을 배우게 되었고, 놀이 시간에 갈등이 줄어들었다.

2. 습관 강화 및 책임감 학습 단계: 3-4학년

3-4학년은 기본 생활 습관을 강화하고, 공동체 안에서 자신의 책임을 이해하며 실천하는 법을 익히는 시기다. 이 시기의 학생들은 자기 관리 능력이 발달하고, 더 많은 책임감을 배울 준비가 돼 있다.

1 주요 생활 습관
- 책임감 있는 행동: 학급에서 맡은 역할(예: 급식 당번, 청소 담당)을 성실히 수행하는 법을 배운다.
- 시간 관리 심화: 과제와 학습활동을 마감 기한에 맞춰 제출하는 습관을 기른다.
- 의사소통 능력: 친구들과 의견을 나누고, 갈등을 해결하는 방법을 배운다.

2 사례와 해결 방안
- 사례 1: 정우는 급식 당번이지만 자신의 역할을 잊어버리곤 했다. 선생님은 정우와 함께 역할표를 작성해 교실 게시판에 부착하고, 매일 조회 시간에 각자의 역할을 확인하도록 했다. 이 과정에서 정우는 자신의 책임감을 인식하고, 급식 당번 역할을 성실히 수행하기 시작했다.
- 사례 2: 은지는 숙제를 자주 미루거나 제출하지 못해 점수를 잃는 일이 많았다. 박 선생님은 은지와 함께 주간 과제 계획표를 작성하고, 매일 과제 진행 상황을 체크할 수 있도록 지도했다. 은지는 점차 과제 마감을 지키는 데 자신

감을 가지게 되었고, 숙제 제출률이 크게 향상되었다.
- 사례 3: 민혁이는 친구와의 의견 충돌 시 감정을 조절하지 못해 소리를 지르곤 했다. 선생님은 민혁에게 감정을 말로 표현하는 연습을 시키며, 차분히 자신의 의견을 전달하는 방법을 지도했다. 또한 의사소통과 감정 조절을 연습할 수 있는 갈등 해결 워크숍을 운영했다. 그러자 민혁은 점차 갈등 상황에서도 친구들과 대화를 통해 문제를 해결할 수 있게 되었다.

3. 주도성과 사회적 책임감 배양 단계: 5-6학년

5-6학년은 초등학교의 마지막 학년 군으로, 학생들이 중학교 진학을 준비하며 자기 주도적인 생활 습관과 더 큰 사회적 책임감을 익히는 단계다. 이 시기의 학생들은 자기 주도적으로 생활을 계획하고, 자신의 행동에 책임을 질 수 있는 능력을 배양해야 한다. 단기 및 장기 목표 설정을 통해 목표 지향적인 사고를 키워야 한다.

1 주요 생활 습관
- 자기 주도 학습: 스스로 학습 계획을 세우고, 이를 실천하는 습관을 기른다.
- 갈등 해결 능력: 친구나 동료와 갈등이 발생했을 때 감정을 조절하고 해결하는 법을 배운다.
- 장기 목표 설정: 단기 목표뿐 아니라, 중장기적인 목표를 세우고 노력하는 습관을 기른다.

2 사례와 해결 방안
- 사례 1: 윤서는 숙제와 시험 준비를 미루는 습관이 있었다. 김 선생님은 윤서

와 함께 학습 계획표를 작성하고, 매일 학습 상황을 기록하도록 지도했다. 또한 완료한 학습 내용을 발표하거나 교사에게 설명하는 기회를 제공했다. 윤서는 점차 자신이 계획을 세우고 실천하는 데 자신감을 가지게 되었다.

- 사례 2: 민재는 친구들과의 갈등 상황에서 화를 내며 문제를 해결하려 했다. 선생님은 감정를 쓰게 해 자신의 감정을 기록하고, 문제 상황에서 어떻게 대처했는지 돌아보게 했다. 민재는 점차 자신의 감정을 이해하고 조절하는 능력을 키울 수 있었다.
- 사례 3: 소연이는 중학교 입학을 앞두고 무엇을 준비해야 할지 혼란스러워했다. 선생님은 소연이가 중학교에서 필요한 생활 습관과 학습 태도를 정리한 목록을 만들고, 이를 기반으로 매주 한 가지씩 실천하도록 지도했다. 소연이는 점차 자신감을 갖고 준비를 할 수 있었다.

기본 생활 습관의 형성은 단순히 규칙을 따르게 하는 것을 넘어서, 학생들이 자신의 삶을 주도적으로 관리하고 공동체 안에서 조화를 이루는 데 필요한 기반을 다지는 과정이다. 이를 위해 교사의 지속적인 관심과 지도가 필수적이며, 적절한 방법과 도구를 활용해 학생들이 긍정적인 변화를 경험하도록 해야 한다.

기본 생활 습관의 형성을 위해 학습 계획표를 작성해 점검하거나, 협력과 책임감을 배울 수 있는 팀 프로젝트를 하면 도움이 된다. 학급 임원, 팀 리더를 맡아 리더십을 기를 수도 있다. 또한 하루를 마무리하며 자신의 행동과 학습 태도를 점검하는 것도 좋다. 교사와 학생뿐만 아니라 학부모가 같은 방향으로 함께 협력할 때 기본 생활 습관은 가장 효과적으로 형성될 수 있다.

학급 규칙

학급 규칙을 민주적으로 만드는 방법은 무엇인가요?

교직 생활을 15년 동안 이어 가며 나름대로 생활지도를 잘해 왔다고 생각했는데 작년에 만난 개성 강한 학생들이 학급 규칙을 지키는 것을 어려워해 힘든 한 해를 보냈다. 올해는 학급 규칙이 힘을 발휘할 수 있는 탄탄한 생활지도를 해 보고 싶은데, 학급 규칙을 만들 때 어떤 것을 고민해야 할까? 아이들이 스스로 규칙을 지켜갈 수 있는 좋은 방법이 무엇일까?

1. 학급 규칙의 기본 원칙

과거에 교사들의 말은 곧 법이었다. 또한 교사가 학급을 다스리는 솔로몬 역할을 했다. 하지만 현시대 학생들은 교사의 규칙을 판단하기도 한다. 교사가 학급 규칙을 학생에게 일방향으로 전달할 때 규칙을 지키고자 하는 학생들의 자발성이 감소한다. 학급 규칙은 학급의 주인인 교사와 학생이 민주적으로 만들어 가는 것이 중요하다. 다양한 방법으로 학급 규칙을 만들어 가되 다음의 원칙을 기억하는 것이 좋다.

1️⃣ **학급 규칙의 필요성 이야기하기** | 학급에서 학급 규칙의 필요성을 합의하는 과정이 필요하다. 학생 스스로 학급 규칙이 왜 존재해야 하는지, 꼭 필요한 이유는 무엇인지 인식해야 적극적으로 규칙을 만들고 지킨다. 학급 규칙이 교사를 위한 것이 아니라 학급 전체를 위한 것임을 모두 알고 있어야 한다.

2️⃣ **학급 규칙을 정하기 전 학급 비전 세우기** | 학급의 이상적인 모습을 정하고, 이를 위한 학급 규칙이 정해져야 한다. 이루고 싶은 목표는 과정이 힘들어도 해낼 수 있게 해주는 원동력이 된다. 학급 규칙을 만들고 지켜가는 것이 학급의 비전을 이뤄 가는 과정으로 인식돼야 한다.

3️⃣ **학급 규칙의 개수는 5개 정도로 하기** | 학급 규칙이 너무 많으면 학생뿐 아니라 교사도 기억하기 어렵다. 학급 규칙은 '법률'이 아닌 '헌법'과 같다. 법률과 같이 섬세한 상황별 규범이 아닌 교실을 평화롭게 가꾸기 위한 큰 기준을 정하는 것이다. 이러한 규칙은 모두가 확실하게 기억하고 있을 때 효과적으로 운영될 수 있다.

4️⃣ **학급 규칙은 언제든 수정하기** | 규칙에 대한 학생의 주도성은 규칙을 만들거나 수정할 수 있는 환경에서 더욱 높아진다. 학생들과 함께 문제를 제기하고 규칙을 수정할 수 있도록 기회를 열어 두는 것이 좋다.

5️⃣ **학급 규칙 내용은 '긍정어'로 만들기** | 우리 뇌는 긍정어를 더 효율적이고 직관적으로 처리한다. '~하지 않습니다'와 같은 부정어는 방어적인 심리가 생기는 반면 '~합니다'와 같은 긍정어는 바람직한 행동을 상상하고 주체적으로 문제를 해결하도록 자극한다.

2. 학급 규칙 만들기의 실제

1 **학급 규칙의 필요성 알기** | 학생들이 학급 규칙의 필요성을 인식하면 이를 만드는 과정에 더욱 적극적으로 참여한다. 학급 규칙은 나를 지키는 안전한 울타리 같은 존재다. 학급 규칙이 없는 상황을 함께 상상하고 모둠별 혹은 학급 전체 토의를 통해 나와 친구를 지켜 주는 학급 규칙의 필요성을 알아본다.

2 **이전 학급에서 힘들었던 점 나누기** | 학급 규칙을 세우자는 것이 막연하게 느껴질 수 있다. 학생들에게 이전 학급에서 학교생활을 하며 힘들거나 불편했던 점을 공유할 수 있는 활동을 제시한다. 간단하게는 모둠별로 '돌아가며 말하기'를 할 수 있고, 각자 마인드맵 등 발산적 사고를 자극할 수 있는 활동 후 공유할 수도 있다. 이런 과정에서 학교생활 중 힘들었던 일을 예방하기 위한 학급 규칙에 대해 숙고해 볼 수 있다.

3 **학급의 비전 세우기** | 학급 규칙을 만들기 전, 학급의 최상위 목표인 비전부터 세워 본다. 학생 각자가 어떤 학급에서 생활하고 싶은지, 우리 학급이 어떤 학급이었으면 좋겠는지 생각하여 학급 비전을 정해 본다. 이때 학급이 갖춰야 할 '덕목'의 우선순위를 뽑아 본다. 배려, 존중, 나눔, 등의 덕목을 살펴보고 학급에서 가장 중요한 순위를 정한다. 저학년이라면 먼저 덕목들의 의미를 알아본다. 투표를 통해 학급에서 가장 갖춰야 할 덕목을 3가지 정도로 추린다. 학급의 덕목으로 꼽힌 것이 배려, 존중, 책임이라면 의미를 풀어 문장으로 써 본다. 즉, '친구를 이해하고 도우며(배려), 소중히 여기고(존중), 맡은 일을 끝까지 해내는(책임) 우리 반'과 같은 비전을 만들 수 있다.

4 **학급 규칙과 행동 양식 만들기** | 학급의 비전을 만들었다면 이제 학급 규칙을 만들어 볼 차례다. 학급의 비전을 지키기 위해 혹은 이전 학급에서 일어난 문제를 방지하기 위해 지키면 좋을 규칙을 생각해 본다. '복도에서 뛰지 않는다'처럼 너무 당연한 행동은 규칙으로 넣지 않는다. 부정어가 아닌 긍정어로 만들고 벌칙이 아닌 이상적인 모습을 표현해 만든다. 과제 제출, 휴대폰 사용 제한 등 교사가 명확한 지침을 줘야 하는 항목은 토의의 영역이 아님을 안내한다. 모둠 토의로 꼭 필요한 3~4개의 규칙을 만들고 학급 전체로 공유해 서로 겹치는 규칙을 꼽아 반의 규칙으로 만든다. 전체 토의로 한다면 각자 포스트잇에 우리 반의 원하는 모습이나 규칙을 적고 칠판에 붙여 비슷한 것을 묶어 규칙을 만들 수도 있다. 이렇게 만든 학급 규칙 아래 행동 양식을 정리하면 좋다. '이 규칙을 위해서는 어떻게 말하고, 행동해야 할까?'라는 질문으로 규칙과 관련된 행동 양식을 나열해 본다.

기대 행동 매트릭스			
규칙	교실·수업 행동 양식	복도·계단 행동 양식	분노 행동 양식
서로 존중해요	모든 활동에서 내 역할을 열심히 해요.	친구와 부딪히면 먼저 사과해요.	침착하게 말하고 행동해요.
	휴대폰은 전원을 꺼서 선생님께 드려요.	선생님을 만나면 인사해요.	상대방의 말을 끝까지 들어줘요.
항상 안전해요	수업 종이 울리면 자기 자리에 앉아요.	오른쪽으로 천천히 걸어 다녀요.	1부터 10까지 세며 심호흡을 해요.
	서로 몸이 닿지 않도록 거리를 둬요.	계단 손잡이를 꼭 잡아요.	순서를 가위바위보로 결정해요.
노력하고 책임져요	수업 전 교과서와 준비물을 챙겨요.	쓰레기가 보이면 휴지통에 버려요.	선생님께 상담을 부탁해요.
	발표할 때는 손을 들고 기다려요.	소곤소곤 작은 목소리로 대화해요.	대화로 문제를 해결해요.

(출처: 긍정적 행동 지원(PBS) 교실 속 문제 행동 빠르게 예방하고 바르게 가르치기, 서울시교육청)

5 **학급 규칙 다짐하고 상기하기** | 모둠별로 규칙 게시물을 제작하면 좋다. 교실에

서 잘 보이는 곳에 게시물을 부착해 자주 보도록 하고, 3월에는 자주 말해 보는 기회를 갖는다. 퀴즈를 내면 좋다. 학급 규칙 중에서 핵심 단어의 한 글자씩 따서 기억하기 쉽게 되뇌이는 것도 효과적이다. 규칙은 학급 전체가 명확하게 품고 있어야 효과적으로 활용될 수 있다.

문제 행동이 발생했을 때는 "우리 반의 두 번째 규칙이 무엇이었죠?" 하고 묻고 이 규칙이 지켜지기 위해 고쳐야 할 행동을 말하고, 그렇게 행동하도록 요구한다. 또한 좋은 행동을 발견했을 때 "우리가 함께 정한 세 번째 규칙을 잘 지키고 있군요!"처럼 칭찬해 규칙 준수 행동을 강화한다.

이런 경우에는 어떻게 해야 하나요?
3. 규칙을 수정해야 하는데 어떤 방법이 좋을까요?
....

학생들의 요구와 환경은 달라질 수 있다. 이런 변화에 맞춰 규칙을 수정하고 적응해 가면, 더욱 건강하고 활기찬 공동체로 성장할 수 있다. 학생들이 규칙을 수정하는 과정에 참여하면 규칙에 대한 주인의식과 책임감이 생기며, 규칙을 더 잘 지키려는 동기가 생긴다.

규칙을 수정하는 방법으로는 평소 학급에서 불편함을 적을 수 있는 공간을 게시판의 한 부분에 마련하고 학급회의에서 논의해 보는 방법이 있다. 예를 들어, 체육 시간마다 질서가 지켜지지 않고 있다는 내용이 게시판에 적히면 다른 친구들이 거기에 동그라미를 한다. 동그라미가 3개 이상 모이면 회의 안건으로 상정할 수 있다.

규칙을 수정할 때는 문제 행동에 대해 처벌 방법을 정하는 방향으로 흐르지 않도록 한다. "벌칙을 정하지 않고 어떻게 하면 문제 상황을 예방할 수 있을지 고민해 봅시다."라고 말해 주는 것이 좋다.

학급 회의

학급 회의는 어떻게 진행하나요?

고학년의 경우 학기별로 학급 임원 선거, 전교 임원 선거를 치르게 되는 경우가 많다. 임원들이 결정되면 회의를 진행하며 학급 임원은 학급을 대표해 전교 어린이 회의에도 참여한다. 아직 신규 교사라서, 학급 운영이 처음이라서, 학급 회의를 진행하는 것을 어려워하는 교사 분들이 있다. 학급 운영에 필요한 중요한 규칙을 정할 수 있는 학급 회의를 진행하는 데에 도움을 될 몇 가지 팁을 제공하고자 한다.

1. 학급 회의에 대해

처음 학교에 발령받았을 때 학급 회의 운영에 대해 여기저기서 보고 배운 적이 있다. 그때 나는 교내의 교원 학습 공동체에서 학급 긍정 훈육법(PDC: Positive Discipline In the Classroom)을 공부했다. 신규 교사였던 그 시절에 아이들과 교육 활동을 하고, 맡은 바 업무를 하는 데에도 버거웠던 나는 책을 읽고 동료 선생님들과 토론하며 학급 회의의 중요성을 깨달았다. 시행착오나 수정·보완이 필요한 부분도 있었겠지만, 그때 했던 공부는 학급 운영에 있어 나름의 원칙을 세우는 데 큰 도움이 되었다. 특히, 내게 많은 도움을 주었던 것은 학급 긍정 훈육법과 이를 기반으로 한

다양한 활동들이었다. 이번 기회를 통해 학급 긍정 훈육법과 함께하는 학급 회의에 대해 살펴보고, 학급 운영 및 학급 회의 진행에 유용한 팁을 얻어 가시길 바란다.

1 학급 회의의 의미 | 학급 회의는 학생들이 학급의 문제를 민주적으로 논의하고 해결하며 책임감과 공동체 의식을 기르는 데 중점을 둔 활동이다. 학급 임원이 선출되는 학년은 학급 임원이 학급 회의를 진행하고, 임원이 없는 경우라면 회의 진행을 희망하는 학생 또는 담임교사의 가이드로 회의가 진행된다. 학급 임원이 주도하는 경우에도 선생님이 제시해 주는 기본 철학과 규칙, 절차 등은 학급 구성원과 공유하며 학급 회의를 진행한다. 학급 회의는 학급의 다양한 문제 상황에 대해 함께 토론하는 장이다. 이 자리에서 학생들은 생각을 표현하고, 친구들의 의견을 경청하는 소통 과정을 경험한다. 또 서로의 의견을 모아 문제 해결 방안을 찾아 가면서 학급 구성원 모두가 협력해 어려움을 해결하는 방법을 배울 수 있다.

2 학급 회의 운영 철학, 학급 긍정 훈육법 | 원만하고 평화로운 학급 운영을 위해 교사들은 매년 다양한 연수를 듣고, 교육과 교실 환경에 대해 깊이 고민한다. 나 역시 신규 교사 시절, 처음 접하고 실천했던 학급 긍정 훈육법(PDC)이 지금까지 교실 운영에 큰 힘이 된다.

학급 긍정 훈육법은 존중과 격려를 바탕으로 한 관계 형성을 기본으로 해 학생들이 책임감과 자율성을 기르는 데 중점을 둔 학급 운영 철학이다. 규칙과 제재로 학급을 통제하는 것이 아니라, 학생들이 자신의 행동에 대해 스스로 생각하고, 문제를 해결하며, 공동체의 일원으로 성장할 수 있도록 돕는 데 목적을 둔다. 학급 긍정 훈육법은 학생들의 참여와 책임을 바탕으로 하고 있어 학생들의 주도성을 강조하는 2022 개정 교육과정의 지향점과도 잘 어울린다고 생각한다.

학급 긍정 훈육법은 아들러 심리학에 기초해 학생들이 소속감을 느끼는 환경을 만드는 것을 강조한다. 학생들이 실수를 학습의 기회로 받아들이고, 교사와 학생, 학생들 간에 상호 존중하는 문화를 통해 긍정적인 관계를 형성하게 한다. 아들러 철학을 바탕으로 만들어진 학급 긍정 훈육법, 그리고 이를 적용한 학급 회의 활동은 학생들이 민주적인 의사소통과 협력의 가치를 배울 수 있도록 도와준다.

3 **학급 긍정 훈육법의 꽃, 학급 회의** | 학급 긍정 훈육법의 꽃이라고 불리는 것이 바로 학급 회의다. 교실 문제를 해결하는 차원을 넘어 의사소통 능력, 존중의 기술, 서로 다름을 이해하는 것까지 많은 것을 배울 수 있다. 기존의 학급 회의와는 좀 다른 차별점이 존재한다. 상벌 위주의 해결책 제시를 위한 학급 회의는 형식적으로 끝나거나 회의감이 생기는 경우가 많다. PDC 학급 회의는 서로가 존중하는 방식으로 학급의 문제를 해결하고 싶은 교사의 의도와 학생의 주도적인 참여로 진행이 된다. PDC 학급 회의 과정을 살펴보자.

① 자리 배치하기: 학급 회의는 의자를 원이나 ㄷ자 형태로 만들고 시작한다. 이때 원칙은 '조·안·빠'로, 회의 준비를 위해 '조용하게, 안전하게, 빠르게' 자리 배치를 만든다는 의미다.

② 마음 나누기: 학급 회의 시작은 아이스 브레이킹과 래포 형성으로 시작한다. '고마웠던 점, 미안했던 점, 격려할 점'을 돌아가며 서로 이야기하고, '좋았던 점, 아쉬웠던 점, 해결하고 싶은 점'을 돌아가면서 이야기한다. PDC 학급 회의의 독특한 특징이기도 한 이 단계는 학급 회의의 분위기를 따뜻하게 하고 자신의 행동이 다른 사람에게 어떤 영향을 미치는지 경험하는 시간이다.

③ 학급 회의의 목적 확인하기: 학급 회의의 목적을 다 같이 읽고 시작하는 단계다. 서로 비난하기 위해 회의를 하는 것이 아니라 어려움을 겪는 친구를 도와주기 위해서 회의를 함을 알린다. 발언을 돌아가면서 한다는 것을 알리면 발

언 기회에 대한 불만을 없애는 데 도움이 된다.

④ 지난 회의의 결정한 사항 확인하기: 지난 회의에서 결정한 사항이 잘 지켜졌는지 이야기를 나눈다. 잘 지켜지지 않았다면 다시 학급 회의 안건으로 올려, 해결책을 재시도할 것인지, 다른 해결책을 찾아볼 것인지 선택할 수 있다.

⑤ 회의 안건 나누기: 회의 안건은 미리 학급에 게시돼 있던 학급 게시판의 건의 사항을 활용하거나 학급 회의 의견 종이를 작성해 사용할 수 있다. 미리 준비가 되지 않았다면 직접 발표를 통해 회의 안건을 나눠도 좋다. 이 단계에서 유의할 사항은 상대방의 이름을 직접 거론하지 않고 "~한 사람이 있어요.", "~한 문제가 있어요."라고 표현하는 것이다. 이름을 직접 거론하면 비난받는 느낌이 들 수 있다.

⑥ 역할극 하기(선택 사항): 학생들이 문제 상황에 대해 더 공감하고 이해할 수 있는 방법으로 역할극을 진행해 보는 것도 좋다. 재미있게 참여하며 자연스럽게 공감 능력을 키우고, 문제 상황에 대한 다양한 관점을 체득할 수 있다.

⑦ 해결 방안 브레인스토밍하기: 문제 상황을 해결하기 위한 방법을 브레인스토밍한다. 의견이 마음에 들지 않더라도 비난하지 않고 일단 그대로 적는다.

⑧ 해결책 결정하기: 다양한 의견 중 가장 좋은 해결책을 결정할 때는 4가지 기준에 부합하는지 살펴본다. 첫째는 합리적인가(실현 가능성 고려하기), 둘째는 존중하는 방식인가(이 해결책으로 고통받는 사람이 있을지 생각하기), 셋째는 관련성이 있는가(문제 상황과 해결 방안이 연관성이 있는지 고려하기), 넷째는 문제 해결에 도움이 되는가 하는 점이다.

위의 네 가지 기준에 해당하지 않는 의견은 단호하게 삭제하고, 기준에 부합하는 것들 중 일주일간 해 보고 싶은 것을 다수결로 정한다. 아이들이 함께 의논하고 결정한 사항이기에 더 잘 지킬 수 있다.

⑨ 감사 나누기(선택 사항): 학급 회의를 한 소감을 나누고 마친다.

2. 학급 회의를 업무로 만나는 순간 '전교 어린이 회의'

학교 업무에서 학급 회의를 업무로 만나게 되는 순간이 있다. 바로 자치 활동 업무를 맡을 때이다. 담당 교사는 교내 전교 어린이회를 구성하고 운영하며 전교 어린이회 회의를 지도하는 역할을 맡는다. 일반적으로 전교 어린이회 회의 운영은 우리가 익숙하게 알고 있는 학급회의 방식을 바탕으로 하며, 회의 진행 절차와 시나리오의 예는 대략적으로 다음과 같다.

① 개회사: "지금부터 제2회 전교 어린이 회의를 시작하겠습니다."

② 국민의례: "다음은 국민의례가 있겠습니다. 정면에 있는 국기를 향해 주시기 바랍니다. 국기에 대해 경례. 나는 자랑스런 태극기 앞에 조국과 민족의 무궁한 영광을 위해 몸과 마음을 바쳐 충성을 다할 것을 굳게 다짐한다. 바로."

③ 전교 어린이 회의 결과 보고: "전교 어린이 회의 결과를 보고하겠습니다. 지난주에 있었던 제1회 전교 어린이 회의 소식을 전해드리겠습니다." (결정된 사항을 기록한 회의록을 회의에 참석한 학생들에게 안내한다)

④ 금주 생활 반성: "금주 생활 반성이 있겠습니다. 금주 생활목표가 ○○○이었는데 일주일 동안 이 목표가 잘 지켜졌는지, 잘 실천되었는지 의견을 발표해 주시기 바랍니다."

⑤ 각부 반성 및 내주 생활 계획: "다음은 각부 반성 및 내주 생활 계획 수립이 있겠습니다. 각 부의 부장은 금주 활동 결과를 반성해 주시고 또 내주 계획을 발표해 주시기 바랍니다. 오늘의 회의 결과를 서로 잘 지켜 실천하도록 합시다."

⑥ 기타 토의사항 및 건의 사항: "기타 토의 사항 및 건의 사항을 발표해 주십시오."

⑦ 폐회사: "이것으로 제2회 전교 어린이 회의를 마치겠습니다. 감사합니다."

보상 | 학급 보상은 어떻게 하면 좋은가요?

옆 반 선생님 때문에 스트레스를 받는다. 지난주에는 "선생님 옆 반 애들은 피자 먹어요!"라고 아우성을 치더니, 오늘은 영화를 보러 아이들을 데리고 나간다고 한다. 나도 아이들을 예뻐라 해서 이것저것 학급 보상을 한다고 하는데도 그분을 보면 내가 하는 방법이 맞나 의심이 들 때가 있다. 어떤 보상을 어떻게 해야 효과적인지 요즘 들어 매번 고민한다. 아이들을 사로잡을 수 있는 궁극의 보상 방법이 있는지 궁금하다!

1. 학급 보상 필요하다 VS 필요 없다

학급 보상에 대해서는 선생님들마다 의견이 분분하다. 찬성하는 측에서는 학급 보상을 통해서 아이들이 자기 할 일을 열심히 하게 되는 측면이 있다고 말한다. 반대로 필요 없다는 입장의 선생님들은 보상이 없으면 아무것도 하지 않으려고 하는 등 물질 만능주의에 일찍부터 노출될 수 있다는 입장이다.

학생들이 자기 주도적으로 수업마다 적극적으로 참여하며, 과제를 빼먹지 않고 해 오고, 준비물은 척척 가져오며, 자리 정리정돈을 말끔히 하고 친구와 사이좋게 지낸다면 학급에는 보상이 필요 없을 것이다. 하지만 우리의 학급은 어떤가? 요새 아이들은 학원에 치이고, 과제에 치이고, 게임과 휴대전화에 매몰돼 있어서 웬만한 것으로는 꿈쩍도 하지 않는다.

학급 보상은 꼭 물질적인 보상만 있는 것은 아니다. 선생님의 정성스러운 편지나 친구들 앞에서 칭찬해 주기, 급식 먼저 받기, 자신이 원하는 자리에 먼저 앉을 수 있는 권리 등 다채롭게 제공할 수 있다. 그런 의미에서 어떤 방식으로든 보상이 없는 학급은 없다고 봐야 한다. 선생님들은 늘 아이들에게 격려와 칭찬, 응원을 하고 있으니까!

2. 간헐적 보상 VS 규칙적 보상

간헐적 보상은 예측이 불가능한 패턴으로 보상이 이뤄지는 경우다. 학생들 입장에서는 언제 어떤 식으로 보상이 들이닥칠지 모르기에 항상 긴장하고 준비하게 하는 장점이 있다. 간헐적 보상의 장점은 소외된 아이까지도 보상의 대상이 되므로, 아이들이 끝까지 포기하지 않고 학급 활동에 열성을 다하게 만들 수 있다는 의외성이 있다. 다만, 항상 열심히 하는 친구들에게는 언제가 될지 모르는 보상으로 인해 불만이 생기기도 한다.

규칙적 보상은 예측이 가능한 보상을 말한다. 꾸준히 열심히 하는 친구들에게 보상을 줄 수 있다는 장점이 있고, 학생들이 목표를 세우고 나아갈 수 있다는 점에서 효율적인 보상이다. 아침에 지각하지 않고 도착하는 친구에게 쿠폰이나 점수를 주는 것이 이 방법이다.

이 방법의 가장 큰 단점은 금쪽이라 불리는 친구들이 일찌감치 나는 안 된다는 생각으로 포기하는 점이다. 따라서 학급 운영의 큰 틀에서는 규칙적 보상의 대원칙을 마련하되 중도에 포기하는 일이 없도록 간헐적으로 '우쭈쭈' 해 주는 운용의 묘를 발휘해야 한다.

3. 학급 전체 보상 VS 모둠제 보상 VS 개별 보상

학급 전체 보상으로 선생님들의 가장 큰 지지를 받는 제도는 학급 온도계다. 학생들이 함께 열심히 하루하루를 채워 나가다 보면 학급의 온도계가 점점 상승하고 일정한 지점에 이르면 학급이 함께 자율 체육 시간을 갖거나, 학급 영화 상영회처럼 추억을 나눌 수 있는 활동을 한다.

참여하지 않고 겉도는 아이가 있어도 학급이라는 큰 틀에서 공동체로서 하나가 되는 경험을 할 수 있다는 점에서 장점이 크다. 온도계를 올리는 데 기여한 친구에게는 감사의 마음을 갖게 되고, 온도계를 높이지 못한 아이들은 미안함과 고마움을 함께 갖게 되면서 소외되지 않고 함께할 수 있다. 다만, 학급 전체가 오래 기다려 보상을 받게 되므로 쉽게 흥미를 잃는 경우도 있다.

모둠제 보상의 방법은 협동 학습, 구성주의가 유행하면서 앞다퉈 도입되었다. 모둠 구호를 정하고, 모둠 이름을 정해서 4-6명까지 한 팀이 돼 활동을 진행하며 협동과 협업의 대가로 공동의 보상을 받는 형태이다. 공동의 목표를 향해서 각자 역할을 맡아, 적극적으로 의견을 나누면서 함께 성취해 나가는 기쁨을 배울 수 있는 효과적인 방법이다. 아이들은 선의의 경쟁을 토대로 다른 모둠보다 더 멋진 발표를 하고, 더 훌륭한 표현 활동을 만들고, 더 멋진 포스터를 제작하기 위해 골몰한다.

그러나 동전의 양면처럼 모둠제 보상을 했을 때 치명적인 단점이 있다. 바로 무임승차. 무기력한 친구나, 모든 것에 딴지를 걸어서 문제를 일으키는 모둠원이 존재한다면 모둠의 성과를 이루기는 불가능하다. 모두 상처받고, 패배하는 최악의 사태가 발생하기도 한다. 무임승차 방지와 밸런스 유지를 위해 모둠 구성 시 수준과 개성이 서로 다른 친구들을 균형 있게 배치하려는 교사의 전문성이 요구된다.

개별 보상은 저학년에게 적합하다. 아직은 협동이 어렵고 자신의 몸 하나도 건사하기 힘든 저학년 친구들에게는 선생님의 칭찬과 개별 보상이 제격이다. 그러나 최근 고학년의 경우에도 코로나19의 여파로 이기적인 성향을 가진 친구들이 많아지면서 공동 목표를 향해 배려하기보다는 개별 보상을 선호하는 경우가 많다.

4. 활동 위주 보상 VS 음식 위주 보상

전통적으로 초등학교 선생님들은 주로 음식 위주의 보상을 많이 해 왔다. 아이들이 워낙 먹는 것을 좋아하기 때문이다. 과제를 정확하게 제출했거나, 발표를 잘 했거나, 봉사를 열심히 했을 때 학급 운영비로 구입해 둔 젤리, 사탕, 초콜릿 등 작은 간식거리를 주는 것은 주는 사람도 받는 사람도 즐겁다.

그러나 최근 소아 비만이나 소아 당뇨 등의 문제가 보도되면서 학부모들 사이에서 단 것이나 인스턴트 식품을 먹이는 것을 꺼리는 경우가 많다. 그래서 일부 선생님들은 친환경 웰빙 간식으로 보리 건빵, 비타민, 건과일을 제공하기도 한다. 이 방법의 치명적인 약점은 입 짧은 아이들에게는 효과가 없다는 점이다. 때로는 보상으로 받은 물건을 하찮게 생각하는 경우를 보면서 선생님들은 마음의 상처를 입을 것이다.

그런 의미에서 활동 위주의 보상은 매력적이다. 영화 보기, 자리 배치 마음대로 하기, 짝 바꾸기, 자율 체육 1시간, 교실 놀이 등은 따로 예산이 필요하지 않고 의외의 만족도를 자랑한다. 아이들은 일종의 특권을 누리면서 보람도 느낀다. 물론 선생님이 따로 시간을 내고, 운영해 나가야 한다는 부담감이 있다. 그러나 이 시간을 잘 이용하면 아이들과 신뢰감 형성이 가능해 속 깊은 이야기를 나눌 수도 있고, 선생님의 인기가 하늘을 찌르는 효과를 얻기도 한다.

5. 쿠폰제 VS 점수제 VS 학급 화폐제

....

좀 더 체계적인 방식의 보상을 원한다면 쿠폰, 점수, 화폐 등을 이용하는 방법도 있다. 1회성에 그치지 않고 꾸준히 지속적으로 아이들을 유인하는 효과적인 방법이다. 특히, 쿠폰 제도는 일정한 노력이 쌓이면 쿠폰으로 교환할 수 있거나, 일정한 포인트가 쌓였을 때 원하는 쿠폰을 구매할 수 있는 형태도 있다. 주로 학기 말에 아이들과 미니 벼룩시장이나 학급 장터 활동을 연계해 학급 포인트로 필요한 물건을 구입하면서 쇼핑의 기쁨을 만끽할 수 있게 해 주면 좋다.

화폐제도는 화폐 디자인 및 제작을 아이들 스스로 하고, 정해진 학급 화폐로 예금과 출금을 할 수 있도록 하는 학급 특색 활동이다. 학급 화폐를 이용해 학급에서 금전 거래를 할 수 있어 경제 교육까지 할 수 있는 훌륭한 보상 체계다. 최근 옥효진 선생님의 유튜브 '세금 내는 아이들'이 유명세를 타면서, 경제 교육에 기반한 학급경영이 유행하고 있다. 이처럼 학급 보상은 교사의 교육관이 반영된 학급경영이라는 큰 틀에서 유기적으로 작동할 때 큰 효과를 발휘한다.

6. 학급 보상으로 사용할 수 있는 다른 참신한 아이디어가 있을까요?

....

최근 학급 단위로 사용할 수 있는 예산이 교육청마다 다양한 형태로 내려와 필요에 따라 선택해 유용하게 사용할 수 있다. 학급 보상에는 예산이 따른다. 초등학생의 장래 희망 1위가 부자라는 것만 봐도 아이들이 돈(금전적 보상)을 얼마나 좋아하는지 알 수 있다. 예산이 두둑하면 즐거운 보상 활동을 다양하게 계획할 수 있다.

서울시교육청 기준으로 학급 운영비는 학교마다 차이가 있을 수 있으나 대략 30

만 원 내외, 서울 희망 교실 신청 시 50만 원 내외, 사제 동행 운영비 20만 원 내외를 합해 100만 원 정도의 예산을 확보하면 아래와 같이 교외에서의 추억 만들기 활동도 가능하다. 옥효진 선생님의 경제활동 아이디어를 더해, 학급에 통장과 화폐를 만들어서 아이들이 스스로 직업을 갖고, 돈을 벌어서 쓰고 기부하는 즐거움을 느낄 수 있도록 1년을 기획해 보는 것도 좋은 방법이다.

경제활동을 통해 일정한 돈이 모였을 때 선생님과 함께하는 특별한 선물 같은 하루는 영원히 잊지 못할 좋은 추억으로 남지 않을까 싶다. 학급 컵라면 파티, 함께하는 북카페(만화 카페) 체험, 영화관에서 영화 보기, 근사한 레스토랑에서 식사, 예쁜 커피숍에서 행복한 티타임, 스포츠 체험(배구, 농구, 축구, 암벽 등반 등), 학급 경매, 매점이나 문구점 운영, 함께 노래방 가기, 서점에서 책 선물 받기 등이 가능하다.

물론 교외 활동을 나가는 것은 부담스럽다. 일단, 학원 시간을 고려해야 하고 학부모에게 활동 계획 및 귀가 방법을 사전 안내해야 하며, 안전하게 귀가했는지까지 체크해야 한다. 먼 지역에 있는 곳으로 나가면 대중교통을 이용하거나 오래 걸어야 해서 아이들이 힘들어하기도 한다. 자칫 오고 가는 과정에서 불미스러운 사고가 생기거나, 활동 중에 아이들끼리 의견 충돌이 생길 수도 있다.

그러나 어려움을 극복하고 아이들의 일상을 공유하고, 소통하는 것은 큰 기쁨이자 교직 생활의 활력이 된다. 나는 이런 시간을 '화려한 휴가'라 명명하고 정기적으로 아이들과 함께하는데, 평소 문제 행동을 하던 친구들도 1:1의 만남으로 소통하고 나면 문제 행동이 줄어들고, 부쩍 선생님을 가깝게 대하는 모습을 볼 수 있다.

학급 운영비를 사용할 때는 품의, 카드 받기, 내역이 적힌 카드 전표(영수증) 챙기기의 과정으로 교외 활동에서 필요한 비용을 사용할 수 있다. 서울 지역은 희망 교실 체크카드를 받게 되면 금액이 충전돼 있어, 아동 청소년 유해 시설을 제외한 모든 곳에서 물품 구매 및 활동비 지출이 가능하다. 영수증을 모아 날짜별로 정리해 제출하면 정산도 간편해 매우 유용하다. 사제 동행 예산(복지)이나 지자체에서 제공하는 생태 전환 학급 운영비, 도서관에서 진행하는 독서 모임 지원비 등을 신청해 활용한다면 더욱 풍성하고, 수준 높은 교외 활동을 기획할 수 있다.

학부모 상담

학부모 상담은 어떻게 준비해야 할까요?

아이들과 즐거운 하루하루를 보내며 교직 생활을 하고 있다. 그런데 다음 주가 학부모 상담 주간이다. 아직 아이들의 특성을 완벽하게 파악하지 못했는데 벌써 학부모를 만난다고 생각하니 걱정이 앞선다. '학교 수업과 생활지도가 아직 서툰데 벌써 학부모 상담까지 한다니……. 학부모로부터 아이에 대해 잘 모르는 부분을 질문받으면 어떻게 하지? 내가 우리 반 아이들의 특성을 잘못 파악하고 있는 것은 아닐까?' 하는 고민도 든다. 학부모 상담 시간에 학부모와 어떤 이야기를 나누어야 하고, 무엇을 준비해야 할까?

1. 상담 전 기본 준비

학부모 상담의 시작은 바로 환경 준비다. 아무리 좋은 내용의 상담이라도 환경이 갖추어지지 않으면 그 효과가 반감될 수 있다. 학부모는 교실의 분위기나 정리 상태를 보고 담임교사의 학급 운영 능력을 가늠하기도 한다. 또한 상담을 위한 자료를 준비하는 것이 매우 중요한데, 이는 교사의 전문성과 직결되는 부분이기 때문이다. 체계적으로 자료를 준비해 두면 학부모에게 신뢰감을 줄 수 있다.

상담 전 기본 준비	
공간 준비	교실 정리정돈, 학생 작품 전시, 적절한 온도와 환기 유지, 상담용 테이블과 의자 배치, 대기 공간 마련과 안내문 부착
분위기 조성	따뜻한 차나 물 준비, 조용한 상담 환경 확보
학생 자료 준비	
기본 자료	학생 관찰기록, 학습활동 결과물, 생활기록부 주요 내용, 출결 상황표, 특별활동 참여 기록
특이 사항 정리	학교생활 적응도, 교우 관계 특징, 수업 참여도, 특별한 재능이나 관심사, 생활지도 관련 사항

2. 상담 진행 준비

상담의 효과는 어떻게 진행하느냐에 따라 크게 달라진다. 제한된 시간 안에 필요한 내용을 모두 전달하고, 학부모의 이야기도 경청하기 위해서는 체계적인 시나리오가 필요하다. 또한 효과적인 의사소통을 위한 준비도 필수적이다. 상담 시 사용할 용어나 표현 방식, 비언어적 커뮤니케이션까지 고려해야 한다.

1 효율적인 상담을 위해 기본적인 시나리오를 준비한다.

시간 배분(20-30분 기준)
첫인사 및 라포 형성(3분), 학생의 장점 소개(5분), 학교생활 전반 안내(10분), 학부모 의견 청취(7분), 마무리 및 협력 방안 논의(5분)
대화 주제 구성
학습 태도와 성취도, 교우 관계와 학급 적응도, 특별활동 참여 상황, 향후 지도 방향, 가정의 협조 사항

2 의사소통을 원활하게 해 주는 대화법

긍정적인 표현 사용하기, 구체적인 사례 들기, 전문적인 용어 쉽게 설명하기, 공감하는 말투 사용하기, 해결 방안 함께 모색하기	경청하는 자세 보이기, 고개 끄덕임으로 호응하기, 중요한 내용 메모하기, 공감 표현하기, 적절한 추가 질문하기

3. 세부 자료 준비

상담의 핵심은 구체적인 자료를 바탕으로 한 대화다. 학생에 대한 단편적인 인상이나 기억이 아닌, 객관적인 자료를 통해 이야기를 나눌 때 더욱 효과적인 상담이 이뤄질 수 있다. 특히, 학부모가 궁금할 내용을 예상해 관련 자료를 미리 준비해 두면 신뢰도 높은 상담이 가능하다.

세부 자료 준비 내용			
학급 운영 자료	교육과정 운영		생활지도 계획
	주간·월간 학습 계획, 평가 계획과 방법, 특별활동 운영 계획, 학급 특색 사업 안내, 주요 학교행사 일정		학급 규칙과 약속, 생활지도 방침, 상벌점 제도 운영, 안전지도 계획, 학교 폭력 예방 대책
가정 연계 자료	소통 방안		협조 사항
	알림장 활용 방법, 학급 SNS 운영 계획, 주간·월간 소식지 안내, 상담 신청 방법, 긴급 연락망 구축		준비물 안내, 과제 지도 방법, 기본 생활 습관 지도, 교우 관계 지원 방안, 학습 지원 방법

4. 상담 진행 절차 숙지

성공적인 상담을 위해서는 명확한 진행 절차를 숙지하고 있어야 한다. 마치 수업처럼 도입-전개-정리의 흐름을 갖고 있되, 일방적인 전달이 아닌 상호 소통이 이뤄져야 한다. 각 단계별로 어떤 이야기를 나눌지, 어떤 자료를 보여야 할지 미리 계획하고 연습해 보는 것이 좋다.

원활한 상담 절차	
도입부(5분)	따뜻한 첫인사로 시작, 자녀의 장점으로 대화 열기, 상담 시간과 순서 안내, 편안한 분위기 조성

전개부(10-20분)	학교생활 전반적 모습 안내, 학업 성취도 설명, 교우 관계 및 특별활동 소개, 학부모 의견 경청, 구체적 사례 중심으로 설명
마무리(5분)	주요 합의 사항 정리, 가정에서의 협조 사항 안내, 향후 연락 방법 확인, 감사 인사

학부모가 교사가 준비한 자료 외의 질문을 많이 할 경우 모든 질문에 즉답하려 하지 말고, "그 부분은 정확히 확인하고 연락드리겠습니다."라고 말하는 것이 좋다. 확인한 후에는 반드시 약속한 대로 연락해야 한다. 이런 성실한 모습이 신뢰를 쌓는 계기가 될 수 있다. 또한 학부모가 다른 학생과 비교하며 질문하는 경우에는 "모든 학생은 저마다 성장 속도와 특성이 다릅니다."라고 설명하며, 자녀의 강점과 발전 가능성에 초점을 맞춰 이야기를 구체적으로 전환하면 좋다.

5. 상담 후 관리 계획

....

상담이 끝났다고 해서 모든 것이 끝나는 것은 아니다. 오히려 이때부터가 진정한 시작일 수 있다. 상담 내용을 바탕으로 한 후속 조치와 지속적인 관리 계획이 필요하다. 이는 상담의 효과를 높이고 학부모와의 신뢰 관계를 더욱 굳건히 하는 중요한 과정이다.

① **상담 결과 정리 |** 상담이 끝난 직후, 반드시 상담 내용을 정리하는 시간을 가져야 한다. 기억이 선명할 때 바로 기록한다. 각 학생별로 상담 카드를 만들어 주요 내용을 기록하고, 특히 학부모와 약속한 사항이나 앞으로의 지도 방향에 대해 구체적으로 메모해 둔다. 이런 기록은 향후 학생 지도와 2학기 상담에서 중요한 자료가 된다. 학부모가 이야기한 가정에서의 특이 사항이나 학생의 과거 경

험 등도 함께 기록해 두면 학생을 이해하는 데 큰 도움이 된다.

2 **피드백 계획** | 상담 내용을 바탕으로 구체적인 실천 계획을 세워야 한다. 학부모와 약속한 사항들을 실제 교육 현장에서 어떻게 적용할 것인지, 그 변화를 어떻게 관찰하고 기록할 것인지 계획을 세운다. 특히, 긍정적인 변화는 작은 것이라도 즉시 알리고, 걱정되는 부분은 악화되기 전에 미리 상의하는 것이 좋다. 이런 꾸준한 피드백은 학부모와의 신뢰 관계를 더욱 돈독하게 만들어 주며, 결과적으로 학생의 성장에도 큰 도움이 된다. 상황에 따라 추가 상담이 필요한 경우도 있는데, 이때는 미리 약속을 잡아 더 깊이 있는 대화를 나누는 것이 좋다.

| 학부모 총회 | ## 학부모 총회는 어떻게 준비해야 할까요?

이제 곧 학부모 총회가 열릴 예정이다. 아이들과의 첫 만남만큼이나 학부모와의 첫 만남도 중요하다는 것을 알기에, 어떻게 하면 좋을지 고민된다. 학부모의 기대와 걱정을 헤아리고, 교사의 교육철학과 학급 운영 방향을 잘 전달할 수 있을까? 학기 초에 학부모와 신뢰 관계를 쌓지 못할까 봐 염려된다. 매년 3월이 되면 어떤 학부모를 만날지, 어떤 질문을 받을지 몰라 긴장하곤 한다. 예상치 못한 질문이나 요구에 당황해 제대로 답변하지 못하면 어쩌지? 학부모의 협조와 신뢰를 얻고, 마음을 사로잡을 수 있는 총회를 만들기 위한 필승법이 궁금하다.

1. 학부모 총회는 왜 중요할까요?

학부모 총회는 어떤 교사에게나 낯설고 두려운 자리다. 학교생활에 적응하기도 전에 학부모 총회를 준비하며 두려움을 느끼는 것은 교사라면 누구나 겪는 자연스러운 감정이다. 오히려 이런 마음가짐은 학부모 총회를 더욱 꼼꼼하게 준비하고 성공적으로 이끌 수 있는 원동력이 되기도 한다. 이 자리에서 교사는 학급 운영 방향과 교육철학을 명확하게 전달하고, 학부모의 궁금증을 해소하며 신뢰를 쌓아야 한다. 첫 단추를 잘 끼워야 앞으로의 협력 관계가 긍정적으로 이어질 수 있다.

무엇보다 학부모 총회는 교사와 학부모가 함께 아이의 성장을 지원하고, 든든한 교육 공동체를 만들어 가는 소중한 기회로도 작용한다. 교사는 학부모와의 소통을 통해 학생에 대한 이해를 넓히고, 앞으로의 교육 방향을 설정하는 데 도움을 받을 수 있다. 특히, 초등학교 저학년의 경우 학부모의 협조가 학생들의 학교생활 적응에 큰 영향을 미치기 때문에 더욱 중요하다. 학생들의 성장을 위해서는 교사와 학부모가 같은 방향을 바라보고 함께 노력해야 한다. 학부모 총회는 교사의 교육철학에 대한 공감대를 형성하고, 학부모의 적극적인 참여를 유도해 든든한 교육 공동체를 만들어 가는 시작점이다.

2. 총회 시작하기: 설렘 가득한 첫인사

교사에게 가장 떨리는 순간일 것이다. 학부모들의 그 많은 눈동자가 침묵 속에서 교사를 향할 때, 부담스럽지 않을 교사는 드물다. 총회 시작 전, 일찍 와서 기다리는 학부모가 있다면 조용한 음악을 틀고 학생이 부모님에게 미리 쓴 감사 편지를 읽게 한다. 그리고 자녀에게 답장을 쓸 수 있도록 종이와 펜을 준비한다. 학부모는 뜻밖의 편지에 감동한 상태에서 총회를 시작할 수 있다. 총회에 온 학부모들끼리도 서로 낯선 상태이기 때문에 교사가 가볍게 분위기를 풀며 시작하는 것이 좋다.

경력이 있는 교사의 경우, 작년 반 아이들이 헤어질 때쯤 써 준 '선생님 소개 글'*을 예시로 몇 개 보여 주면 학부모들이 교사를 쉽게 이해할 수 있다. 학생들이 직접 쓴 '선생님 소개 글'은 자녀의 새로운 담임 선생님이 어떤 선생님일지 궁금해하는 학부모의 마음을 사로잡기에 좋은 자기소개 방법이다.

신규 교사의 경우 '착한 거짓말 활동'과 같은 방법으로 첫인사를 시작할 수 있다.

---

* 학년 말, 반 아이들에게 '선생님 사용 설명서'라는 제목으로 글을 적게 한다. 가장 인상 깊었던 수업, 선생님과 잘 지내는 팁, 다음 해 선생님의 반 아이들에게 하고픈 말 등을 쓰도록 한다.

4가지 정도의 자기소개 문장을 만들고 그중 거짓을 찾게 하면 된다. 거짓이 아닌 내용은 이후에 사진과 함께 설명을 해 주도록 한다. 착한 거짓말 활동에서는 지나치게 사적인 내용이나 부정적인 내용은 피하고, 교사로서 긍정적인 면모를 보여 주는 것이 중요하다. 착한 거짓말 활동의 예를 들면, 다음과 같다.

- 난 에베레스트를 등반한 적이 있다. (도전 정신을 드러냄)
- 난 학교를 차석으로 졸업했다. (성실성을 드러내는 문장이나 가짜임. 가짜지만 긍정적인 이미지를 전달하는 내용이어야 좋음)
- 영화에 대해 관심이 많아 ○○ 연구회에서 공부하고 있다. (전문성을 드러냄)
- 우리 반 아이들을 진심으로 사랑한다. (학급에 대한 애정을 드러냄)

몇몇 학부모는 신규 교사가 담임을 맡는 것에 대해 걱정할 수 있다. 따라서 교사는 자신감 있는 태도와 긍정적인 에너지를 통해 학부모에게 신뢰감을 줄 필요가 있다. 여러 가지를 설명하기보다는 1년 동안 학급에서 지켜나가고 싶은 핵심 가치를 전달하는 것이 효과적이다. 예를 들어, "우리 반은 경쟁보다는 함께 승리하는 것을 목표로 합니다"와 같이 핵심 가치를 명확하게 제시하면 좋다.

이어서 핵심 가치를 학부모가 직접 경험할 수 있도록 '모두가 승리하는 방법'에 대한 게임을 진행한다. 학부모 두 분을 앞으로 모셔 '선 넘기 게임'을 진행하는 것을 추천한다. 게임 방법은 먼저 바닥에 선을 긋고, 선을 중심으로 두 분을 서로 마주 보게 한다. 이 상태에서 상대방이 선을 넘어오게 하면 승리한다. 보통의 경우 사람들은 선을 넘지 않기 위해 노력하고 상대방을 잡아당기려고 한다. 하지만 이 게임의 핵심은 서로 동시에 자리를 바꾸면 모두가 승리할 수 있다는 것이다.

두어 번 게임을 반복한 후, "이 게임에서 모두가 승리하는 방법이 있어요. 우리 반 학생들과 같은 게임을 해 보았는데, 아이들이 스스로 그 방법을 찾아냈어요."라고 말하며 학급에 대한 칭찬과 더불어 교사의 교육철학을 이야기하면 학부모의 이해를 도울 수 있다.

또는 '우리 반 친구 소개하기' 코너를 만들어 보자. 학부모가 자녀의 긍정적인 면과 전하고 싶은 칭찬의 말 한마디를 이야기하도록 한다. 자녀를 칭찬하는 자리를 싫어할 학부모는 어디에도 없다.

3. 총회의 가운데: 함께 그리는 교육의 밑그림

교육철학을 전달한 다음에는 더 세부적으로 학습에 대해 안내한다. 교과목에서 요구하는 학년별 내용을 어떻게 지도할 예정인지를 안내하면 좋다. 만약 그것이 어렵다면, 학급 특성화 교육 중에서 교과와 연계된 부분을 이야기하는 것도 좋다.

독서에 관심 있는 교사라면, 해당 학년의 독서 특징을 간단히 설명한다. 가정에서 협조해야 할 사항, 교사가 지도할 사항 등에 대해 정리해서 이야기한다. 예를 들어, 학년의 특성과 관련된 독서 전략, 학습 만화의 활용 여부, 책을 읽지 않는 아이들에 대한 지도 방법 등을 안내할 수 있다.

수행평가에 대한 안내도 중요하다. 의외로 많은 학부모가 학교 홈페이지나 나이스에 올라 있는 정보 공시 내용을 보지 않는다. 이 때문에 학습이 중요해지는 고학년의 경우, 수행평가 내용을 정리하여 인쇄물로 나눠 주는 것도 좋다. 덧붙여 단원평가가 어떤 식으로 진행되며 어떤 과목들을 평가할 것인지도 설명한다.

요즘 숙제가 많은 학교는 찾아보기 힘들지만, 정기적으로 해야 할 과제나 활동이 있다면 미리 안내해서 학급에 대한 이해도를 높인다. 학급 특색 활동에 학부모의 협조가 필요한 사항이 있다면, 함께 이야기하고 미리 동의를 받아 두는 것이 필요하다.

4. 총회의 마무리 : 따뜻한 동행을 위한 약속

마지막으로, 총회의 마무리 시간에는 학급 생활에 대한 안내를 덧붙이면 좋다. 출결 관리, 등교 시간, 휴대폰 관리, 체험 학습 및 봉사 활동 등에 대한 설명과 더불어 학부모에게 협조를 구해야 할 사항들을 알린다. 이때 겸손하면서도 당당한 자세를 유지하는 것이 중요하다. 학급 생활에 대한 안내 예시는 다음과 같다.

> ① 꼭 담임교사와 먼저 상의해 주세요.
> ② 지각이나 결석 시 담임교사에게 미리 알려 주세요.
> ③ 문제가 생겼을 때 담임교사에게 먼저 알려 주세요.
> ④ 교외 체험 학습 계획서는 최소 3일 전에 제출해 주시고, 이후 보고서를 꼭 제출해 주세요.
> ⑤ 상담이 필요한 경우 클래스톡으로 미리 상담 내용을 간략하게 알려 주시고 상담 신청을 해 주세요.
>   (이후 담임교사가 전화합니다.)
> ⑥ 아이가 긍정적인 마음으로 학교생활을 할 수 있도록 격려해 주세요.

1-5번 내용은 한마디로 "미리 교사에게 사전에 알려 주세요."라는 것이다. 놀랍게도 담임교사를 거치지 않고 학교 관리자에게 상담하는 학부모가 있으므로 꼭 협조 요청을 해야 한다. 특히 5번의 경우 학부모가 갑자기 전화해서 상담을 요청하는 경우가 있으므로, 미리 상담 내용을 클래스톡으로 보낸 후 상담할 수 있도록 안내한다. 6번은 서로 격려하자는 뜻이다. 교사-학생-학부모의 삼각형의 세 꼭짓점의 합이 잘 맞기 위해서는 세 사람 모두 똑같이 노력해야 하므로 서로 믿고 의지하며 격려하자는 의미이다.

총회를 마무리하면서 지금까지 설명한 내용을 바탕으로 학년 교육과정이나 학급 특색 활동에 대해 다시 한번 정리해서 설명하면 좋다. 1년 동안 또는 학기별로 프로젝트 수업을 준비하는 경우 꼭 전체적인 계획을 설명하고 자세한 내용은 학급 누리집에 안내하겠다고 이야기한다. 학급 프로젝트 진행에 부담을 느끼는 경우 학년 프로젝트나 옆 반 선생님의 프로젝트 중 마음에 드는 프로젝트를 참고해 이야기해도 좋다. 혹시 나중에 계획이 바뀌면 바뀐 내용을 바탕으로 다시 안내하면 된다.

총회의 마지막 순서는 함께 만들어 갈 1년을 위한 교사의 다짐을 전하는 시간이다. 학생들을 향한 애정과 교육에 대한 열정이 느껴지는 진심 어린 메시지는 학부모의 마음에 깊은 울림을 줄 것이다. 예를 들어 다음과 같은 다짐을 이야기해 볼 수 있다.

"우리 아이들이 편안하게 학급 생활을 할 수 있도록 돕겠습니다."
"스스로 학습할 수 있도록 격려하겠습니다."
"관심과 사랑으로 지켜보고 늘 함께하겠습니다."
"더 많이 이해하고 더 많이 사랑하겠습니다."

학부모 총회는 학부모에게도 교사에게도 정말 귀한 시간이다. 짧은 시간에 교육 철학과 학급 운영 방법을 명확하게 전달하는 데는 많은 준비가 필요하지만, 교사가 되기 위해 지금까지 쏟아부은 열정과 노력을 떠올리면 충분히 해낼 수 있다. 교사가 되기 위한 과정을 성실하게 거쳐 온 선생님들은 모두 이미 교육 전문가이다. 자신감을 갖고 학부모 총회를 성공적으로 이끌어 나가시길 바란다.

공개수업은 어떻게 준비해야 할까요?

"공개수업을 어떻게 준비해야 할까?"라는 질문은 초등교사라면 누구나 해 봤을 고민이다. 공개수업은 교사의 전문성과 학급 운영의 결과를 보여 주는 중요한 자리다. 공개수업을 준비하는 과정에서 교사들은 큰 부담과 혼란을 느끼기도 한다.

김 선생님도 그랬다. 첫 공개수업을 준비하던 때를 떠올리며 여전히 복잡한 감정을 느낀다. "수업을 잘하고 싶지만, 막상 어디서부터 시작해야 할지 모르겠더라고요." 그는 매 순간 자신에게 질문을 던진다. "어떤 내용을 선택해야 할까? 학부모에게 어떤 모습을 보여 주고, 동료 교사들께는 무엇을 전달해야 할까?"

1. 공개수업의 유형과 목적 이해하기

공개수업에는 크게 2가지 유형이 있다. 첫 번째로 학부모 공개수업은 학부모들에게 학생들의 학습 과정을 보여 주고 교실의 모습을 투명하게 공개하는 자리다. 이때 교사는 학부모와의 신뢰를 쌓고, 자녀 교육에 대한 참여를 유도한다. 두 번째로 동료 장학 수업은 교사들 간의 협력을 강화하고, 서로의 전문성을 공유하며 성장하는 것을 목표로 한다.

1 학부모 공개수업의 목적

① 학부모에게 교실에서의 학습 환경과 수업 방식을 공개

② 학생들의 학습 태도와 교사의 지도 방식을 보여 줌으로써 신뢰 구축

③ 학부모와의 협력을 강화하고 자녀의 학습 지원을 독려

2 동료 장학 수업의 목적

① 교사 간 협력을 통해 수업의 질 향상

② 서로의 전문성을 공유하고, 새로운 아이디어를 얻을 기회 제공

③ 피드백을 통해 교사의 성장 촉진

공개수업은 교사와 학부모, 그리고 동료 교사 간의 협력과 성장을 위한 중요한 기회임을 인식하는 것이 출발점이다. 2가지 공개수업의 목적을 명확히 이해하면, 준비 과정에서의 혼란을 줄이고 더욱 체계적인 계획을 세울 수 있다.

2. 수업 계획과 준비

수업 계획과 준비는 공개수업의 성공 여부를 좌우하는 핵심 요소다. 수업의 목표와 주제를 설정하고, 학생들이 주도적으로 참여할 수 있는 활동을 설계하며, 이를 뒷받침할 자료와 환경을 준비하는 과정은 체계적이고 꼼꼼해야 한다. 수업 목표를 명확히 기술해 수업의 흐름이 혼란스럽지 않도록 한다. 수업의 전체 흐름을 미리 시뮬레이션하며 시간 관리와 자료 준비 상태를 점검한다.

1 **수업 주제와 목표 설정** | 공개수업의 주제는 학생들의 현재 학습 수준과 관심사

를 고려해 설정한다. 쉽지는 않지만 학부모와 동료 교사 모두에게 유의미한 주제를 선택한다. 예를 들어, 학부모 공개수업에서는 실생활과 연결된 내용을 중심으로 하고, 동료 장학 수업에서는 교사의 전문성을 드러낼 수 있는 주제를 선택한다. 수업 목표는 구체적이고 달성 가능한 수준으로 설정한다. "학생들이 과학적 사고를 통해 문제를 해결할 수 있다."라는 목표는 추상적이다. "학생들이 관찰한 실험 결과를 바탕으로 특정 현상을 설명할 수 있다."처럼 명확히 기술한다.

② **학생 참여를 이끄는 활동 설계 |** 공개수업에서 학생들의 참여는 성공적인 수업의 핵심 요소다. 학생들에게 직접 경험하고 탐구할 수 있는 기회를 제공한다. 협동 학습, 문제 해결 활동, 창의적인 발표 등 다양한 방법을 활용한다. 교사가 주도하는 강의보다는 학생들이 활동을 통해 스스로 학습할 수 있는 구조를 만든다.

③ **자료와 환경 준비 |** 공개수업에 필요한 자료는 수업 목표와 활동에 맞게 준비한다. 시각 자료, 학습 도구, 평가 도구 등 다양한 자료들이 학생들의 참여와 학습 효과를 높인다. 학생들이 적극적으로 참여할 수 있는 교실 환경을 정돈 및 조성하고, 자료를 체계적으로 정리해 학생들이 자료에 쉽게 접근하도록 배치한다.

④ **유연성 유지 |** 예기치 못한 상황에 대비해 대안 계획도 준비한다. 예를 들어, 학생들의 반응이 예상과 다를 경우를 대비한 추가 활동을 마련한다.

3. 학부모 공개수업 준비하기

학부모 공개수업은 단순히 교사의 능력을 보여 주는 자리가 아니라, 학부모와 신뢰를 쌓고 학생들의 학습 과정을 공유할 수 있는 기회다. 이 자리에서는 학부모와 소통하며 학급에서 이뤄지는 학습활동을 투명하게 보여 주는 것이 중요하다. 사전에 안내문이나 학급 공지로 공개수업의 목적과 기대 효과를 전달해 학부모들의 기대를 조정하는 것도 효과적이다.

1 학부모가 기대하는 요소와 교사의 메시지 전달 | 공개수업 중에는 학부모가 기대하는 모습을 자연스럽게 보여 주는 동시에, 교사가 전달하고 싶은 메시지를 명확히 해야 한다. 예를 들어, "학생들은 스스로 탐구하며 학습하는 과정을 통해 사고력을 기르고 있다."와 같은 문장으로 수업의 의도를 설명할 수 있다.

① 학생들이 즐겁고 적극적으로 참여하는 모습
② 교사의 전문성과 학생들과의 긍정적인 상호작용
③ 자녀의 학습 태도와 성장 가능성

2 적합한 단원과 활동 제안

① 국어: 학생들이 직접 참여할 수 있는 독서 활동이나 간단한 발표 수업(예: "우리 동네 이야기 만들기")
② 수학: 실생활과 연결된 문제 해결 활동(예: "마트에서 예산 짜기")
③ 과학: 실험과 관찰을 중심으로 한 수업(예: "물의 상태 변화 실험")
④ 사회: 협력 학습을 활용한 토론 활동(예: "우리 동네 문제 해결하기")

3 당일 준비와 수업 중 주의 사항

① 수업 전 준비
- 교실 환경 정리: 학생과 학부모 모두가 편안함을 느낄 수 있는 환경 조성
- 자료 준비: 수업에서 사용할 모든 자료와 도구를 미리 점검

- 학생들에게 공개수업의 목적과 기대 사항을 간단히 안내
- 수업 전 리허설을 통해 학생들에게 활동, 역할을 숙지.
- 학부모가 자주 묻는 질문(예: "이 활동의 목적은 무엇인가요?")에 대한 답변 준비

② 수업 중 주의 사항

- 긴장하지 않고 평소의 수업 방식대로 진행
- 학부모와 눈을 맞추며 자연스럽게 소통
- 학생들의 참여를 강조하며, 자발적으로 활동할 수 있는 기회 제공. 수업 중 칭찬과 격려로 자신감을 높이기
- 시간 관리에 유의해 수업이 흐트러지지 않도록 조정
- 예상치 못한 실수를 하더라도 긍정적인 마음가짐을 유지하며 성장의 기회로 여기기

4. 동료 장학 준비하기

자율 장학은 교사 간의 상호 협력과 자율성을 바탕으로, 교육의 질을 향상시키기 위한 활동이다. 이는 특정 교사가 일방적으로 피드백을 받는 것이 아니라, 동료 교사들 간의 상호 관찰, 논의, 피드백을 통해 서로의 전문성을 향상시키는 것을 목표로 한다. 자율 장학은 교사의 성장과 학교교육의 질적 개선을 동시에 도모하는 데 중점을 둔다.

1️⃣ **학교 내 동료 장학 방식 파악하기** | 학교마다 동료 장학의 방식은 다양하다. 다음과 같은 요소를 파악해 장학 활동의 방향성을 설정하는 것이 중요하다.

① 관찰의 초점: 학교에서 강조하는 관찰자의 초점(예: 학생 중심 수업, 교사의 질문

기법 등)을 분명히 한다.

② 장학 일정과 구조: 장학 수업의 일정, 시간 배분, 관찰 후 협의회 방식 등을 사전에 파악한다.

③ 피드백 방식: 동료 교사들이 피드백을 제공하는 방식(구두 피드백, 서면 피드백 등)과 기대사항을 숙지한다.

2 효과적인 동료 장학 수업을 위한 준비 과정

① 목표 설정: 장학 수업에서 무엇을 보여 줄지 수업의 주제를 명확히 설정하고, 관찰 교사들에게 이를 사전에 공유한다. 어떤 피드백을 받을지도 명확히 설정한다. (예: "학생들의 토론 참여를 이끌어 내는 교사의 질문 기술.")

② 참여 교사와의 소통: 장학 수업 전에 관찰 교사들과 충분히 논의해 기대 사항과 관찰의 초점을 맞춘다.

③ 학생들과의 준비: 학생들에게 장학 수업의 목적을 설명하고, 간단한 리허설을 통해 수업 중 예상되는 문제를 점검한다. 제한된 시간 안에 수업을 효과적으로 하기 위해 연습한다.

④ 자료 준비: 수업 목표와 활동에 필요한 자료를 사전에 준비하고, 수업 중 자료 활용 방법을 정리한다.

3 피드백과 협력 강화 방안

① 건설적인 피드백 요청: 장학 수업 후에는 동료 교사들에게 구체적이고 건설적인 피드백을 요청한다. (예: "학생 참여를 높이기 위해 어떤 점을 개선하면 좋을까요?")

② 피드백 수용과 실행: 피드백을 받을 때 열린 마음으로 수용하며, 긍정적인 태도를 유지한다. 피드백 내용을 정리해 수업 개선에 활용하고, 다음 수업에 반영한다.

③ 협력 학습 강화: 장학 수업에서 얻은 아이디어와 피드백을 동료 교사들과 공유하고, 협력 학습의 기회로 활용한다.

장학 수업 후 협의회에서는 단순히 "좋았다"는 평가가 아니라, 구체적인 개선점과 성공 사례를 중심으로 논의한다. 이 수업은 단순히 피드백을 받는 자리가 아니라, 동료 교사들과의 협력을 통해 교사로서의 전문성과 수업의 질을 동시에 향상시키는 기회다. 준비 단계부터 실행, 피드백 활용까지 철저히 계획한다면, 장학 수업은 교사로서의 성장을 위한 중요한 디딤돌이 될 것이다.

아침 시간에 할 만한 활동은 무엇이 있을까요?

아침 활동

아침 시간은 하루를 시작하는 중요한 시간이다. 하지만 무엇을 어떻게 해야 할지 막막하기도 하다. 경력이 쌓일수록 기존에 해 오던 아침 활동에 대한 여러 가지 의문이 생길 때도 있다. 어떤 아이는 굉장히 활발하고 이야깃거리가 넘쳐나는 모습으로 교실에 온다. 어떤 아이는 피곤하고 지친 모습으로 교실에 온다. 어떻게 하면 아이들이 모두 즐거운 마음으로 하루를 시작할 수 있을까? 그와 동시에 교육적인 의미도 담을 수 있는 아침 활동에는 무엇이 있을까?

1. 독서 활동

뻔한 활동이라고 할 수도 있지만 초등교육에서 독서 활동은 매우 중요하다. 특히 문해력이 많이 부족한 요즘, 문해력을 기르는 데 있어 반복적이고 꾸준한 독서만큼 효과적인 방법도 없다. 책을 통해 아이들은 다양한 세상과 만나고, 새로운 지식을 습득하며, 감정을 이해하고 표현하는 방법을 배운다.

단순하게 매일 같은 방식으로 책을 읽고 독서록을 작성하는 활동은 학생들에게 지루함을 느끼게 하거나 부담으로 작용한다. 독서 활동은 궁극적으로 자기 주도적으로 즐겁게 책을 읽는 습관을 갖도록 도와주는 것이다. 그러기 위해 창의적이고 재미있는 독서록 양식을 만들거나, 아래에 소개하는 9가지 활동들을 참고하여 더 다양하고 생동감 있는 독서 활동을 만들어 보시기를 바란다.

1 **독서 주사위** | 주사위의 각 면에 질문이나 과제를 표현하는 활동이다. 참고할 예시 질문이나 과제는 다음과 같다.
① 가장 기억에 남는 장면과 그 이유 말하기.
② 책의 내용으로 질문 만들기.
③ 책 속의 단어로 3행시 짓기.

2 **책 읽어 주기** | 재미있게 읽은 책을 선정해 대상에 맞게 책을 읽어 주고 질문을 주고받는 활동이다. 각 대상에 따른 예시 활동은 다음과 같다.
① 같은 반 친구들: 매주 월요일 1교시마다 한 명씩 선정하여 책을 읽어 준다.
② 동학년 친구들: 사전 협의 후, 서로를 초대하고 준비한 책을 소개한다.
③ 저학년 학생들: 저학년 수준에 맞는 책을 선정하고, 직접 찾아가 책을 소개한다.

3 **이모티콘 독서록** | 책을 읽고 자신의 감정을 이모티콘과 함께 표현해 보는 활동이다. 다양한 이모티콘 목록을 제시하거나 직접 그림으로 그려 보고 책의 내용과 어울리는 감정을 포함하는 문장으로 작성한다.

① "《강아지 똥》을 읽었어요. 책에서 강아지 똥이 꽃이 되는 장면에서 (기쁨😊)을 느꼈어요!"
② "《강아지 똥》에서 주인공이 똥이라 놀림 받는 장면에 (슬픔😢) 이모티콘을 넣고 싶어요."

4 **생각 구름 독서록** | 책의 주제, 등장인물, 주요 사건 등을 중심으로 마인드맵을 그린다.

5 **독서 퍼즐 만들기**

① 책 표지나 인상 깊은 장면을 그림으로 그린다. (두꺼운 도화지 권장)

② 그림 위에 원하는 퍼즐 모양을 그려서 자른다.

③ 짝과 바꿔서 퍼즐을 맞춰 보고 책의 내용이나 질문을 주고받는다.

6 **SNS 게시글 만들기** | 학생들이 사용할 SNS 게시글 형태의 템플릿을 제공해 책의 장면이나 내용을 표현한다. 포함하면 좋을 예시 요소는 프로필 사진, 사용자 아이디, 사진이나 그림, 게시글 내용, 해시태그 등이다.

7 **롤링 페이퍼**

① 같은 책을 읽고 각자 한 줄 생각을 적는다.

① 친구의 생각을 읽고, 그 위에 질문이나 답변을 덧붙인다.

③ 돌려가며 의견을 계속 추가한다.

8 **독서 신문 만들기**

① 신문 형식의 템플릿을 준비한다.

② 책 소개 기사, 추천하는 이유 등을 작성한다.

③ 주인공과의 인터뷰나 책을 홍보하는 광고 내용을 추가할 수 있다.

9 **독서 라디오**

① 오늘의 추천 도서와 관련한 나만의 사연 글을 쓴다.

③ 사연에는 왜 이 책을 친구들이 읽으면 좋은지에 대해 쓰고, 어울리는 노래가 있다면 함께 신청한다.

③ DJ가 사연을 소개하고 노래도 들려준다.

2. 감정 나누기

....

감정 나누기 활동은 간단히 자신의 감정을 돌아보거나, 서로의 이야기를 듣고 고개를 끄덕이는 행동으로도 충분하다. 아래에 소개하는 3가지 활동으로, 더 다양하고 따뜻한 아침 시간을 만들어 보시길 바란다.

1 **오늘의 감정을 선택하기 |** 아침마다 바쁜 일상이 시작되기 전, 학생들이 잠시 자신의 마음을 돌아볼 시간을 준다. 감정 보드를 만들어 다양한 감정을 그림이나 단어로 표현하고, 학생들이 자신의 이름 카드를 붙이며 오늘의 감정을 선택하도록 유도한다.

"오늘은 좀 피곤하지만, 친구들과 쉬는 시간에 놀고 싶어요!" 같은 간단한 발표를 통해 학생들이 서로의 마음을 들여다보고 공감할 수 있도록 한다. 발표가 어렵다면 짧은 형식으로 적어 보는 것도 좋은 방법이다. 중요한 것은 학생들이 자신의 감정을 솔직히 드러내고 어떤 감정이든 괜찮다는 믿음을 갖는 것이다.

2 **선생님과 하루를 다짐하는 멘트 주고받기 |** "오늘 하루 내가 가장 열심히 하고 싶은 일은 무엇일까?" 이 간단한 질문 하나로, 학생들은 하루를 계획하고 목표를 설정할 수 있다. 교사가 먼저 하루를 다짐하는 짧은 멘트를 나누고, 학생들도 각자 자신만의 다짐을 발표하거나 함께 외치는 구호를 정해 보자. "오늘은 친구들

과 더 잘 어울리겠다!"라는 다짐이나 "모두가 웃을 수 있는 하루를 만들어 보자!" 와 같은 구호를 정하면 교실 안에 긍정적인 에너지가 퍼지게 된다.

③ **감사 인사 나누기** | 학생들이 어제나 오늘 감사했던 일을 떠올리며 발표한다. 발표가 부담스러운 경우 짧은 감사 메시지를 적어 '감사 박스'에 넣도록 유도할 수 있다. 감사 대상은 친구일 수도 있고, 가족, 자신이 될 수도 있다. "오늘 나 자신에게 고맙다고 말하고 싶어요. 왜냐하면 어제 숙제를 열심히 했거든요!"와 같은 학생들의 인사로 교실은 더 따뜻해지고 신뢰는 깊어진다.

감정 나누기 활동은 처음에는 쑥스럽고 무슨 말을 해야 할지 어려울 수 있다. 하지만 매일매일 꾸준히 반복하면 학생들과 선생님의 관계는 더 돈독해지고, 아이들이 행복한 학교생활을 하는 데 도움을 줄 것이다.

3. 특별한 아침 활동

때로는 색다른 활동으로 학생들에게 새로운 자극과 흥미를 주는 것도 좋다. 매일 조금씩 특별한 경험을 쌓는 아침 활동은 아이들의 창의력과 사고력을 키우고, 활기찬 하루를 시작하게 한다. 교직생활을 하며 본 아침 활동 중에 다소 특별하지만 교육적으로 많은 의미를 줄 수 있다고 생각하는 활동 3가지를 소개한다.

① **뉴스 활동** | 고학년일수록 유리하다. 매일의 핵심 뉴스들을 보고 이에 대한 자신의 생각을 표현하는 활동이다. 뉴스를 제시하는 방법은 여러 가지가 있을 수 있다. 교사가 모니터에 같은 뉴스를 제시하는 방법, 1인 1기기를 활용해 자율적

으로 진행(디지털)하는 방법, 종이 신문 형태의 인쇄물로 인쇄해서 제시하는 방법 등이 있다. 학급 상황과 교사의 성향에 따라서 장단점을 파악해 적절하게 운영한다.

2 **아침 체육 활동** | 몸을 움직이는 활동은 머리를 맑게 하고 하루의 시작을 활기차게 만들어 준다. 아침마다 교실 대신 강당이나 운동장에서 5-10분 정도 런닝을 하는 것도 좋다. 같은 시간에 자신의 컨디션에 따라 몇 바퀴를 뛸 수 있었는지를 체크하면 학생들은 더 의지를 갖고 활동할 것이다. 다만 이 활동은 학교 관리자 및 선생님들과의 협의가 필요하기에 단독적으로 진행하는 데에는 어려움이 있을 수 있으니 꼭 협의 후 활동하시기를 바란다.

3 **한자 쓰기 활동** | 학생들의 문해력 향상에 큰 도움을 준다. 한자의 수준이나 내용은 각종 경시대회의 자료들을 활용한다. 단계별로 학생들의 수준에 맞춰 문제를 제공하면 좋다. 매일 아침 한두 개의 한자를 쓰고 그 뜻을 이해한 뒤, 경시대회 문제를 푸는 방식으로 진행할 수 있다. 경시대회 기출문제를 2-3회 이상 기준 점수보다 높게 받는다면 모의 자격증을 만들어서 제공해 보는 것도 좋다. 학부모의 협조를 받아 가정에서 경시대회에 참가하는 경우도 많았다.

4. 아침 활동을 할 때 주의할 점

1 **교사가 편해야 학생들도 편하다** | 수업 준비로 바쁜 교사들이 아침 활동까지 스트레스를 받는다면, 그 영향은 학생들에게 전달될 수밖에 없다. 활동 안내만 잘 전달된다면 매일 학생들이 스스로 할 수 있는 활동들로 구성하는 것이 좋다.

2 **때로는 쉬는 날도 필요하다** | 아침 활동에 참여하지 않는 학생들에게 너무 에너지를 소모할 필요는 없다. 학생들이 자발적으로 참여할 수 있도록 유도하는 것이 아침 활동을 보다 지속 가능하게 만든다.

3 **아침 활동에 참여하지 않는 학생이 있다면?** | "○○이가 오늘 아침 활동을 하지 않아도 괜찮아. 하지만 다른 친구들은 규칙에 따라 이 활동을 하고 있으니, 다른 친구들에게 피해를 주지 않고 할 수 있는 활동을 적어서 주면 오늘은 그 활동을 할 기회를 줄게."라고 이야기한다.

쉬는 시간과 점심시간 생활지도는 어떻게 하면 좋을까요?

쉬는 시간, 점심시간

20여 년 전에는 분위기가 지금과 꽤 달랐다. 당시 많은 학부모님들은 "선생님, 어떻게 해서든 우리 아이를 바르게 키워 주세요!"라는 마음이었다. 그런데 요즘은 분위기가 확 바뀌었다. "사람 되는 건 우리가 집에서 가르칠 테니, 학교에서는 아이를 따뜻하게 감싸 주세요. 공부는 학원에서 시킬게요."라고 하는 경우가 많아졌다. 생활지도가 필요한 범위는 넓어지는데 지도할 수 있는 방법은 점점 좁아지고 마냥 두고 볼 수는 없다. 선생님들은 여전히 '어떻게 하면 우리 아이들이 더 좋은 방향으로 성장할 수 있을까?'를 고민하고 있다. 교육에는 시대가 변해도 변하지 않는 무언가가 있는 것 같다.

1. 교실에서의 생활지도

□ 생활지도란 무엇인가요? | 교직 3년 차라면 학급을 꾸려가는 데 조금씩 자신감이 생기는 시기다. 하지만 학생들의 생활지도를 세밀히 챙기고, 점심시간을 관리하는 것은 여전히 고민이 많을 것이다. 나도 처음에는 시행착오를 겪으면서 하나하나 배워 나갔다. 지나치게 엄격하거나 일방적인 방식은 학생들에게 반감을 살 수 있으니 주의해야 한다.

생활지도의 기본 철학은 규칙과 존중의 조화다. 생활지도는 학생들의 규율을 잡아 주는 것과 동시에, 그들의 감정을 이해하고 존중하는 균형이 필요하다. 초등

학생의 생활지도와 점심시간 지도는 교사가 학생들과 신뢰를 형성하고 올바른 습관을 길러 주는 중요한 역할을 한다. 교사는 학습을 지도하는 역할도 중요하지만 생활지도를 통해 학생들이 사회에 나갈 준비를 할 수 있도록 돕는 역할도 매우 중요하다.

① 규칙을 명확히 세우기: 학생들이 스스로 이해하고 지킬 수 있도록 간단하고 명확한 학급 규칙을 세워야 한다. 간단하고, 명확해야 기억하기 쉽고, 1년 동안 그것만큼은 지켜 낼 수 있다. 예를 들어, "쉬는 시간에는 교실에서 뛰지 않기.", "친구와 말할 때는 차례를 지키기."처럼 구체적이고 쉬운 규칙이 효과적이다. 학생들과 선생님이 필요하다고 생각하는 규칙이 전혀 다를 때는 "행복한 교실을 만들기 위해 필요한 것"에 대해 토론해 보자. 학생 주도의 규칙이 만들어졌을 때 학생들은 책임감을 느끼며 규칙을 잘 지킨다.

② 규칙의 중요성을 이야기하기: 단순히 "규칙이니까 지켜야 해!"라고 하기보다는 왜 그 규칙이 필요한지 꼭 설명해야 한다. 학교나 교사의 입장이 아니라 학생들의 입장에서 필요한 이유를 설명해야 한다. 예를 들어, "교실에서 뛰면 넘어져서 네가 크게 다칠 수 있으니까 교실에서는 뛰지 말자.", "우리 반에는 유독 비염이나 알러지 환자가 많아. 친구들이 교실에서 뛰면 먼지가 많이 나겠지? 그렇다면 아토피, 비염, 알러지 환자인 친구들이 너무나 힘들어한단다." 등이다.

③ 작은 행동에도 칭찬하기: 학생들이 규칙을 지킬 때마다 "잘 지켜줘서 고마워!" 또는 "너희가 이렇게 협력하니 교실 분위기가 정말 좋구나!"라고 칭찬하면 좋다. "역시 우리 반이구나." 등의 긍정적인 강화는 규칙 준수를 자연스럽게 만들어 준다.

④ 규칙의 일관성 유지하기: 교실의 규칙은 간단하고 명확해 1년 동안 꼭 지켜야 한다는 일관성이 있어야 한다. 상황에 따라 규칙이 변할 수 있다면 어느 순간 규칙을 꼭 지켜야겠다는 생각이 사라져서 혼란한 학급이 되기도 한다.

⑤ 긍정적인 강화와 비판의 균형: 긍정적인 행동에 대해 즉각 칭찬하거나 보상을 제공하면 학생들은 올바른 행동을 지속하게 된다. 반면, 잘못된 행동이 보일 때는 차분하고 일관성 있게 이야기하며 반성의 기회를 줘야 한다.

2 **생활지도의 사례** | 생활지도에서 자주 마주치는 상황은 다양하다. 상황별 대처 방법을 정리해 보면 다음과 같다.

① 교우 간 갈등: 학생들 간에 다툼이 발생했을 때는 양쪽 이야기를 충분히 들어야 한다. 각자의 입장이 있을 수 있고, 오해가 있을 수 있어 충분히 듣는다. 학급에서 처리해야 할 사항이 많으니, 학급 문제 진술서를 작성해, 육하원칙에 따라 개조식으로 작성 후 '선생님, 도와주세요' 혹은 '친구들아 판결을 내려줘.' 함에 넣도록 하는 것도 좋다. 또한 소소한 교우 관계 문제는 학생들이 스스로 해결할 수 있도록 지도하되, 상황이 심각할 경우 학부모와의 상담이 필요하다.

② 수업 준비 미흡: 준비물을 가져오지 않았거나, 과제를 하지 않은 학생이 있다면 무조건적인 질책보다는 이유를 물어보고 대안을 마련해 주자. 3월에 늘 학교에 있어야 할 준비물을 적어 주고 자신의 물건을 사용할 수 있도록 지속적으로 안내하면 좋다.

③ 학급 전체가 산만할 때: 학생들이 집중하지 못하는 상황에서는 잠깐의 휴식 시간을 주거나, 간단한 주의 환기 방법을 사용하자. 잠시 눈을 감거나, 명상하는 것도 좋다.

④ 긍정적인 학급 문화 조성이 필요할 때: 학생들이 서로 존중하고 배려하는 학급 문화를 만드는 것은 매우 중요하다. 이를 위해 매일 '오늘의 감사 이야기'를 공유하거나, '친구 칭찬하기' 활동을 도입할 수 있다. 학생들은 서로의 장점을 발견하며 친밀감을 형성할 수 있다.

2. 점심시간의 생활지도

1 생활교육의 장, 점심시간의 중요성

① 안전사고에 유의: 점심시간은 학생들이 가장 좋아하는 시간이자, 교사가 관리와 지도를 통해 안전과 질서를 유지해야 하는 시간이다. 학습 중 긴장을 풀고, 즐겁게 식사하며 재충전하는 시간이다 보니 긴장감이 풀어져 큰 안전사고가 일어날 수도 있다.

② 생활교육의 장: 점심시간은 학생들에게 영양을 섭취하는 시간인 동시에 사회적 예절과 건강한 생활 습관을 배울 수 있는 소중한 기회다. 이 시간의 지도는 수업 시간과는 다른 접근이 필요하다. 교사는 학생들이 올바른 식습관과 서로를 배려하는 태도를 지도하는 데 중점을 둬야 한다.

③ 사회성 발달의 기회: 학생들은 점심시간 동안 자유롭게 친구들과 소통하며 사회성을 키우는 기회를 가진다. 이때 교사가 긍정적인 상호작용을 장려하면 학생들의 관계 형성에 도움이 된다.

④ 개별 상담이 가능한 시간: 학생들은 점심시간에는 친구와 식사하며 많은 이야기를 쏟아 낸다. 따라서 교사가 아이의 상황을 파악하거나, 함께 식사하며 넌지시 생활지도에 필요한 사항을 확인할 수 있다.

2 점심시간 지도 방법

① 식사 전 준비: 손 씻기 습관 지도를 통해 점심 전 손을 깨끗이 씻도록 독려하자. 급식 시간 안전한 줄서기를 지도해 급식을 받을 때 차례대로 줄 서는 습관을 갖도록 한다.

② 식사 중: 올바른 식사 예절로 조용히 식사하기, 음식을 남기지 않기 등의 식사 예절을 교육하자. 식사 중 대화는 조용하고 즐거운 대화를 나누도록 하며, 지

나치게 시끄러운 행동을 제지한다.

③ 식사 후 정리: 자율적인 정리 습관으로 식판과 쓰레기를 정리하는 방법을 가르치고 이를 스스로 할 수 있도록 돕는다. 식사 후 책상과 주변을 깨끗하게 정리하는 습관을 지도한다.

④ 안전 관리: 급식실 내 이동과 활동 중 안전사고가 발생하지 않도록 세심하게 관찰한다. 위급 상황 시 신속히 대처할 수 있도록 학교의 응급 대처 방안을 숙지하자.

3 점심시간 문제 상황 대처

① 먹기 싫은 음식을 남기는 학생: 강요하기보다는 음식을 조금씩 먹어 보도록 유도한다. 골고루 먹는 것에 대한 중요성과 음식에 대한 긍정적인 이야기를 통해 흥미를 유도하자.

② 식사 중 과도한 소음: 과도한 소음이 발생하면 조용히 해야 하는 이유를 이야기한다.

③ 서로 음식을 나누는 학생들: 음식 교환은 알레르기 문제나 개인위생 문제를 일으킬 수 있으므로, 음식은 자신의 몫만 먹도록 지도하자.

4 점심시간 후 정리와 마무리 지도

① 책임 분담: 점심시간 후에도 교사는 학생들이 책임감 있게 자신의 역할을 다하도록 지도해야 한다. 교실 식사라면 청소 당번, 급식 카트 정리, 쓰레기 분리배출 등을 역할별로 분담해서 조직적으로 움직이도록 하자.

② 감사 표현: 영양 교사 혹은 급식실에서 일하는 분들께 감사 인사를 하도록 지도한다.

3. 상황별 지도

1 생활지도의 전제 조건

① 학생을 있는 그대로 받아들이기: 학생들은 성장 과정에 있으며, 실수는 배우는 과정의 일부다. 인내심과 열린 마음으로 학생을 대하자.

② 학생의 특성을 파악하기: 학생마다 성향이 다르다. 한 명 한 명의 특성을 파악하고 이에 맞는 지도를 제공하자.

③ 교사의 역할을 명확히 하기: 학생에게 신뢰와 존중을 받기 위해서는 일관성 있고 공정한 자세를 유지하자.

④ 팀워크를 발휘하기: 생활지도는 혼자 해결하기 어려운 경우가 많다. 동료 교사, 학부모, 관리자와 협력하자.

⑤ 자신을 돌보기: 교사의 역할을 다하기 위해서는 자신의 건강과 정신적 안정을 유지하는 것이 중요하다.

2 상황별 지도

① 문제 행동 지도: 공격적인 행동이나 규칙 위반이 발생하면, 감정적으로 대응하기보다 차분하게 문제의 원인을 파악하자. 잘못된 행동을 명확히 알려 주고, 올바른 행동을 제시한다.

② 자존감과 동기부여: 학생들의 작은 성취도 칭찬하며 자존감을 키워 주자. 학습과 생활의 목적과 가치를 스스로 느낄 수 있도록 동기를 부여하자.

③ 학부모와 협력: 생활지도에 있어 학부모와의 협력은 필수다. 학생의 행동에 대해 학부모와 긴밀히 소통하며 함께 해결책을 모색하자.

글쓰기 지도

글쓰기 활동을 지도하는 방법이 궁금해요

학급에서 아이들을 지도할 때 다양한 글쓰기 활동과 만나게 된다. 국어 시간에 글쓰기 활동을 배우고 가르치긴 하지만, 아이들이 지속적으로 글쓰기 활동에 참여할 수 있도록 하려면 더 공부하고 준비해야 하는 것 같은 마음이 든다. 아이들에게 글쓰기 활동을 체계적으로 지도하고 싶은데, 어떻게 하면 좋을지 다양한 조언을 듣고 싶다!

1. 초등 글쓰기의 중요성

"세 살 버릇이 여든 간다."라는 말처럼, 어릴 때 좋은 습관을 기르는 것은 평생에 걸친 학습과 태도에 매우 중요하다. 특히, 아이들에게 글쓰기는 단순한 학습활동을 넘어서, 그들의 생각을 정리하고 표현하는 중요한 과정이다. 글쓰기는 손을 사용해 뇌를 자극하는 활동으로, 창의력과 사고력을 증진시킬 수 있다. 글쓰기를 위해 텍스트를 읽거나 책을 읽고, 자신만의 생각을 글로 표현하는 과정을 반복하면, 자연스럽게 전반적인 문해력이 향상된다. 또한 이런 반복적인 글쓰기 경험은 아이들에게 글쓰기에 대한 긍정적인 태도를 형성하게 하고, 자신감을 얻을 수 있는 기회를 제공한다.

2. 글쓰기 지도 시 고려사항

글쓰기는 학생의 발달단계, 수준에 맞게 순차적으로 접근해야 하며, 초등학교 저학년, 중학년, 고학년 각 시기의 발달적 특징을 고려하는 것도 중요하다. 부모나 교사가 아이의 글쓰기에 긍정적인 반응을 보일 때, 아이는 글쓰기를 더 좋아하게 되며, 자신감을 얻는다.

1 **편안한 글쓰기 환경 조성하기 |** 생각과 감정을 자유롭게 표현할 수 있도록 격려하는 것이 중요하다. 강압적인 환경은 부정적인 감정을 유발할 수 있다.

2 **일상적인 글쓰기 연습하기 |** 매일 조금씩 글을 쓰는 시간을 가지도록 유도한다. 예를 들어, 편지를 쓴다거나 일기를 쓰는 것, 공부한 내용을 요약해 정리하는 것 등 자연스럽게 공책에 적어 내려가는 습관을 만들어 줄 수 있도록 한다. 글쓰기 연습을 통해 학생들은 글을 쓰는 데 필요한 기초적인 기술을 익히고, 점차 더 복잡한 글을 쓸 수 있게 된다.

3 **독서 환경 조성하기 |** 아이들은 다양한 책을 읽으며 언어적 감각을 길러 나간다. 글쓰기 능력은 독서를 통해 향상되며, 다양한 문장 구조와 표현을 접하면서 창의적인 글쓰기가 가능하다. 도서관 활용 수업 시간에는 도서관에서 책과 가까워질 수 있도록 유도한다.

3. 학급 운영과 연결한 글쓰기 활동

1 **아침 글쓰기 |** 가볍고 재미있는 주제로 10분간 아침 활동 루틴으로 짧은 글쓰기를 하는 것은 학습 분위기를 조성하는 데 도움이 된다. 매일 쌓이는 기록이 점점 모이면 아이들에게 뿌듯함으로 다가온다.

2 **주제 글쓰기 |** 주제 글쓰기 활동을 활용하면 교사가 아이들이 다양한 주제와 형식을 고려한 글쓰기를 접할 수 있게 기회를 제공할 수 있다는 장점이 있다. 아이들은 다양한 주제를 접하며 생각해 보는 기회를 통해 배경지식을 넓히고 실생활의 문제에 관심을 가질 수 있다.

3 **배움 공책 쓰기 |** 코넬 노트 쓰기, 배움 공책 쓰기 등 배운 내용을 글로 메모하는 습관은 자기 주도 학습력을 높이는 데 도움이 된다.

4 **독후 감상문 쓰기 |** 책을 읽은 후 독후활동으로 연계하는 것은 아이들의 글쓰기 능력을 향상시키는 데 도움이 된다. 다양한 독후 활동은 아이가 자신의 생각을 정리하고 글로 표현하는 데 도움을 준다.

5 **일기 쓰기, 감사 일기 쓰기 |** 자신의 일상을 기록하는 일기 쓰기, 하루를 성찰하며 쓰는 감사 일기 쓰기, 친구들과 함께 쓰는 모둠 일기(학급 일기)쓰기 등 다양한 방식으로 일기 쓰기를 학급 운영 방식과 접목시킬 수도 있다.

4. 글쓰기 활동에 동기부여하는 팁

아이들이 지속적으로 글쓰기에 참여하고 이를 즐기며 성장할 수 있도록 글쓰기의 목적과 흥미를 살리는 환경 조성이 필요하다.

1 **선생님이 즐겁게 독서하거나 글을 쓰는 모습 보여 주기** | 아이들에게 선생님은 중요한 존재이며 역할 모델이 된다. 선생님 스스로가 글쓰기를 즐기고 자신의 이야기를 글로 기록하는 모습을 보여 주는 것은 아이들에게 강력한 영감이 된다. 아이들과 함께 글을 쓰며 느낀 기쁨과 설렘, 때로는 고민까지 솔직히 나눈다면 아이들은 글쓰기가 단지 과제가 아닌 자신을 표현하고 소통하는 즐거운 도구임을 깨닫게 된다.

2 **실생활과 연결된 글쓰기 주제를 선정하기** | 아이들이 글쓰기 활동을 부담스러워하지 않으려면 일상생활과 관련된 가벼운 주제를 선택하는 것 또한 매우 중요하다. 좋아하는 음식, 가족, 친구, 또는 최근에 꾼 꿈, 재미있거나 억울했던 일 등을 소재로 글을 쓰게 한다.

3 **글쓰기와 놀이를 접목시키기** | 글쓰기를 딱딱한 학습활동으로 느끼거나 꼭 해야 하는 숙제로 제시한다면 점점 참여도가 저조해질 수 있다.

5. 글쓰기 주제의 예시

① 상상력을 자극하는 주제

내가 만약 하루 동안 동물이 된다면?	나만의 초능력을 가진다면?
내가 발명가라면 만들고 싶은 물건	시간 여행을 떠난다면 어디로 가고 싶을까?
미래의 내 모습은 어떨까?	외계인 친구가 우리 집에 놀러 온다면?
내 마음속에 사는 상상 친구 이야기	나만의 슈퍼 히어로 이야기
나만의 비밀 정원 이야기	사물함 속에서 발견한 비밀 문 이야기

② 경험을 바탕으로 한 주제

내가 가장 행복했던 순간	내가 제일 좋아하는 음식과 그 이유
이번 방학에 있었던 재미있는 일	학교에서 가장 기억에 남는 일
나의 가족을 소개합니다	내가 최근에 읽은 책 이야기
내가 좋아하는 장소와 그 이유	처음 시도해 본 일과 그 경험
친구와 함께한 특별한 추억	내가 가장 사랑하는 계절

③ 창의적인 글쓰기 주제

만약 모든 물건들이 말을 할 수 있다면?	평범한 하루가 마법처럼 변한다면?
나만의 비밀 초능력	내가 키우고 싶은 상상 속 반려동물
하늘에 떠 있는 구름 나라 이야기	아침에 일어났더니 거인이 돼 버린 나
내가 주인공이 되는 이야기 만들기	학교가 거대한 놀이공원으로 변한다면?
바닷속에서 하루를 보낸다면?	내가 지도자가 돼 만든 새로운 나라

④ 공감하고 소통할 수 있는 주제

내가 선생님이 된다면 하고 싶은 일	소중한 물건을 잃어버렸을 때의 마음
나만의 학교 규칙 만들기	환경을 지키기 위해 내가 할 수 있는 일
친구를 사귀는 나만의 비법	내가 가장 좋아하는 직업과 그 이유
내가 제일 좋아하는 놀이	하루 동안 엄마나 아빠가 돼 본다면?
내가 가장 존경하는 사람과 그 이유	내가 가장 자랑스러웠던 순간

일기 쓰기

사생활 문제가 있는데 일기 쓰기 해도 될까요?

예전에는 일기 쓰기가 당연한 숙제였다. 학생들은 하루 동안 있었던 일이나 느낀 점을 글로 표현했고, 교사는 그 글을 통해 학생들의 국어 실력을 점검하는 동시에 아이들과 마음을 나누곤 했다. 때로는 짧은 일기 한 편이 아이들의 속마음을 엿볼 수 있는 창이 되기도 했다. 그런데 어느 순간부터 학생의 일기를 본다는 것 자체가 사생활 침해로 여겨지면서, '일기 숙제를 내도 괜찮을까?' 하는 고민이 생겼다. 일기 지도를 어떻게 해야 할지도 막막할 수 있다. 하지만 몇 가지 노하우를 적용하면 아이들과 긍정적인 변화를 만들어 낼 수 있다. 일기 쓰기를 효과적인 교육 도구로 활용하려면 어떻게 해야 할까?

1. 일기 쓰기란

① **일기 쓰기의 장점** | 일기 숙제는 단순히 글쓰기를 연습하는 활동을 넘어 아이들에게 다양한 방식으로 긍정적인 영향을 미친다. 가장 중요한 목표는 글쓰기 습관 형성이다. 초등학생 시기에 꾸준히 글을 쓰는 것은 단순한 문법 학습을 넘어 사고력과 창의력, 표현력을 기르는 데 중요한 역할을 한다. 또한 일기는 하루를 성찰하는 기회를 제공한다. 일기는 아이들이 경험을 평가하고 성장할 수 있도록 도와준다. 마지막으로, 일기는 교사와 학생 간의 소통 도구다.

② **일기 숙제를 활용한 정서 및 학습 성장** | 일기는 단순한 글쓰기 숙제를 넘어, 아이들의 정서적 안정과 학습 성장에 기여한다. 자신의 생각을 글로 표현하는 과정에서 정서적 안정을 느끼고, 자신을 돌아보며 성장한다. 또한 일기를 꾸준히 쓰는 과정에서 문해력이 향상된다. 글을 쓰기 위해 자신의 경험을 분석하고 표현하는 능력이 강화되며, 이는 다른 학습활동에서도 긍정적인 영향을 미친다. 마지막으로, 일기 쓰기는 아이들이 자신의 하루를 계획하고 돌아보는 습관을 기르며 자기 주도 학습 능력을 키우는 데도 도움을 준다.

2. 일기 쓰기 활동

① **일기 쓰기 활동에 인센티브 주기** | 아이들이 성장하려면 개별 피드백이 필수적이다. 맞춤형 피드백은 글 내용에 대한 공감과 격려를 포함해야 한다. 예를 들어, "너가 오늘 친구를 도와준 이야기를 읽고 정말 감동했어. 아주 멋진 일이야."와 같은 구체적인 칭찬은 아이들에게 자신감을 준다. 또한 문법이나 표현 개선이 필요한 부분은 부드럽게 지적하며 배울 기회를 제공한다. 정기적으로 일기의 내용을 토대로 개별 상담이나 교실 활동을 계획하는 것도 좋은 방법이다. 예를 들어, "이번 주에 일기에서 공통적으로 나온 주제가 있어요. 이를 바탕으로 간단한 역할극을 해 보는 시간을 가져 보면 어떨까요?"와 같이 일기를 교실 활동과 연결할 수 있다.

② **일기 쓰기 흥미 유발 방법** | 아이들에게 일기를 쓰는 것은 때로는 지루하거나 부담스러운 일로 느껴질 수 있다. 그렇기에 흥미를 유발하는 방법이 중요하다. 가장 먼저, 첫 번째 일기 숙제가 중요하다. 예를 들어, "가장 신나는 하루를 그림

과 함께 적어 보세요"와 같이 긍정적인 감정을 떠올릴 수 있는 주제를 제공하는 것이 효과적이다.

다양한 포맷을 제공하는 것도 좋은 방법이다. 그림일기, 사진 첨부, 만화 형식 등 다양한 방법을 허용하면 아이들이 창의적으로 표현할 기회를 가질 수 있한다. 또한 칭찬으로 동기부여하는 것이 중요하다.

3 **일기 쓰기 기본 구성** | 효과적인 일기 쓰기를 위해서는 아이들에게 기본 구성을 이해시키는 것이 우선돼야 한다. 일반적으로 일기는 다음의 구조를 따른다. 날짜와 제목 쓰기 → 사건이나 경험 설명하기 → 자신의 감정과 생각 적기 → 결론이나 교훈 추가하기.

아이들의 연령에 따라 단계별 지도를 제공하는 것이 필요하다. 초등 저학년의 경우 간단한 문장과 그림 중심으로 시작하고, 고학년으로 갈수록 상세한 서술과 감정 표현을 추가하도록 지도할 수 있다.

샘플 제시도 효과적이다. 좋은 예와 부족한 예를 나누어 보여 주고, 아이들이 비교하며 배울 수 있도록 한다. 예를 들어, "오늘 학교에서 축구를 했어요. 재미있었어요."와 같은 단순한 서술 대신, "오늘 학교에서 친구들과 축구를 했어요. 골을 넣어서 정말 기뻤고, 친구들이 환호하는 모습이 기억에 남아요."와 같이 생동감 있는 글을 소개할 수 있다.

4 **일기 쓰기 주제 선정** | 일기의 주제를 다양화하면 아이들의 창의력과 흥미를 자극할 수 있다. 예를 들어, "가족과 함께한 특별한 순간"이나 "학교에서 가장 재미있었던 일"과 같은 주제를 정해 줄 수 있다. 자유 주제를 제공하는 것도 좋은 방법이다. 아이들이 스스로 주제를 선택하도록 격려하면, 글쓰기의 주도권을 느낄 수 있다.

3. 교과 수업과 연계한 일기 쓰기

....

교과 활동과 연계한 일기 쓰기는 아이들이 학습 내용을 실생활과 연결하고, 자신의 경험을 반영하며 사고의 깊이를 키우는 데 매우 효과적이다.

- 국어 교과와의 연계: "오늘 읽은 동화 속 주인공에게 편지를 써 보세요" 또는 "배운 비유법을 사용해 오늘의 하루를 표현해 보세요"와 같은 과제를 줄 수 있다. 이런 활동은 아이들이 문학적 표현력을 기르는 데 도움을 준다.
- 사회 교과와의 연계: 지역사회나 역사적인 사건과 관련된 주제를 활용할 수 있다. "내가 마을 시장이 된다면?" 또는 "오늘 배운 독립운동가에게 감사의 편지를 써 보세요"와 같은 주제는 배운 내용을 일상에 적용해 보게 한다.
- 과학 교과와의 연계: "오늘 배운 물의 순환 과정을 상상하며 물방울이 돼 보세요"와 같은 과제를 내줄 수 있다. 이는 학습 내용을 기억하는 데 큰 도움이 된다.
- 수학 교과와의 연계: 처음엔 어색하게 느껴질 수 있지만, 수학적 사고를 키우는 데 일기 쓰기를 활용할 수 있다. 예를 들어, "오늘 하루 동안 내가 경험한 숫자를 찾아보고 그 의미를 적어 보세요"와 같은 주제를 줄 수 있다.
- 미술 및 음악 교과와의 연계: 미술 시간에는 그림과 글을 함께 사용하는 일기 쓰기를 지도할 수 있다. 예를 들어, "오늘 만든 작품을 일기에 그리고 그 과정에서 느낀 점을 적어 보세요." 음악 시간에는 "오늘 배운 노래에 어울리는 하루를 일기로 표현해 보세요"와 같은 과제를 내줄 수 있다.
- 체육 교과와의 연계: "오늘 배운 체육 활동을 가족과 함께했다고 상상하며 일기를 써 보세요"와 같은 주제는 아이들에게 즐거움을 줄 수 있다.
- 도덕 교과와의 연계: 도덕 시간에 배운 교훈을 바탕으로 자신의 경험을 성찰하며 일기를 쓰는 활동을 제안할 수 있다. "오늘 배운 정직의 가치를 생각하며

정직했던 순간을 떠올려 적어 보세요."와 같은 과제가 효과적이다.

교과 활동과 연계한 일기 쓰기는 단순한 글쓰기 연습을 넘어, 아이들에게 배운 내용을 적용하고 창의적으로 사고할 기회를 제공한다. 이와 같은 활동은 학생들이 학습 내용을 더욱 깊이 이해하고, 실생활과 연관 지을 수 있도록 돕는다.

4. 1년간의 일기 쓰기 지도를 마친 후 활용 방법

1년 동안의 일기 쓰기 지도는 단순히 글쓰기 활동으로 끝나지 않고, 아이들의 성장과 학습 결과를 다각적으로 활용할 수 있는 소중한 자료가 된다. 다음은 1년간의 일기 쓰기를 마치고 활용할 수 있는 다양한 방법들이다.

1 **아이들의 성장을 돌아보는 개인 포트폴리오 제작 |** 일기는 아이들의 정서적, 학업적 성장을 기록한 귀중한 자료다. 이를 정리해 개인 포트폴리오로 제작하면 아이들과 부모가 지난 1년간의 발전 과정을 한눈에 볼 수 있다. 활용 방법 → 각 월별로 대표적인 일기를 선택해 성장 포인트(처음과 비교해 글의 길이, 내용의 깊이, 문법 사용 능력 등)를 표시한다.

2 **학급 문집 제작 |** 학급 전체가 함께 참여한 문집 제작은 아이들에게 큰 성취감을 제공하고, 다른 친구들의 생각과 글을 배울 수 있다. 활용 방법 → 각 학생이 가장 자랑스러워하는 일기를 1, 2편 선택하도록 한다. 다양한 형식의 일기를 포함해 문집을 구성한다.

3 **학급 전시회 개최 |** 아이들이 쓴 일기를 전시회 형식으로 공유하면, 서로의 이야기에 공감하고 학급 분위기를 보다 긍정적으로 변화시킬 수 있다. 활용 방법 →

학급 벽면에 게시판을 만들어, 주제별로 일기를 전시한다. 아이들이 자신의 일기를 낭독하거나 친구들의 글을 읽으며 소감을 나누는 시간을 마련한다.

④ **발표 및 낭독 활동 |** 아이들이 쓴 일기를 낭독하는 활동은 자신감과 발표력을 기르는 데 효과적이다. 특히 연극 형식이나 역할극으로 발전시키면 재미와 창의력이 더해진다. 활용 방법 → 특정 주제(예: "내가 겪은 가장 웃긴 일")를 선정해 아이들이 일기를 낭독하게 한다. 연극을 할 경우, 각자의 일기를 짧은 스토리로 각색해 역할극으로 진행한다.

⑤ **정서 및 학습 평가 자료로 활용 |** 일기는 아이들의 정서적 안정과 학습 수준을 확인할 수 있는 좋은 자료다. 1년간 쓴 일기를 분석해 교사와 부모가 아이의 발전을 평가하는 데 활용할 수 있다. 활용 방법 → 초기에 쓴 일기와 최근의 일기를 비교해 정서적인 변화(예: 더 긍정적인 감정 표현, 자기 성찰 능력 향상 등)를 기록한다. 이런 자료를 바탕으로 아이와의 상담이나 다음 학년의 학습 방향을 계획한다.

⑥ **학급 활동 주제 선정에 활용 |** 1년간의 일기는 아이들의 관심사와 고민을 엿볼 수 있는 자료다. 이를 바탕으로 다음 학기의 학급 활동 주제를 선정할 수 있다. 활용 방법 → 아이들이 자주 다룬 주제를 분석해 공통 관심사를 도출해 프로젝트를 기획하거나, 아이들의 일기에서 나온 아이디어를 활용해 학급 이벤트를 만든다.

1년간의 일기 쓰기 지도는 단순히 글쓰기 활동을 넘어, 아이들의 성장과 학급의 화합을 이끌어 낼 수 있는 강력한 도구다. 이런 활용 방법들을 통해 아이들이 자신감을 얻고, 학습과 일상의 가치를 더 깊이 느낀다. 초년 교사라면 이런 활동을 조금씩 시도하며 아이들과 함께 성장하는 경험을 쌓아가길 응원한다.

교실놀이 | 교실에서 하면 재미있는 교실 놀이 추천해 주세요

초등교육은 지식을 배우는 것을 넘어, 공동체 생활의 기본 원칙을 배우는 중요한 시기다. 교실이라는 사회에서 학생들은 협력, 소통, 사회성 등을 익힌다. 또한 규칙을 지키는 것은 질서를 유지하고, 공평하게 기회를 누릴 수 있는 토대가 된다. 교사라면 이런 질문을 던져 본 적이 있을 것이다. "규칙을 지키는 일을 어떻게 가르쳐야 할까?", "왜 규칙이 필요한지 아이들 스스로 깨닫게 할 방법은 없을까?" 아이들은 놀이를 통해 규칙의 필요성을 깨달을 수 있다. 놀이를 하며 규칙을 따르고, 상대를 배려하고, 실패를 받아들이는 작은 순간이 쌓여 아이들의 사회성과 감정 조절 능력은 한층 더 성장한다.

1. 교실 피구

학생들이 가장 좋아하는 놀이 활동에 피구는 빠지지 않는다. 하지만 공간의 제약이 있어 교실에서는 피구 활동이 쉽지 않으므로, 규칙을 명확하게 안내하고 시작한다. 지금부터 다양한 교실 피구 방법을 소개해 보겠다.

☐ 굴리는 피구
① 의자를 둥글게 배치하고, 의자 앞의 바닥에 일정한 간격으로 앉는다.
② 1개의 모둠은 수비하고, 나머지 모둠은 공격한다.

③ 공격하는 학생은 엉덩이가 바닥에서 떨어지지 않고 굴리는 것만 가능하다.

④ 수비하는 학생은 자기 무릎 아래로 맞으면 탈락하며, 아웃될 경우 의자에 앉아 대기한다.

⑤ 가장 오랜 시간을 버틴 모둠이 승리한다.

- 추가 아이디어: 수비와 공격의 수를 바꾸기(예: 1개 모둠이 공격하고, 나머지 모둠이 수비), 모둠 내 1명을 왕으로 정하기, 일정 시간이 지나면 공의 개수를 추가하기.

② 3줄 앉아 피구

① 책상과 의자를 모두 교실 뒤쪽으로 보내고, 2개의 팀으로 나눈다.

② 각 팀에서는 3줄로 인원을 나누고, 적정 인원을 배치한다(예: 팀원이 9명일 경우, 줄마다 3명씩 배치). 이 게임의 핵심적인 특징은 첫 번째 줄끼리는 아웃되지 않는다는 것이다. 두 번째 줄과 세 번째 줄의 학생에게 공격을 당해야만 아웃된다. 만약 상대가 모두 아웃되고 첫 번째 줄만 남았다면 그때부터는 아웃이 된다.

③ 경기 중 엉덩이가 바닥에서 떨어지지 않아야 한다.

④ 상대 팀을 모두 아웃시키면 승리한다.

- 추가 아이디어: 같은 줄끼리 아웃되지 않는 규칙으로 변형하기, 일정 시간이 지났을 때 줄의 역할을 원하면 교체하기, 일정 시간이 지나면 공의 개수를 추가하기

③ 가가볼

① 책상을 엎어 네모 경기장을 만들고, 책상 뒤로 의자를 배치한다.

- 책상 서랍의 책이나 물건이 떨어지지 않도록 서랍이 위를 향하게 한다.

- 책상을 엎을 때 던져 버리는 행동, 친구가 앞에 있어 다치게 하는 등 매우 주의해야 한다.

② 2개의 팀으로 나눈다.

③ 공격하는 학생은 공을 1회 굴리는 것만 가능하며, 상대의 무릎 아래를 맞추는 것이 목표이다.
- 책상(벽)을 활용해서 튕겨서 맞추는 행위도 가능하다.
- 책상(벽)에 맞추거나, 누군가를 아웃시킬 경우 1회라는 공격 조건이 초기화되므로 이어서 다시 공격할 수 있다.

④ 수비를 하는 학생은 아웃될 경우 의자에 앉아 대기한다.
- 손으로 공을 막아낼 수 있으며, 어떤 상황이든 공이 내 무릎 아래에 맞으면 아웃이다.
- 추가 아이디어: 더블 아웃, 공이 경기장 밖으로 나갔을 때의 규칙을 명확하게 설정하고 시작하기. 경기장을 책상으로 만드는 것이 아닌, 학생을 원으로 배치해 진행할 수 있음.

2. 전통놀이

전통놀이는 단순한 놀이를 넘어 선조들의 지혜와 문화가 담긴 소중한 유산이다. 또한 현대의 디지털 환경에서 경험하기 어려운 직접적인 신체 활동과 사회적 상호작용의 기회를 제공한다. 전통놀이를 통해 자연스럽게 공동체 정신, 전통문화의 소중함, 창의적 사고를 배우며, 친구들과 협력하고 소통하는 방법을 익힐 수 있다. 교실에서 함께 쉽게 즐길 수 있는 전통놀이를 소개해 보겠다.

- 공기놀이
- 알까기, 오목
- 윷놀이
- 제기차기, 팽이 돌리기

위의 활동을 종합해 전통놀이 한마당을 진행할 수 있다. 놀이를 배우고 연습한 뒤 자신 있는 놀이를 선택해 모둠별로 대결하는 방식으로 진행하면 더욱 즐거운 활동을 할 수 있다. 전통놀이 도구가 없다면 세트로 구매하는 방법도 있으며, 다양한 교과와 연결할 수 있는 유익한 활동이다.

3. 선생님을 이겨라!

교실에서 선생님과 학생이 같이 놀이로 즐거움을 나누는 것은 어떨까? 학생들은 늘 가까이에서 가르침을 주는 선생님과 함께하는 활동에 특별한 흥미를 느낀다. 선생님과 아이들이 웃으며 교실에 활기와 긍정적인 에너지를 불어넣을 놀이를 소개한다.

- 가위바위보 릴레이: 정해진 시간 동안 선생님과 가위바위보를 진행해 학생이 남아 있다면 학생들의 승리.
- 디비디비딥 릴레이: 정해진 시간 동안 선생님과 디비디비딥 가위바위보를 진행해 학생이 남아 있다면 학생들의 승리.
- 인간 제로: 정해진 시간 동안 선생님이 외친 숫자만큼 학생들이 일어나지 않으면 학생들의 승리.

4. 교실 놀이 유의점

교실 놀이를 할 때 유의할 점으로는 첫째, 아이들이 다칠 위험이 없는지 안전을 확인해야 한다. 둘째, 모든 학생이 적극적으로 참여할 수 있는 놀이를 선택한다. 경쟁보다는 협동을 강조하는 놀이를 활용하면 좋다. 셋째, 규칙을 명확하게 설명하고, 모두가 이해했는지 확인한다.

1 안전 확보
- 놀이 과정에서 아이들이 다칠 위험이 없는지 확인해야 한다.
- 뛰거나 몸을 부딪칠 가능성이 있는 놀이에서는 교실의 책상, 의자 등 장애물을 미리 정리한다.

2 참여도와 협동 강조
- 모든 학생이 적극적으로 참여할 수 있는 놀이를 선택한다.
- 경쟁 중심 놀이보다는 협동이나 팀워크를 강조하는 놀이를 활용하면 좋다.

3 명확한 규칙 제시
- 놀이를 시작하기 전에 규칙을 명확하게 설명하고, 모두가 이해했는지 확인해야 한다.
- 규칙이 복잡하면 아이들이 혼란스러워질 수 있으므로 최대한 간단, 명료하게 안내한다.

갈등 해소 | 학생들끼리 다툴 때 갈등을 해결하는 방법은 무엇인가요?

"선생님, OO가 저한테 욕을 했어요!"
"선생님, 전 가만히 있었는데 갑자기 절 밀었어요!"
점심시간이 끝나고 교실로 돌아오면 어김없이 여기저기서 아이들의 목소리가 터져 나온다. 어떤 이야기를 먼저 들어줘야 할까? 누가 먼저 잘못했다고 지적해야 할까? 매번 갈등 상황을 중재하는 일을 반복하다 보면 교사로서 자신이 역할을 제대로 하고 있는지 혼란스러워질 때가 있다.

대부분의 학생들은 알고 있다. 친구에게 욕을 하면 안 되고 어떤 경우에도 폭력은 안 된다는 것을 말이다. 하지만 왜 이런 갈등이 계속해서 반복되는 걸까? 좀 더 현실적인 측면으로 갈등 해결을 바라본다. 시행착오를 많이 겪어 본 경험을 바탕으로 갈등 해결법을 소개한다. 선생님의 교육 방법에 추가해 활용해 보면 좋겠다.

1. 장난은 장난감에게, 친구와는 놀이를 한다

"저는 장난이었어요." 학생들이 가장 많이 하는 말 중 하나다. 우리 반에서는 친구에게 장난을 거는 것 자체가 잘못된 일임을 첫 만남에서 강조한다. 장난은 장난감이라는 물건에게만 허용되는 것이며, 친구와는 규칙을 정해 놀이를 해야 함을 강조한다. 지나가면서 툭 치거나 도망가는 행동이 문제가 되는 이유는 무엇일까? 당한 친구와는 규칙을 정하지 않았기 때문이다. 정말 이 친구와 친해지고자 하는 마음이었다면 규칙을 정했어야 한다. 이 경우에는 그렇지 않았기에 그 행동은 폭력이다.

- 놀이에는 항상 규칙이 있어야 한다.
- 친구에게 욕을 하거나 때리는 규칙은 있을 수 없다.

가위바위보를 해 본 경험이 있을 것이다. 가위바위보는 공정한 놀이일까? 가위바위보를 통해 어떤 것을 결정했을 때 갈등이 적은 이유는 무엇일까? 그 이유는 규칙을 명확하게 설정했고, 서로가 그 규칙을 이해하고 있기 때문이다.

학생들이 흔히 하는 놀이 중에 '술래잡기'가 있다. 술래잡기에서는 술래가 친구를 잡을 때 갈등이 많이 생긴다.

- 복도에서 뛰는 술래잡기를 해도 되는 것인지? (→ 학교의 규칙에 어긋나므로 불가함)
- 친구를 때리면서 잡는 규칙은 만들어도 되는 것인지? (→ 학급의 규칙에 어긋나므로 불가함)
- 친구를 잡는 규칙이 단순히 터치만 해도 되는 것인지? 터치라는 것은 구체적으로 어떻게 해야 하는 것인지? (→ 구체적으로 설정하고 시작해야 함)

규칙은 서로가 만들어 가는 것이며, 갈등이 생기면 언제든 선생님이 도와줄 것이니 도움을 요청해야 함을 알려 준다. 그럼에도 갈등이 발생한다면 이렇게 상담을 진행할 수 있다.

- 규칙이 명확하게 설정되지 않았네요.

- 이 친구가 규칙을 바꾼 것에 대해서 서로가 알고 있었나요?
- 친구를 때리는 규칙을 만들어도 된다고 했나요?
- 규칙을 바꿀 때는 반드시 친구들과 상의해야 한다는 걸 알고 있나요?
- 혹시 규칙이 바뀌었는데 다른 친구들에게 알리지 않았나요?
- 이 규칙은 모두에게 공정하다고 생각하나요?
- 같이 놀이하는 친구들 모두 모여 봅시다. 모두가 동의하는 규칙을 명확하게 정하고 동의하는 학생끼리 다시 시작합시다.

2. 잘못한 일을 스스로 말하게 한다.

갈등이 발생하는 경우 대부분 다음과 같이 상담을 진행한다.
① A학생이 잘못한 것을 A학생이, B학생이 잘못한 것을 B 학생이 말하기.
② 잘못했다고 말한 것에 대해서 서로 사과하기.
③ 친구가 사과하지 않은 부분이 있는지 물어보기.
④ 사과가 부족한 부분에 대해 다시 이야기하기.

갈등을 해결하는 과정에서 가장 중요한 것은 학생 스스로 자신의 잘못을 인지하고 그것을 말할 수 있도록 하는 것이다. 누군가의 지적이나 강요로 인해 사과하는 것이 아니라, 자신의 입으로 잘못을 인정하고 사과할 때 갈등 해결의 진정성이 생기고 재발 가능성도 줄어든다.

구체적인 상담 단계

1 **A학생이 잘못한 것을 A학생이, B학생이 잘못한 것을 B학생이 말하기**

"A야, 네가 생각하기에 네가 잘못한 부분은 무엇이니?" 또는 "B야, 네가 이번 상황에서 잘못한 점이 있다면 이야기해 줄래?"라고 교사가 묻는다.

Q. 교사의 물음에 두 학생 모두 말하려고 하지 않으면 어떻게 하나요??

→ 잠시 생각할 시간을 주고 다시 만나 상담을 진행한다.

2 잘못했다고 말한 것에 대해서 서로 사과하기

"서로가 잘못한 부분에 대해 사과합시다."라고 교사가 말한다.

Q. 두 학생 모두 사과를 하지 않는 상황이면 어떻게 하나요?

→ 사과의 필요성을 다시 한 번 상기시킨다. "자신의 잘못을 사과할 수 있는 것이 정말 멋지고, 용기 있는 행동이야.", "네가 먼저 사과를 하면, 친구도 더 쉽게 마음을 열 거야."라고 교사가 말한다.

Q. 자기 차례가 되지 않았는데 말하려고 할 때는 어떻게 하나요?

→ A가 B를 놀려서 B가 A를 때렸고, A도 B를 때린 상황이라고 가정한다. A가 B를 때린 것만 사과하고 먼저 놀린 것에 대해서는 언급하지 않는 경우, 이를 B가 중간에 말하려고 한다. 이때 선생님이 서로의 입장을 들어 보고 있으니 잠시 기다리라고 한다. 그리고 이 내용에 대해서는 다음 단계에서 말해 달라고 한다.

3 친구가 사과하지 않은 부분이 있는지 물어보기

"친구가 사과하지 않은 부분이 있다면 이야기해 봅시다." 또는 "더 얘기하고 싶은 부분이 있나요?"라고 교사가 물어본다. 서로 미안한 마음이 충분히 전달되었다면 상담을 마무리한다.

4 3번에서 이야기한 내용에 대해 사과하기

사과가 부족하다고 답하는 아이가 있다면 교사는 "잘못한 부분에 대해 사과해 봅시다." 또는 "아직 마음에 걸리는 부분이 있거나 불편한 점이 있나요?"라고 물어본다.

Q. 사과가 부족하다고 느낄 때는 어떻게 하나요?

→ 사과가 부족하다고 느끼는 이유는 다양할 수 있다. 사과가 진정성 없이 형식적으로 느껴졌거나, 상대가 핵심적인 문제를 인정하지 않았을 수 있다.

사과가 부족했다고 생각하는 친구에게는 교사가 이렇게 말한다. "사과를 듣고도 충분히 풀리지 않는 건 자연스러운 일이에요. 지금 ○○이가 느끼는 걸 친구에게 말해 봅시다.", "친구가 ○○이가 중요하게 생각하는 부분을 잘 이해하지 못한 것 같아요. 그 부분을 친구에게 설명해 주면 좋겠어요."

사과를 한 친구에게는 교사가 이렇게 말한다. "○○이의 사과 덕분에 친구도 많이 풀렸을 거예요. 그런데 아직 친구가 마음에 남은 부분이 좀 있는 것 같으니 다시 친구에게 사과해 봅시다.", "친구가 말하길, 이 부분에 대한 언급이 없어서 아직 사과가 좀 부족하다고 느끼고 있어요. 그 부분을 다시 한 번 생각해서 사과해 봅시다."

Q. 학생이 자신의 잘못이 없다고 생각할 때는 어떻게 하나요?

→ 교사의 판단이 필요하다. 오해가 있거나, 서로 의견이 다른 경우가 있다. 예컨대, A는 자신이 B의 다리에 걸려 넘어졌다고 주장하지만, B는 다리를 걸지 않았다고 주장한다. B에게는 친구가 (A 학생이 주장하는 내용과 관련한 사실만 언급하며) 피해를 입었으니 주의가 필요하다고 알려 주고, 본인의 말과 행동이 친구에게 상처를 줬다면 그 점을 사과하게 한다.

"잘못한 부분에 대한 의견은 서로 다를 수 있어요. 하지만 친구에게 피해를 주는 행동을 했다면, 그 부분만큼은 미안하다고 말해 주는 것이 좋은 친구 관계를 유지하는 방법이에요."

"○○아, 내가 너에게 피해를 준지 몰랐어. 나 때문에 피해를 입었다면 미안해."

3. 사과를 항상 우선시한다
·······

학생에게 일어나는 모든 갈등은 학교 폭력이 될 수 있다. 교사가 자리에 없는 교실에서도, 하교 후에도 갈등은 생길 수 있다. 이런 상황에서도 학생들은 스스로 갈등을 해결하는 방법을 배워야 한다.

갈등이 생겨 상담하면 학생들이 해야 할 말은 크게 2가지다. 상대에게 피해를 입은 내용과 내가 피해를 준 사실에 대한 사과다. 학생들은 상대의 잘못만 언급하는 경우가 많다. 그러나 속사정을 들어 보면 서로가 잘못한 경우가 많다. 나는 이유를 불문하고 나로 인해서 상대가 상처를 받고 피해를 입었다면 사과가 우선임을 반드시 알려 준다. 이것은 학생들과의 관계는 물론이며 선생님, 부모님과 같은 어른에게도 적용된다.

- 잘못된 순서: 상대의 잘못 지적하기 → 사과하기
- 올바른 순서: 사과하기 → 상대의 잘못 언급하기

갈등을 해결하는 과정에서 사과의 순서는 매우 중요한 영향을 미친다. 상대방의 잘못을 먼저 지적하고 나서야 사과할 경우, 상대방의 방어적인 태도를 유발하고 오히려 갈등이 악화되는 경우가 많다. 하지만 순서를 바꾸면 서로의 마음이 열린다. 학생들에게는 구체적으로 이렇게 말해야 함을 알려 준다. "친구야 미안해, 그런데 네 잘못된 행동 때문에 내가 이런 행동을 했어. 너도 이 부분에 대해서 사과해 줘."

갈등은 학생들 사이에서만 생기는 것이 아니다. 선생님, 부모님 등 어른과의 관계에서도 사과가 필요하다는 점을 알려 준다. 어른과의 갈등 상황에서는 '예절과 존중'이라는 인성 요소가 특히 강조된다. 학생들이 이런 상황에서도 사과를 먼저 실천하는 태도를 기른다면, 어른들도 학생들의 이야기를 더 진지하게 들어줄 수 있음을 알려 준다.

"선생님, 죄송합니다. 하지만 제가 그랬던 이유는 친구가 먼저 저에게 말을 걸어서예요."

"선생님 죄송합니다만, 말씀하신 말과 행동은 제가 하지 않았습니다."

학생들에게 사과의 중요성을 가르칠 때, 교사가 직접 사과의 모범을 보여 주는 것도 효과적이다. 교사가 자신의 잘못을 인정하고 사과하는 모습을 보이면, 학생들도 그 태도를 본받아 비슷한 상황에서 스스로 사과하려는 노력을 하게 된다.

"선생님이 너희들에게 화를 내서 미안해. 선생님이 상황을 잘못 이해했던 것 같아."

"선생님이 오해해서 미안해. 네가 그렇게 한 줄 알았어. 앞으로는 더 잘 알아볼게."

위와 같은 훈련이 잘돼 있다면, 학생들은 갈등이 발생했을 때도 스스로 문제를 해결하거나, 교사의 도움을 받아 원활하게 상담을 진행할 수 있다.

4. 학생 갈등 해결 시 유의할 점

1 **충분한 시간을 주고 기다려 주기** | 누구나 화가 나면 생각할 시간이 필요하다. 친구의 감정을 존중하며 잠시 생각할 시간을 준다. "지금 바로 이야기하지 않아도 괜찮아. 네가 준비되었을 때 이야기하면 돼."

2 **학생 존재가 아닌, 학생의 말과 행동이 잘못된 것** | 말과 행동을 지적받는 것을 곧

자기 존재 자체를 부정하는 일로 받아들이는 학생이 있다. 학생 자체를 비난하지 않는 태도가 중요하다. "널 지적하는 게 아니야. 네가 했던 말과 행동 중에서 문제가 있던 부분을 말하는 거야.". "선생님은 네가 더 좋은 방향으로 성장하도록 돕고 싶은 거야."

3 **갈등은 누구에게나 언제든 존재** | 갈등은 우리가 서로 다른 생각, 감정, 배경을 갖고 있다는 것을 보여 준다. 이는 서로의 차이를 이해하고 소통하는 기회이기도 하다. 모든 사람은 갈등을 경험한다. 갈등을 풀어 가는 과정을 통해 더 좋은 사람으로 성장하는 것이 중요하다.

문제 행동을 보이는 학생을 어떻게 지도해야 할까요?

음이 답답하다. 명색이 20년 차 교사인데 너무나 부끄럽다. 우리 반 금쪽이를 대할 때마다 화가 나서 교사로서 감정 조절이 되지 않는다. 이러다 분노 조절 장애가 생기는 것은 아닐까 걱정된다. 으름장을 놓아 보기도 하고, 맛있는 것을 사 주기도 하고, 1:1로 만나기도 하고, 학부모 상담도 해 보고 웬만한 건 다 해 본 것 같은데 달라지지 않는다. 계속해서 친구들과 다투고 욕을 한다. 언제까지 참아야 할까? 정녕 문제 행동을 개선할 방법은 없는 걸까?

1. 문제 행동의 정의가 무엇일까요?

문제 행동이란, 일반적 사회적 기대나 규범에서 벗어나는 행동으로서, 자신이나 타인을 괴롭히는 부적응적 행동을 말한다. 최근 오은영 박사의 프로그램이 인기를 끌면서 '금쪽이'가 문제 행동을 일으키는 아이를 지칭하는 고유어가 된 듯하다. 과거에도 그런 아이들은 항상 존재해 왔다. 시대가 달라졌지만 여전히 금쪽이의 말과 행동은 사회적 파장이 크다. 금쪽이로 인해 교사들이 1년을 버티지 못하고 병가로 학기를 마무리하는 것은 공공연한 비밀이다. 그렇다면, 우리를 힘들게 하는 대표적인 금쪽이 유형에는 무엇이 있을까?

2. 문제 행동의 유형을 알아볼까요?

문제 행동의 유형은 다음과 같다. 외현적으로 쉽게 볼 수 있는 특징이므로 우리 반에서 나를 가장 힘들게 하는 몇몇 친구들을 떠올리면서 적용해 보면 쉽게 이해할 수 있다.

- 사물이나 사람을 향한 공격적 양상을 반복적으로 보인다. ("뭘 봐, 왜 째려봐.")
- 과도하게(또는 불필요하게) 언쟁한다. ("어쩌라고.")
- 신체적이거나 언어적인 방법으로 다른 사람의 복종을 강요한다. ("내 말 들어.")
- 합리적 요청에 응하지 않는다. ("왜 해야 돼요?")
- 지속적인 성질 부리기의 양상을 보인다. ("싫어요, 싫은데요.")
- 지속적인 거짓말 또는 도벽의 양상을 보인다. ("제가 안 그랬어요.")
- 자기 조절력의 결여 및 지나친 행동을 자주 보인다. ("왜 나한테만 그래.")
- 만족할 만한 인간관계를 유지하는 데 방해가 될 정도로 다른 사람이나 교사 또는 물리적 환경을 방해하는 기타 특정 행동을 보인다. ("애들이 나만 미워해.")

자기 멋대로 행동하고, 자기 말이 먹히지 않으면 난동을 부리며, 타인의 말을 전혀 듣지 않고 스스로 통제하지 못하기 때문에 교우 관계가 원만하지 못한 특징을 보인다. 이는 품행 장애, 적대적 반항 장애, ADHD 등으로 진단하기도 한다. 학기 초 3월 첫날, 교실에 가서 아이들의 눈빛, 앉아 있는 자세, 자기 소개하러 나오는 태도와 목소리만 들어도 선생님들은 올해 내가 중점을 두고 지도해야 할 아이가 누구인지 구분해 낼 수 있을 것이다.

외형적인 문제와 더불어 최근 더욱 문제가 되는 것은 '내재적 문제'다. 눈에 잘 보이지 않고, 그 골이 깊으며, 해결이 어렵기 때문이다. 내재적 문제란 보통 다음과 같다.

- 슬픈 감정, 우울함, 자기 비하 감정을 보인다. ("난 쓸모가 없는 놈이에요.")
- 환청이나 환각을 경험한다. ("신생아 동생이 있어요." 실은 인형)

- 특정 생각이나 의견이나 상황에서 벗어나지 못한다.
- 반복적이고 쓸모없는 행동에서 벗어나지 못한다. (계속 지우고 쓴다.)
- 갑자기 울거나, 자주 울거나, 특정 상황에서 전혀 예측하지 못한 비전형적인 감정을 보인다.
- 공포나 불안의 결과로 심각한 두통이나 기타 신체적인 문제(복통, 메스꺼움, 현기증, 구토)를 보인다.
- 자살에 대해 말하거나 자살 계획을 이야기하고 죽음에 대해 몰두한다.
- 이전에 흥미를 보였던 활동에 대한 관심이 줄어든다.
- 과도하게 놀림을 당하거나, 언어적·신체적으로 학대당하거나, 또래에 기피된다.
- 활동 수준이 심각하게 제한된다.
- 신체적·정서적·성적 학대의 증후를 보인다.
- 개인적 관계 형성이 어려울 정도로 위축돼 있고, 사회적 상호작용의 회피나 개인적 돌봄의 결여와 같은 특정 행동을 보인다.

대체로 내재적인 문제를 갖고 있는 아이들은 불안의 수위가 높다. 지진 대피 훈련을 할 때 사이렌이 울리면 죽을까 봐 두려워하고, 화재 발생과 관련된 안전 교육을 하면 과민 반응을 하기도 한다. 또한 아동으로서 당연히 기뻐하고 흥분해야 할 일에 대해 무덤덤한 아이들도 있다. 체험 학습, 운동회, 체육 활동 등에서 빠지고 싶어 하며, 빨리 아웃이 돼 경기장을 나가려고 하는 양상을 보인다.

이런 문제 행동은 불안장애, 특정 공포증, 강박 장애, 충동 장애, 공황장애, 기분부전 장애, 우울 장애 등으로 구분할 수 있다. 문제 행동은 치료가 필요한 경우가 대부분이나 일단 학부모가 그럴 리 없다고 믿어 교사를 압박하는 경우가 허다하다. 어렵게 검사와 치료를 연계해 진행하더라도 상담에 지속하지 못해 중단되는 경우가 많아 실효성이 낮은 편이다.

3. 문제 행동의 원인은 무엇일까요?

....

선생님들 사이에서 유명한 말이 있다. "학부모 아래에서 아이가 나온다." 결국 학부모가 학교를 바라보는 부정적인 시각이 아이에게 영향을 미친다는 뜻일 것이다. 나 역시 문제 행동을 하는 아이들을 만나 왔는데 그중 조현병, 심각한 ADHD, 강박장애, 중증 반항 장애, 양극성 기분 장애 등을 지닌 아이들은 대부분 유전적인 경우나 선천적인 기질의 문제인 경우가 대부분이었다.

심리학에서는 아이의 히스토리를 꼭 챙겨 보기를 권한다. 아이를 가졌을 때 가족 환경은 어땠는지, 엄마의 심리적인 상황이나 스트레스 정도는 어땠는지, 심지어 자연분만인지 제왕절개인지, 모유를 먹었는지 분유를 먹었는지, 주 양육자가 할머니였는지, 엄마였는지까지도 꼼꼼하게 체크한다. 아이의 성장과 관련해 아주 사소한 문제만으로도 치명적인 영향을 미치는 경우가 허다하기 때문에 무엇 하나 소홀하게 다룰 수 없다.

아이의 성향이나 기질은 하루아침에 만들어지지 않는다. 반드시 원인이 있었고, 그것이 해결되지 못하고 고착되다 보니 부적응으로 발현되었을 뿐이다. 그중에서도 초등학생들의 문제 행동에는 안타깝게도 가족 간의 갈등이나 가정환경의 문제가 큰 부분을 차지한다. 폭력적인 성향이 강하거나, 정서적으로 불안한 아이의 뒤에는 무책임하거나 방임하는 학부모가 있다. 또한 우울하거나 학교나 학급에 부적응하는 아이의 뒤에는 아이를 학대하거나 폭력적이고 감정적으로 대하는 학부모가 있다는 사실을 우리는 기억해야 한다.

그렇다고 무턱대고 학부모의 탓을 하는 것은 아니다. 아무리 아이를 잘 키우고 싶어서 노력을 기울여도 아이는 부모의 마음대로 크지 않기 때문이다. 이럴 경우 타고난 예민성, 기질 등에 대해서 이해하려는 노력이 필요하다. 특히, 난독증이나 학습 부진 등이 원인이 돼 부적응으로 나아가는 경우가 많으므로 학기 초 또는 저학년 시기에 아이의 학교생활을 주의 깊게 살피는 담임교사의 노력이 필요하다.

한글을 읽고 쓰지 못하는 것이 부끄럽고 답답해 아이들에게 폭력을 일삼고, 부모에게 반항하던 아이가 세심한 선생님을 만나 방과 후 프로그램으로 한글을 차근차근 익혀 나가면서 비로소 세상을 이해하고, 주변을 따뜻하고 다정한 눈으로 바라보게 돼 문제 행동이 줄어들고 성장하게 되는 경우도 있다. 부모가 무관심하고 집에 자주 들어오지 않아서 혼자 외롭게 게임 세상에만 갇혀 지내던 아이가 가족 상담을 통해서 가족이 관심을 갖자 학업 성취도가 오르고 꿈이 생기면서 관계가 개선되는 경우도 있다.

결국, 학교에서 보여 주는 문제 행동은 빙산의 일각이다. 교사는 빙산 밑에 거대하게 숨어 있는 아이들의 어둡고, 아픈 부분을 찾아 나가는 탐험가가 돼야 한다. 그 과정에서 학부모와 감정적으로 대립하기도 하고, 아이의 적대적인 태도를 견디면서 무수히 많은 날을 눈물 속에서 지새우기도 한다. 그러나 지속적이고 큰 사랑 앞에서 아이는 견디지 못하고 무장 해제된다. 문제 행동을 '해결할 수 있는 문제'로 바라보고 아이의 성장을 함께하면 교사도 함께 성장하는 기적을 경험하게 된다.

간혹 지적장애나 자폐성 장애, 강박이나 기분 장애 등으로 도저히 변할 것 같지 않은 아이들조차도 친구들과 선생님의 관심과 사랑으로 한 발씩 세상 밖으로 나오는 경우를 본다. 그러나 교사 혼자의 힘으로는 불가능하다. 지역사회 전문가, 사회복지사, 심리 상담 전문가, 경찰(가정 폭력의 경우), 교장, 교감, 특수교사, 특수 실무사, 소아 청소년 전문의 등 지역사회 인사 모두가 하나가 돼 아이의 케이스를 함께 대하고, 발전 가능성을 모색할 때 변화를 기대할 수 있다.

4. 문제 행동을 보이는 아이는 어떻게 선별하나요?

문제 행동을 보이는 친구들이 최근 증가하는 현상을 언론에서 자주 보도한다. 30년 차 교사들조차도 예전엔 안 그랬는데 요즘 애들은 한 반에 꼭 2-3명씩은 힘든 아이가 있다고 아우성이다. 그래서 국가 차원에서 문제 행동이 있는 아이들을 선별하기 위해서 1-4학년 학생을 대상으로 '정서행동특성검사'를 실시한다.

학부모가 해당 항목을 읽고 관찰한 내용을 체크하는 체크리스트다 보니 진실과 동떨어진 결과를 얻게 되는 경우가 많다. 특히, 문제가 없는 아이인데 엄마가 예민하고 민감하게 체크해 오히려 안 좋은 결과를 얻는 경우도 있고, 거짓으로 기록해 아이의 문제 행동을 숨기기도 한다. 특히, 1학년 담임을 하는 경우 정서 행동 특별 검사를 실시하도록 설득하는 것부터 결과를 전달하고, 치료가 필요한 경우 상담사와 연결하는 것까지 험난한 과정이 기다리고 있다.

일단 부모는 자녀가 문제라고 생각하지 않고, 1학년이기 때문에 아직 어려서라고 믿고 있다. 또한 집에서나 학원에서는 그렇지 않은데 왜 유독 학교에서만 그런 행동을 보이는지 이해하지 못하면서 결국은 선생님을 문제 삼는다. 결국 치료를 거부하고, 상담도 받지 않은 채로 그렇게 아이는 학급에서 점점 고립된다.

산만하고, 돌아다니고, 수업을 방해하고, 싫다고 하는데 계속 소리를 지르고 놀리거나 욕을 하는 친구를 좋아할 아이는 어디에도 없다. 이때 담임교사의 말을 뒷받침해 줄 수 있는 지원군이 필요하다. 학교에 상담사가 상주하는 경우 상담 선생님의 수업 참관을 요청한다. 그리고 쉬는 시간이나 점심시간을 통해 상담사와 1:1 개인 상담을 진행하면서 아이의 상태를 함께 살펴보고 보고서 형식의 기록을 전달받는다.

학교에 지역사회 전문가가 파견돼 있는 학교의 경우 여러 활동을 진행하면서 살펴본 아이에 대한 관찰 내용을 함께 공유한다. 방과 후 학교 강사가 진행하는 프로그램에서는 괜찮은지 다각적으로 살펴보고, 마지막으로 방과 후에 가장 밀착해서 아이를 돌보는 돌봄 교실 선생님과도 면밀하게 정보를 나눈다. 교사 혼자 보았을 때는 실수가 있을 수 있지만, 이렇게 거미줄처럼 촘촘하게 아이를 들여다보았는데도 공통점이 발견된다면 학부모가 받아들이기 훨씬 수월하다.

만약 아이의 상태가 위험하다고 판단되면 교감·교장 선생님에게도 도움을 요청하고 동학년과 부장 교사에게도 도움을 요청해 함께 대응해 나가는 노력이 필요하다.

5. 문제 행동은 정말 개선될 수 있는 것이 맞나요?

교직 생활 중 가장 참담한 순간은 내가 담임했을 때는 전교를 떠들썩하게 했던 문제 어린이가 다음 해에 다른 담임을 만나서 모범적인 어린이로 변모했을 때다. 그럴 때는 내 성격이 모가 난 것이 아닐까, 공감 능력이 부족한 것일까, 아이를 다루는 기술이 부족한 것은 아닐까 스스로를 의심하고 무기력에 빠지기도 한다. 하지만 기억하자. 그것은 선생님의 잘못이 아니다. 아이가 성장한 것이다. 선생님이 그만큼 노력을 했기에 결실의 순간이 온 것이다. 또한 아이와 선생님 사이에도 궁합이 있다. 그래서 연임보다는 새 담임을 학년별로 만나는 것을 권한다. 어떤 선생님에게는 그 아이의 산만함이 에너지로 보이고, 내성적인 아이가 진중하게 보일 수 있다.

희망적인 이야기로 마무리를 짓고 싶지만 늘 해피엔딩은 아니다. 어떻게든 졸업시키는 것만이 해결 방법이 되는 경우도 본다. 그럴 때는 선생님 자신을 지켜야 한다. 교사가 무기력해져 있다면 어떤 아이도 품어 줄 수 없다. 두 번 다시 교직에서 비극적인 일을 마주하고 싶지 않다. 올해가 안 된다면 다음 해에, 내가 아니라면 또 다른 선생님이 우리의 뒤를 든든하게 받쳐 줄 것이라는 믿음을 갖고 오늘을 버텨 나가야 한다.

생활지도에서 백전백승하려면 다음을 기억하시기 바란다.

- 당신은 혼자가 아니다. 동학년, 교사군으로 대응하라.
- 내가 잘하면 되겠지, 내가 부족해서 그런 거겠지 따위의 감상에서 벗어나라.
- 좋은 선생님, 착한 선생님, 인기 있는 선생님이 되려는 욕심을 버려라.
- 규칙에 있어 철통같은 엄격함을 유지하고, 수업은 즐겁게 한다는 원칙을 고수하라.
- 상처받은 마음을 위로받을 수 있는 나만의 취미를 마련하라.

6. 문제 행동을 줄이는 비법, 이걸 기억하세요!

선생님들은 가르치는 직업을 가져서인지, 배우는 것을 유달리 좋아한다. 그래서 수채화 모임, 서예 모임, 라인댄스 모임, 농구 모임, 축구 모임 등등 교사들의 각종 취미 모임이 수두룩하다. 처음에는 잘 모르고 가입했다가 10년 정도 한 우물을 파다 보면 어느새 그 모임의 일인자가 되는 경우도 허다하다. 취미 모임을 할 때, 힘들어도 포기하지 말라고 격려해 주는 동료들이 있기에 꾸준히 나아갈 수 있다. 문제 행동을 줄이는 비법을 알려 준다더니 갑자기 취미 모임 이야기가 나와서 당황할 수 있다.

중요한 것은 문제 행동을 다루는 비법이나 기술이 아니다. 가장 중요한 것은 교사로서의 '마음 근육'이다. 내 마음과 체력이 버텨 준다면, 그리고 늘 새로운 것에 몰두하면서 에너지를 채우고 즐거움을 만끽할 수 있다면, 우리는 금쪽이와의 힘겨루기에 소진되지 않을 수 있다. 교사는 선생님이지만 동시에 직장인이고, 동료이고, 집에서는 엄마 아빠이기도 하다. 그러므로, 우리의 정신 건강을 지키고 마음 근육을 튼튼하게 단련해 두는 것이 다양한 문제 행동에 대처하는 힘이 될 것이다.

성적 처리 | 나이스(NEIS)에 성적 처리는 어떻게 하나요?

작년 9월 발령으로 영어 교과를 맡다가, 올해 처음으로 5학년 담임을 맡았다. 정신없이 달려오니 벌써 11월이 다 지나 성적 처리의 시간이 왔다. 한 과목만 평가할 때는 몰랐는데, 과목도 많고 25명이나 되는 아이들의 실력을 평가해서 생활기록부를 기록한다는 것이 큰 부담이다. 행동 발달, 창의적 체험 활동, 스포츠 클럽 등등 대체 뭐가 이렇게 끝도 없이 나오는 걸까? 학기 말 입력의 늪에 빠졌다. 성적 처리의 노하우를 알고 싶다!

1. 진정한 수행평가는 이렇게!

········

5, 6학년 선생님들이 공통적으로 하는 말이 있다. 일단 "교과목이 너무 많다."와 "가르칠 내용이 너무 많다."가 그것이다. 특히, 국어(가), (나)의 늪에서 허우적거리며 머리를 쥐어 뜯어본 경험은 고학년 선생님들이라면 누구에게나 있다. 이뿐만 아니라 적재적소에 딱 맞는 수행평가를 한 번에 끝내는 것도 만만치 않다.

심지어 가족 체험 학습 제도 때문에 아이들이 수시로 수업에 빠지기 때문에 교사가 수행평가 계획을 꼼꼼하게 세우지 않으면 방학을 앞두고 멘붕 속에서 '수행평가의 날'을 운영하게 될 수 있다. 보통 성적 처리의 레이스가 12월 초부터 본격적으로 시작된다고 보면, 가장 좋은 방법은 모든 수행평가를 11월에 마무리하는 것이다.

3월에 학년이 결정되고, 동학년이 정해지면 제일 먼저 학업성적관리위원회가 열리게 되고 학교의 원칙과 틀에 맞는 평가 계획을 작성하게 된다. 마찬가지로 2학기에도 똑같은 작업을 한다. 평가 계획에는 성취 목표, 성취 기준, 도달 기준, 평가 시기 등이 명시돼 있다. 학교와 학년에 따라 평가 계획에 맞춰 뒷면에 상세한 수행평가지를 통일해 제공하는 학교도 있고(물론 교사들이 다 만들어 놓는다. 과목별로 하나씩 맡아서!), 전체적인 목표나 성취도, 평가 주제는 공유하되, 상세한 학습지는 따로 명시하지 않아서 담임이 학급의 수준이나 진도에 맞춰서 자율적으로 재구성해 활용, 평가하도록 하는 학교도 있다.

수행평가는 추후 나이스 교과 발달 상황 입력의 바탕이 되는 일종의 재료 역할을 하게 된다. 그러나, 한두 과목이 아니고 수행평가도 평균 4-5개씩 보게 되면 나중에는 자료 더미 속에서 어떤 내용을 평가했는지, 누가 뭐라고 썼었는지 기억이 가물가물해지는 경우가 많다.

이런 상황을 예방하고자 많은 선생님들은 평가 보조부를 활용한다. 아이들의 수행평가 중에 발견하게 된 문제점이나 창의적이고 발전적인 부분을 따로 기록해 누적해 나가는 것이다. 선생님이 혼자서 기록하기 어려운 과목별 수행평가 기록을 자기평가 및 동료 평가 형식으로 설문으로 남겨 기록을 누적시켜 놓으면(최근 구글 설문이나 패들렛 등을 활용해 기록해 둔다.) 나중에 일일이 수행평가지를 열람하지 않아도 돼 수고로움을 덜 수 있다.

비록 한 학기에 정해진 분량의 수행평가가 있지만, 수행평가의 취지는 결과가 아니라 과정을 평가하기 위함임을 기억해야 한다. 그러므로, 단순히 평가 계획에 있는 2-3개의 성취 목표를 달성했다고 단편적으로 평가해서는 안 된다. 이것을 단순히 지필 평가로 10문제 보고, 10-8문제를 맞추면 매우 잘함, 7-6개는 잘함 5-4 3개 이하는 노력요함으로 평가하는 것은 아무런 의미가 없다.

수행평가 예시

- 먼저 교사가 르완다, 시리아, 동남아시아와 중국의 물을 둘러싼 갈등 사례 등을 영상으로 편집해 동기 유발을 한다. 그밖에 존재하는 갈등 사례 유형이 무엇이 있을지 발문한다.
- 모둠별로 태블릿으로 검색해 지구촌의 갈등 사례를 조사하는 미션을 주었다. 모둠별로 가장 많은 수가 나온 갈등 사례 아홉 가지 선정했다.
- 선정된 9가지를 공정하게 뽑기를 해서 2명씩 나눠 맡아 조사, 정리, 발표하도록 시간을 준다.
- 발표 시간은 2분 내외를 넘지 않으며, 발표가 끝나면 이해되지 않는 부분을 질문하도록 한다. 혼자는 놓칠 수 있었던 부분도 2명이 함께 조사하고 따로 발표하도록 해, 똑같은 문제를 다루는 입장 차이, 시각 차이, 온도 차이를 경험하도록 한다.
- 발표가 끝난 후에는 질의응답을 통해서 이해되지 않는 부분을 서로 묻고 답한다.
- 학습을 마치고, 자기평가와 동료 평가를 포스트잇에 써서 만다라아트판에 정리해서 붙인 다음 각자 나눠 본다. 가장 이해하기 쉬웠던 사례 발표는 무엇이었는지, 가장 정리가 잘 돼 보기 좋았던 것이 어떤 것인지 아이들의 동료 평가 역시 평가 결과에 반영한다.

이때, 아이들이 모든 과정에서 최선을 다하도록 독려하기 위해서 발표 준비 및 자료 조사에 50점, 자료 정리 및 PPT 제작에 20점, 사례 발표 및 질의 응답 20점, 마지막 동료 평가 및 자기평가에 10점 이렇게 촘촘하게 기준을 미리 안내한다.

이렇게 하면 아이들은 어느 한 부분에서도 소홀히 할 수 없다는 것을 알고 과제에 전념하게 된다. 또한 동료 평가를 함께하면서 친구의 잘된 점을 취하고, 부족한 부분을 보완하는 방법을 서로 배우고 익히게 된다. 진정한 수행평가는 이렇게 이뤄진다.

2. 교과 학습 발달 사항 입력은 이렇게!

유명한 일화가 있다. 한 신규 선생님이 영어 교과 전담 교사를 한 학기 동안 하고, 학기 말에 성적을 입력한다. 그리고 방학이 되자마자 공무 외 국외여행을 떠난다. 그때 입력을 확인하던 선생님들이 화들짝 놀라게 된다. 6학년 8개 반 아이들 240명 분의 영어 교과의 학습 발달 특기 사항이 똑같이 입력돼 있었기 때문이다. 상·중·하에 해당하는 친구들 또한 끝 어미만 다를 뿐(~을 적극적으로 잘함. ~을 열심히 잘함. ~에 대해 노력이 필요함) 똑같은 내용을 복붙해 입력하고 여행을 떠난 것이었다. 그분은 "성취 기준이 이미 정해져 있고, 평가는 3단계로 해서 그렇게 적었을 뿐인데 뭐가 잘못되었다는 거죠?"라고 도리어 알 수 없다는 듯 답했다고 한다.

여기서 다소 오해의 소지가 있다. 일부 선생님은 교과 학습 발달 특기 사항은 말 그래도 성취 목표 자체에 초점을 맞춰서 그 내용만 입력하면 된다고 생각하는 부류와 한 학기의 과목에 대한 도달 과정에서 아이가 보여 준 다양한 특성을 고려해 전반적으로 그 과목에 대한 이 아이의 도달 정도와 관심, 특기 정도를 버무려서 서로 다르게 개성에 맞게 적어야 한다는 부류의 선생님으로 나눠진다.

아무리 우리 반 친구들이 25명 내외일지라도, 8개 내외 과목의 교과 평어를 상세한 내용까지 기억해 서로 다르게 모두 하나씩 정성스럽게 기록하는 일은 정말 어렵다. 그래서 수행평가를 하는 과정에서 보조 기록부가 힘을 발휘한다. 특별한 내용이 있는 아이, 뛰어난 성취를 보이는 아이, 부족해서 보충이 필요한 부분을 메모해 두고 25명 중에서 3가지 부류로 구분한다. 상·중·하로 분류해 그중에서도 좀 더 세분화해 특징에 따라 표시해 둔다.

그런 다음 메모장이나 한글, 엑셀 파일에다가 도달했던 성취도를 기준으로 해서 다양한 문장으로 표현해 예시 문장을 10개 이상씩 적어 둔다. 그 표현들을 조합해 아이의 특징을 잘 살릴 수 있는 표현을 넣어 문장을 매만진 다음, 맞춤법 검사를 마친 다음 나이스에 입력하면 좋다. 최근에는 엑셀과 챗지피티(Chat GPT) 프로그램을 결합해 조건을 입력해 두면 자연스럽게 아이의 특성에 맞춰 자동으로 교과 학습 발달 상황을 출력해 주는 프로그램도 있어서 편리하다.

3. 창의적 체험 활동 특기 사항 입력은 어떻게?

학기 말이 다가오면 창의적 체험 활동을 입력하다가 날 새곤 한다. 좋은 방법은 1, 2학기 교육과정에서 창체 활동 계획서를 옆에 끼고 시작하는 것이다. 나이스 반별 시간표에서 창체 활동에 해당하는 부분을 입력하면, 해당 날짜가 누가기록에 바로 뜨기 때문에 입력이 수월하다.

다만, 행사일은 나이스에서 시간표 입력을 미리 하자. 학기 초 학급일지나 교무일지, 학사력 파일에 해당일을 기록하고 특별한 활동이나 잘했던 친구들이 있다면 메모해 둔다. 예전에는 모든 창체 활동을 누가기록해야 해서 복잡했지만, 최근에는 1학기에 1, 2회 누가기록 후, 아이의 특성에 대한 내용 한 가지를 특기 사항에 입력한다. 특별한 장소명이나 주관하는 단체명의 기재는 금하고 있으므로 철저하게 아이의 성취 위주로 기록한다. 복잡한 내용이 아니라, 핵심만 간단하게 기록하는 요령이 필요하다.

동아리 활동의 경우도 학기당 1회 정도 누가기록하고 아이의 성취 위주로 직접 활동한 내용 중에서 아이가 돋보였던 내용을 4, 5가지 작성한 예시에서 복사해 붙여 넣기를 한다. 특별한 사항이 없는데 20명이 넘는 아이들의 활동 내용을 모두 다르게 해 작성하는 것이 오히려 불필요하다. 고학년의 경우 수업과 창체(꿈에 대한 발표나 영상 만들기 등의 활동)를 연계해 아이들의 꿈을 직접 입력해 진로 활동 특기 사항을 기록할 수 있다. 창체 활동은 1년이 지나면 누가기록이 사라진다. 또한 성적과 관련이 없기 때문에 크게 중요하지는 않다. 최대한 사실에 대해 간단하게 입력하면 된다.

4. 생기부의 꽃, 행동 발달 및 종합 의견은 어떻게?

생기부의 꽃은 뭐니뭐니 해도 '행발'이다. 선생님들은 흔히 '행동 발달 및 종합 의견'을 행발이라고 줄여서 부르며 많은 공을 들인다. 나는 신규 교사 시절, 1년 동안 아이를 관찰해 그의 과거, 현재, 미래를 섞어 발전 가능성을 첨가한 후 한 편의 대서사시 같은 행발을 썼다. 하지만 교감 선생님은 3줄 정도로 줄이라고 하시며, 부정적인 내용에 대해서는 함부로 써서는 안 된다는 조언도 한 스푼 얹어 주셨다.

아이가 산만하고, 우리를 고통스럽게 하더라도 행발을 쓸 때는 우호적으로 써줘야 한다. 왜냐고? 아이들은 커가면서 크게 변화하기에 미리 예단할 수 없다. 그러므로 최대한 발전 가능성과 장점을 찾아서 아이가 앞으로 나갈 수 있도록 믿음과 격려가 담긴 따뜻한 행발을 완성해야 할 의무가 있다. 행발 작성의 제1원칙은 긍정적으로 작성한다는 것을 기억하자. 아무리 생각해도 한 줄밖에는 쓸 내용이 생각나지 않는 평범한 아이들도 있다. 이때는 잘 만들어진 글을 참고하면 쉽다. 본인이 그동안 입력해 둔 행발 족보 파일로 갖고 있다면 한 번 읽어 보는 것만으로도 큰 도움이 된다. 비슷한 친구들의 특성을 조합해 양념처럼 활용할 수도 있다.

5. 생기부 기재, 이것만은 놓치지 말자!

⋯⋯⋯

기억하기도 싫은 장면이 있다. 20년 차 교사였던 내가 동아리 활동을 누락시켜서 생활기록부 정정 대장을 작성해야 했던 순간이다. 얼마나 부끄럽고 죄송스럽든지! 생기부의 실수는 다음 해에 발견되면 해당자를 소환해야 바꿀 수 있으므로 매우 곤란해진다. 그러므로 생기부 기재 요령을 주자면, 하나하나 밑줄 치며 지우면서 꼼꼼하게 점검하는 것이 좋다. 오탈자나 맞춤법 점검에 활용할 수 있는 여러 프로그램이 있지만 이제 나이스에서도 맞춤법 점검 기능을 제공하고 있기 때문에 생활기록부 입력 후 작성한 글들을 점검해 보면서 매끄럽게 수정 보완하는 과정을 더 하는 것이 좋다. 교사의 전문성은 이런 사소한 것에서 시작된다. 생활기록부는 학부모들에게 공개되기 때문에 꼼꼼한 입력이 필수다.

6. 학기 말 성적 처리 이것이 궁금해요!

⋯⋯⋯

Q 성적 처리 기간 중 아이가 병결과 체험 학습으로 계속 빠져서 평가를 못했다면 어떻게 해야 할까요?

A 수행평가가 몰려 있는 주간에는 긴 체험 학습을 자제해 줄 것을 권유하자. 특히, 수학의 경우에는 4-5일 정도 해외여행을 다녀오면 단원의 진도를 통째로 빼먹어 수행평가를 진행하기 어렵다.

Q 예체능 과목도 엄밀하게 평가해서 기록해야 하는지 모르겠어요. 선생님들께 여쭤봐도 각자 다 다른 평가관을 갖고 계시던데요.

A 가창 시험을 볼 때 목소리를 내서 최선을 다해서 불렀다면 잘함을 주는 선생

님도 있지만, 음악에 조예가 깊으신 선생님의 경우에는 노력 요함을 줄 수도 있다. 그러나 20년 동안 교사 생활을 하면서 초등학교의 예체능 교과 목표는 정성적인 측면이 더 크다고 믿는다. 아이들이 최선을 다해 참여했다면 그 과정에서 '잘함'을 줄 수 있다고 생각한다.

Q 금쪽이인 친구가 있어요. 긍정적이고 아름다운 말들로 채워서 쓸 수가 없는데, 부정적인 표현은 모두 안 좋은 걸까요?

A 부정적인 표현에는 반드시 발전적인 충고가 덧붙여져야 한다. 또한 적어도 그런 말을 쓸 만큼의 누가기록이 충분한지 점검하자. 부모들은 자식의 약점을 잘 알고 있으면서도 막상 생활기록부에 적혀 있는 부정적인 표현을 참지 못하고 민원을 제기하는 경우가 의외로 많다. 생활기록부는 평생 기록으로 남는데, 교사가 아이의 미래를 막는다고 생각하는 것 같다. 간혹, 행동 발달 및 종합 의견에 정확한 진실을 적어야지만 충격을 받아서 그 행동을 고칠 수 있다고 믿는 선생님들을 본다. 물론 존중한다. 다만, 아이들은 성장하는 중이기에 언젠가는 발전하리라 믿고 긍정적인 방향으로 응원해 주는 것은 어떨까 생각한다.

방학 준비

방학 전후에 챙겨야 하는 일이 있나요?

10년 차 교사로 처음 학년 부장을 맡아 1학기 동안 학부모 총회와 현장 학습, 공개수업 등으로 바쁘게 보냈다. 벌써 학기 말이 가까워져 곧 여름방학을 준비해야 한다. 1학기 교육 활동을 잘 마무리하기 위해 학년 부장으로서 방학 전에 미리 챙겨야 할 것과 동학년 선생님들과 의논할 것, 그리고 학급에서 준비해야 할 것은 무엇이 있는지 궁금하다.

1. 방학 전후 체크리스크!

학기 말에는 교육 활동을 마무리하는 시기로 학교 교육과정 및 학급 교육 활동을 정리하고 평가해 새로운 시작을 준비해야 한다.

구분	내용	방법	확인	
			여름방학	겨울방학
학교행사	생활통지표 및 생활기록부 작성 점검	학교 계획에 따름	○	○
	교육과정 평가 및 반성(워크숍)		○	○
	방학식 및 종업식		○	○

학급 교육 활동 정리 및 평가	학습활동 및 평가 결과 정리	나이스	O	O
	통지표 및 생활기록부 작성하기	나이스	O	O
	학급 활동 정리 및 학급 문집 만들기	학급별 운영	O	O
	교실 청소 및 물품 정리	학급별 운영	O	O
방학 생활지도	방학 계획 세우기(방학 과제, 비상 연락 방법 등)	동학년 협의	O	O
	방학 안전 교육(물놀이, 건강, 재해, 폭력 예방 등)	학급별 지도	O	O
	방학 중 학생 생활지도	학급 SNS 활용	O	O
성찰을 통한 마무리	학생이나 학부모로부터 피드백 받기, 타임캡슐 확인하기, 감사의 마음 전하기 등	학급별 운영	O	O
행정 업무	방학 복무 올리기(출장, 41조 연수, 연가 등)	학교 계획 확인	O	O
	업무 인수인계	학교 계획 확인		O

2. 멋진 마무리를 위한 준비!

1 통지표 및 생활기록부 작성 Tip | 나이스에 바로 기록하다 보면 많은 오류가 발생할 수 있으므로 한글 파일에 작성한다. 한글 파일에서는 맞춤법과 띄어쓰기가 어느 정도 교정이 되고, 똑같이 반복되는 문구를 쉽게 확인해 수정할 수 있다. 잘하는 영역을 위주로 평어를 작성하고 부족한 점에 대해 보충하는 방법을 기술해 발전 가능성을 기술하면 좋다. 구체적인 생활기록부는 학년 말 업무 담당자가 학교에서 상세히 안내하는 것을 참고로 작성하면 된다.

2 맞춤형 방학 계획 | 방학 2, 3주 전쯤 학생들에게 방학 계획을 세우게 하면 교사와 함께 수정할 시간을 확보할 수 있다. 계획을 제대로 세우기 위해 생활, 학습, 독서, 친구 관계 등에서 학생 자신을 스스로 돌아보게 한다. 저학년은 혼자 방학 계획을 세우기 어려울 수 있으므로 가정과 연계해 작성할 수 있다.

3 방학 중 학생 생활지도 | 학생들이 방학을 어떻게 보내고 있는지 소통하며 확인

하는 것이 좋다. 개별 지도가 필요한 학생에게 연락하거나 학급 SNS에 방학 과제를 공유하면서 학생들의 방학 중 생활과 안전을 확인할 수 있다. 과제로 스트레스를 받거나 친구 관계에 문제가 있는 경우 상담을 통해 적절한 해결 방법을 찾도록 도와준다.

4 **성찰을 통한 마무리** | 학기 말 마무리를 위해 학생들에게 좋았던 점과 싫었던 점, 교육적으로 도움이 되었던 점에 대해 질문해 피드백을 받는다. 학부모의 생각을 질문 형식으로 알아보며 피드백을 받을 수도 있다. 학생과 학부모에게 받는 피드백을 통해 교사 자신을 성찰하고 내년의 계획을 세우는 데 참고할 수 있다. 학기 말에 아름답게 마무리를 할 수 있는 다양한 활동이 있다. 학년 초에 만들었던 타임캡슐을 열어 보고 자신이 어떻게 변했는지 이야기를 나누기, 학급 문집을 읽어 보며 롤링 페이퍼 쓰기, 친구들이나 선생님께 편지 쓰기 등을 할 수 있다.

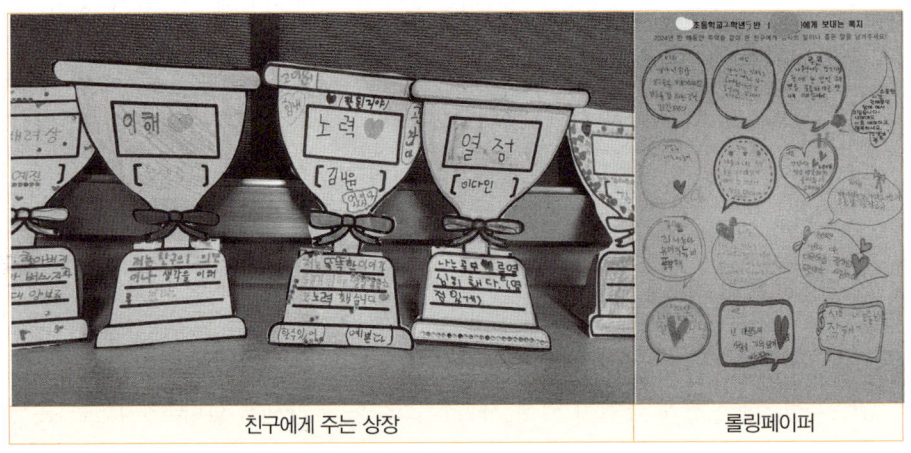

| 친구에게 주는 상장 | 롤링페이퍼 |

Q&A
3. 배움과 성장이 있는 방학 과제를 제시하고 싶어요!

········

학교 교육목표와 학년 특성을 고려해 방학 동안 학생들이 자기 주도적으로 탐구하고 실행하는 다양한 과제를 제시할 수 있다.

학년	방학 과제 예시
저학년	• 기본 습관 형성(매일 그림책 읽기, 가족 돕기 챌린지, 좋은 습관 실천하기) • 기초 탐구력(내가 좋아하는 물건 조사하기, 식물 키우기 기록장, 10가지 질문 만들기, 나를 소개하는 책 만들기, 날씨 기록하기)
중학년	• 관심 주제 발견(우리 마을의 특별한 장소 조사하기, 내가 좋아하는 주제로 발표 자료 만들기) • 주제 탐구 학습(문화 보고서 작성하기, 과학 실험 기록하기, 환경 문제 탐구하기)
고학년	• 비판적 사고력(생활 속 문제 찾기, 사회 현안 찬반 토론 준비하기) • 자기 주도 탐구(미래 과학 기술 상상하기, 세계 문화 비교하기, 공동체를 위한 행동 계획하고 실천하기)

> **방학 준비** 곧 방학인데 진도가 너무 많이 남았어요. 이럴 땐 어떻게 하나요?

방학을 앞두고, 교사들이 자주 겪는 고민 중 하나는 바로 수업 진도다. 2학기에 진도가 밀린다면 수업을 할 기회가 없다. 2학기에는 특히 각종 서류 제출, 행사로 인해 여러 가지 상황이 겹쳐 수업 진도를 맞추는 것이 어렵다.

1. 핵심 성취 기준 파악하기

옆 교실의 선생님은 진도를 마쳤는데, 우리 교실은 진도가 많이 남아서 막막한 경우가 있다. 이런 상황에서 가장 중요한 점은 '핵심 성취 기준'을 중심으로 진도를 마무리하고, 학생들이 방학 동안 스스로 복습하는 기회를 제공하는 것이다. 현실적으로 모든 진도를 완벽하게 마치는 것이 어려운 상황이라면, 성취 기준을 바탕으로 핵심 개념을 충분히 이해할 수 있도록 수업을 재구성한다.

여러 차시의 내용을 살펴보고, 수업 활동을 묶어 설계함으로써 하나의 차시(40분)에서 여러 차시(80-120분)의 성취 기준에 도달하게 해야 한다. 그렇다고 학습 속도를 과하게 빠르게 설정할 경우 학생들이 이해하기 힘들다. 중간중간 이해도를 체크하고 중요 개념을 잘 이해하는지 간단한 평가나 과제물을 제시하자.

2. 자기 주도 학습 자료 제공

교사가 아무리 재구성을 잘했다고 한들, 진정한 학습으로 완성되려면 반복적인 과정과 꾸준한 노력이 필요하다. 실제로 교육 심리학자들은 학습이 단번에 이뤄지는 것이 아니라 반복 학습을 통해 자리 잡는다고 말한다. 따라서 시간이 부족한 상황에서 학생들이 배운 내용을 자신의 것으로 만들 수 있도록 돕는 방법 중 하나는 자기 주도 학습을 위한 자료를 제공하는 것이다.

부족한 학습 내용을 보충하기 위해 자기 주도 학습 자료를 학생들에게 제공하지만, 단순히 숙제로 주고 끝내는 방식은 효과적이지 않다. 교사가 개입해 학습 과정과 결과를 지속적으로 점검하는 것이 필수다.

1 **워크시트와 문제집** | 학생들이 핵심 개념을 반복 학습할 수 있는 가장 기본적이고 효과적인 자료다. 각 출판사에서는 평가와 관련해 여러 자료들을 제공하고 있기 때문에 이를 활용하는 것도 좋다. 기본 문제에서부터 심화 문제까지 단계별로 학생들의 수준에 맞춰 학습을 진행할 수 있다.

2 **영상 자료** | 영상 자료는 학생들이 수업에서 다룬 개념을 시각적으로도 확인할 수 있는 좋은 방법이다. 영상 강의는 짧은 시간 동안 핵심 내용을 요약하는 데 효과적이며, 시각적 자료와 설명을 결합해 학생들의 이해도를 높이는 데 큰 도움이 된다. 자료 제시는 패들렛, 구글 클래스룸, 에드퍼즐 등을 활용해 보자.

3. 사회 교과

3-6학년 교과 중 진도를 가장 빨리 나갈 수 있었던 과목은 경험상 사회 교과다. 그 이유는 직소 모형을 활용해 수업을 진행하기에 적합하기 때문이다. 직소 모형은 학생들이 학습 내용을 분담하고, 그 내용을 서로 가르쳐 주는 방식이다. 이를 통해 학생들은 협력하면서 학습할 수 있으며, 각자가 배운 내용을 다른 친구들에게 효과적으로 전달하는 능력을 기를 수 있다.

직소 모형 살펴보기

예를 들어, 한 단원에서 배워야 하는 내용을 4가지 과제로 나누고, 각 과제를 모둠별로 한 명씩 맡아서 학습한다. 그리고 같은 과제를 담당하는 다른 모둠의 친구들과 모여 학습과 의견을 주고받는다. 그렇게 자신의 과제에 대한 전문가가 되었다면 원집단으로 이동해 서로 가르치는 활동으로 한 단원을 빠르게 학습할 수 있다.

이 방법이 효과적으로 운영되기 위해서는 교사의 철저한 준비와 역할 부여가 필수적이다. 교사는 학습 목표와 주제를 명확히 설정하고, 학생들에게 제공할 학습 자료를 미리 준비해야 한다. 각 학생이 맡을 차시나 주제를 선정하고, 그 주제에 대해 깊이 있는 학습을 할 수 있도록 체계적인 자료를 준비한다. 학생들이 각 차시를 제대로 이해하고 발표할 수 있도록 학습의 구조와 절차를 명확하게 설정하고, 질문 목록이나 학습 포인트를 정리해 두는 것이 좋다.

경험상 교사가 가장 쉬운 준비법은 모둠별로 큰 도화지에 보고서를 작성하는 것이다. 이 방법은 학생들이 맡은 과제 학습 내용을 정리하고, 발표 준비를 할 수 있도록 돕는 동시에 교사가 학생들의 이해도를 쉽게 확인할 수 있다. 각 모둠에서는 자신이 연구한 내용을 시각적으로 정리하고, 원집단의 과제를 모아 한눈에 볼 수 있다. 이 과정에서 학생들은 다른 학생들에게 설명할 핵심 포인트를 파악할 수 있다.

노하우 - 수업 연구, 학급경영 노하우는 어디서 얻을 수 있나요?

담임교사가 된 지 이제 몇 달이 지났다. 학생들과의 관계를 쌓고 학급을 운영하는 데 조금씩 적응하고 있지만, 여전히 수업 연구, 학급경영에 어려운 부분이 많다. 특히, 수업을 효과적으로 운영하고 학급 분위기를 잘 이끌어 나가는 방법에 대해 고민이 많다. 수업 연구와 학급경영에 관련된 노하우는 어디서 얻을 수 있을까? 그리고 첫해를 맞이한 신규 교사로서 실용적인 조언이나 참고할 만한 자료를 알고 싶다.

초등학교는 담임제로 운영된다. 담임교사가 학급 전반을 관리하고, 학급 일에 대한 책임을 지는 구조다 보니 반별로 고유한 독립성을 유지하고 존중하는 문화가 있다. 담임제는 교사들의 학급경영에 대한 재량권을 보장한다는 장점이 있지만, 폐쇄적이라는 비판도 듣는다. 이런 문화는 신규 교사에게 수업 연구와 학급경영을 맨땅에 헤딩하는 심정으로 홀로 고군분투해야 한다는 단점으로 작용하기도 한다. 이때 참고할 만한 자료를 도서 편과 연수 편으로 나눠 살펴보자.

1. 학급경영

1 도서 편

① 《명불허전 학급경영》(허승환, 꿀잼교육연구소, 2020)

허승환 선생님은 학급경영의 권위자로 평가받는 선생님이다. 학급의 1년 살이 중 가장 중요한 3월 첫 주에 진행할 수 있는 학급 활동과 학급 규칙 설정, 학부모 상담 방법을 소개하고 있다. 3월 학급경영 루틴이 없거나 보강하고 싶은 선생님에게 추천하고 싶은 책이다. 다만, 책의 내용을 100% 따라 하기보다는 학군·학급 분위기를 미리 파악해 내가 맡은 학급에 적합한 프로그램을 구안 및 적용하는 것을 추천한다.

② 《쏭쌤&이종대왕의 학급경영 놀이백과》(송성근·이종혁, 미래와경영, 2019)

학생들과 라포를 형성하고, 즐거운 학급경영을 할 때 '놀이'는 매우 유용한 방법이다. 쏭쌤과 이종대왕 선생님은 학급경영을 놀이 활동을 통해 풀어 나가는 것으로 유명한 선생님들이다. 《쏭쌤&이종대왕의 학급경영 놀이백과》에서는 시기별로 학급에서 학생들과 함께 진행하면 좋을 다양한 놀이 방법을 소개하고 있다. 참고 영상도 QR코드로 함께 제시하기 때문에 직관적으로 학급 놀이 방법을 익힐 수 있다.

③ 《교사를 지키는 단단한 학급경영》(이종대왕, 테크빌교육, 2025)

건강한 교실 주도권을 세울 수 있도록 돕는 '단단경영'의 네 가지의 원칙-'남에게 피해 주지 않기', '용기 있게 인정하기', '손 들고 말하기', '아침 시간 조용히 자기 할 일 하기'-에 대한 상세 해설과 다양한 상황별 실전 적용 사례를 소개한 책이다. 또한 새 학기 루틴 16 steps, 원칙 사수를 위한 주별 활동, 교실놀이 루틴, 구체적 상황별 교사의 대응 멘트 안내까지 모두 수록하여, 교육 현장에서 바로 활용할 수 있는 실전 중심의 내용들이 담겨 있다.

④ 《최민준의 아들코칭 백과》(최민준, 위즈덤하우스, 2023)

학급 살이 경험이 부족한 선생님들 중에는 남학생을 어떻게 대해야 할지에 대한 고민이 많다. 유튜브에서 '아들TV'라는 채널을 운영하는 최민준 소장은 남자아이를 대할 때는 여자아이와는 다른 방식으로 접근해야 한다고 강조한다. 책에서는 적절한 수용성과 단호함으로 남자아이를 대하는 방법을 소개한다. 남자아이에 대한 이해가 필요한 선생님에게 추천하고 싶은 책이다.

⑤ 《특수교사119》(원재연, 에듀니티, 2020),

담임교사로서 통합 학급을 운영해야 하지만, 특수 학생의 장애 정도에 따라 그 난이도가 천차만별인 것이 현실이다. '특수교사119'는 특수교사의 관점에서 서술된 책이지만 통합 학급 담임교사의 관점에서 특수 학생을 대하는 방법, 학부모와의 소통 방식에 대한 다양한 팁을 수록하고 있다. 통합 학급을 운영할 예정이라면 일독할 것을 권한다.

② 연수 편

① '그림책으로 토닥토닥, 아이 마음을 읽는 심리학'(티처빌, 15차시 직무 연수)

 교사가 학생을 이해하는 데에 필요한 다양한 심리 이론(애착 이론, 인지 발달 이론, 심리 사회 발달 이론 등)을 그림책을 통해 설명하는 연수다. 내가 맡은 학생들이 어떤 발달단계에 속해 있는지, 그에 따라 학생들의 행동을 어떻게 해석하고, 도움을 줘야 할지 궁금할 때 이수하면 좋다.

② '꼬리에 꼬리를 무는 교권 이야기'(아이스크림 원격교육연수원, 30차시 직무 연수)

 해마다 학생, 학부모로 인한 교권 침해 사례가 급증하고 있는 요즘이다. 안전한 학급경영을 위해 교사 역시 교권과 관련한 법률 지식을 알고 있어야 한다. 실제 교권 침해 사례를 애니메이션을 통해 소개하며 사례별 대응 방법과 관련 법률 지식을 알기 쉽게 설명한다. 교권에 관심 있는 교사들에게 추천한다.

③ '신학기 스포일러! 학급경영 꿀팁'(티처빌, 3차시 직무 연수)

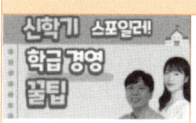 '신학기 스포일러! 학급경영 꿀팁'에서는 2-3월 신학기 준비 방법, 학부모 상담 대비 방법, 학년 초 교실 환경 정비와 수업 디자인 방법을 설명한다. 이 연수는 교사들이 직접 기획하고 제작해 학교 현장에 꼭 필요한 실제적인 팁을 제공한다. 다른 직무 연수에 비해 짧은 편이라 짧고 굵게 학급경영 연수를 이수하고자 하는 선생님께 추천한다.

2. 수업 연구

① 도서 편

① 《교육과정 수업 평가, 수업을 디자인하다》(최무연, 행복한미래, 2024)

 2022 개정 교육과정의 강조점 중 하나는 '교육과정-수업-평가'의 일체화이다. 교육 현장에서 근무하는 선생님의 실제적인 경험을 바탕으로 '교육과정-수업-평가'의 일체화에 필요한 이론과 실제 수업 적용 사례와 평가 방법을 구체적으로 소개하고 있다. 아울러 프로젝트 수업, 과정 중심 평가, 피드백, 평가 내용의 가정 통지 방법 등 수업 연구에 필요한 팁을 확인할 수 있다.

② 《교사 교육과정을 디자인하다: 성취기준편, 기본편, 실천편 총 3권》(교육과정디자인연구소, 2020~2025)

 교사가 교육과정을 직접 만들어 가는 과정을 안내하는 책으로 기초부터 실천까지 상세하게 파악할 수 있다. 기본편은 교육과정과 교사 교육과정에 대해 설명하여 문해력을 높일 수 있고, 실천편은 실전에서 교육과정 전반을 계획하는 방법과 수업 차시를 만드는 법을 구분하여 소개하고 있다. 이 모든 과정의 가장 기초인 성취기준에 관한 오해와 해설을 따로 성취기준편으로 엮어 자세히 소개하고 있다.

③ 《교실에서 바로 통하는 하이테크 에듀테크 미래교육 실전활용법》(김병남 외, 앤써북, 2024)

차근차근 에듀테크 기법을 익히고 싶은 교사에게 추천하는 책이다. 책에서는 체험형, 참여형 수업 도구 만들기, 과목별 AI 코스웨어 활용 방법을 상세하게 설명하고 있어, 초보자도 손쉽게 따라 할 수 있다. 에듀테크를 활용해, 교수·학습 자료를 만드는 시간을 확 줄이고 싶거나 학생들의 수업 참여율을 높이고 싶다면 일독을 권한다.

④ 《문해력이 자라는 수업》(안녕어린이책연구소, 학교도서관저널, 2024)

최근 몇 년 사이에 학생들의 문해력은 크게 감소하고 있다. 이 책은 교실 안에서 학생들의 문해력을 키울 수 있는 다양한 교수·학습 방법을 소개하고 있다. 학생들의 눈높이에 맞는 다양한 읽기 자료와 수업에 필요한 에듀테크 도구 및 활용 방법, 활동지를 함께 제시하고 있어 학생들의 문해력 향상에 관심 있는 교사에게 큰 도움이 된다.

2 연수 편

① '2022 개정 교육과정으로 만드는 개념 기반 탐구학습' (아이스크림 원격교육연수원 5차시 직무 연수)

2022 개정 교육과정에서 강조하는 학습 방식으로 교사들이 학생들의 주도적 학습 능력을 배양하고, 학습자들이 깊이 있는 사고와 문제 해결 능력을 기를 수 있도록 하는 데에 도움이 되는 교수·학습 방법이다. 이 책은 개념 기반 탐구 학습의 의미, 질문 학습 방법, 개념 기반 탐구 학습이 적용된 다양한 교실 수업 사례를 담고 있어, 관련 수업 설계에 관심 있는 교사들에게 추천하는 연수다.

② '픽미쌤과 함께 만드는 45가지 교실 미술 활동' (아이스크림 원격교육연수원 15차시 직무 연수)

열두 달 학급경영의 흐름에 맞춰 활용할 수 있는 다양한 미술 활동을 알려 준다. 이 연수의 장점은 첫째, 특별한 도구 없이 기본적인 만들기 재료(색연필, 사인펜, 가위, 풀 등)만으로 교실에서 손쉽게 할 수 있는 활동 방법을 알려 준다. 둘째, 교실에서 바로 활용할 수 있도록 영상과 도안 콘텐츠를 함께 제공한다는 점이다. 미술 수업에 바로 팁을 적용하고 싶은 교사에게 추천하는 연수다.

③ 《까망이고동이쌤의 파워포인트 콘텐츠 제작 비법》(티처빌 8차시 직무 연수)

학교 현장에서 많이 쓰는 수업 연구 프로그램 중 하나는 파워포인트다. 수업 자료의 수준에 따라 학생들의 수업 참여도와 집중력은 천양지차이기 때문에 수업 연구를 고민하는 교사라면 파워포인트를 적절히 활용할 줄 아는 것이 좋다. 수업 자료 준비로 PPT를 만드는 방법을 배우는 데에 관심 있는 선생님에게 이 연수를 추천한다.

3. 학급경영과 수업연구에 도움이 되는 사이트

도서와 연수 외에 학급경영과 수업 연구에 도움이 되는 사이트를 아래와 같이 추천한다.

1 참쌤 스쿨

초등 교사를 위한 교육 콘텐츠와 자료를 제공하는 플랫폼으로, 수업 연구와 학급경영에 실질적인 도움을 줄 수 있는 다양한 자료를 만날 수 있다. 학급 규칙 설정, 학급 환경 꾸미기, 학생 생활지도 방법, 교과별 수업 아이디어, 활동 자료 등 현장 교사들에게 꼭 필요한 자료들이 있다.
(사이트 주소: https://chamssaem.com/)

2 꿈틀이샘의 자료 나눔

꿈틀이샘은 미술 교육 분야에서 유명한 선생님이다. 꿈틀이샘 자료의 가장 큰 특징은 교사가 무료 도안을 출력하기만 하면 수업에 바로 활용할 수 있다는 점이다. 학생들과 다양한 미술 활동을 하고 싶거나, 효율적인 미술 수업 준비를 원하는 교사에게 추천한다.
(사이트 주소: https://blog.naver.com/everydayvocab)

3 잇다(ITDA)

잇다(ITDA)는 에듀넷에서 운영하는 교원 디지털 콘텐츠 플랫폼이다. 현직 교사들이 만든 수업 자료를 과목별, 학년별로 찾아볼 수 있다. 아울러 수업에 필요한 동영상 콘텐츠, 학습 자료, 평가 도구 등을 제공하고 있어 수업 자료나 아이디어를 활용하기 좋다.
(사이트 주소: https://itda.edunet.net/index.do)

4 쌤동네

쌤동네는 현직 교사들이 모임을 열고 자료를 공유하는 강의, 콘텐츠 플랫폼이다. 매달 시기별 주제별 다양한 강의들이 오픈되고 있으며 유용한 자료가 많이 모여 있다. 교과지도, 생활지도, 에듀테크뿐 아니라 취미, 친목 등 교사 생활 전반을 다루고 있어서 궁금한 점이 있을 때 방문하면 강의와 자료를 찾기 좋다.
(사이트 주소: https://ssam.teacherville.co.kr)

✚ 교실환경

학급 환경 | 학급 환경 구성에 관한 좋은 아이디어를 알려 주세요

반 배정을 받고 교실로 향한다. 모두가 비슷해 보이는 교실 구조이긴 하지만, 1년살이를 열심히 할 교실을 더 좋은 환경으로 꾸밀 수 있기를 바란다. 학급에서 반복되는 생활 지도를 좀 더 수월하게 해 줄 환경으로 만들고 보고 싶다. 더불어 아이들과 많이 웃고 좋은 추억을 쌓을 수 있는 교실이기를 기대하며 문을 연다. 그렇게 하려면 무엇부터 해야 할까?

1. 학급 환경 구성 왜 중요할까요?

아이들이 집 다음으로 많은 시간을 보내는 곳이 교실이다. 교실은 아이들의 꿈을 이뤄 나가는 베이스캠프이자, 친구와 소중한 추억을 쌓는 놀이터다. 초등학교 교실은 사각형 모양에 앞뒤 게시판, 일렬로 책걸상이 놓인 비슷한 풍경을 하고 있다. 하지만 자세히 들여다보면 각기 다른 모습을 하고 있음을 알 수 있다. 학급의 환경 구성에는 담임교사의 개성이 묻어난다.

낮 시간에 아이들의 주요한 생활 공간인 교실은 편안하고 청결해야 한다. 특히, 초등학교 교실에서의 활동은 지식 전달뿐 아니라 바른 인성 함양과 기본 생활 습관의 습득을 주요 목표로 한다는 것을 고려하면 교실에서 아이들이 마음의 안정을 느끼고 학습활동에 집중할 수 있어야 한다.

교실 환경을 채워 나가는 것은 결국 아이들이다. 아이들은 공간에 상상을 보태는 것을 좋아한다. 책상과 의자만으로도 육지와 바다를 오가며 즐겁게 놀이할 수 있다. 교실은 하나의 공간이지만 영역별로 구분해 환경 구성을 한다면 좀 더 다채로운 공간에서 창의성을 펼칠 수 있다.

2. 학급의 환경 구성 절차를 알고 싶어요

1 **시작은 청소부터** | 반 배정을 받고 텅 빈 교실에 들어선다. 아이들로 꽉 차 있을 때는 좁아 보였던 교실이 이렇게 넓었나 싶다. 방학 동안 곳곳에 먼지가 쌓여 있고 책걸상의 숫자도 다시 맞춰야 한다. '나만의 교실'을 받고 다가올 새 학년의 1년살이를 머릿속에 그린다. 첫 번째 시작은 청소다. 비워야 채울 수 있다는 단순한 원칙으로 아이들 사물함, 학습 준비물 수납장, 교사 책상을 꼼꼼히 닦는다.

2 **환경 물품 구입 및 손품 팔기** | 학교마다 환경 구성 물품(지류, 공예 재료, 학용품 등)을 구입할 수 있는 대형 문구점을 지정하고, 온라인 몰도 이용한다. 온라인 몰에는 다양한 상품들이 있고 완성형 환경 구성품도 판매하기에 쉽게 교실 환경을 꾸밀 수 있다는 장점이 있다. 하지만 예산은 한정돼 있고 간단한 것은 연구실에 있는 코팅기를 이용해 제작할 수 있다. 학년 특성에 맞게 제작해야 하는 것은 온라인에서 도안을 구한 후 출력해, 손품을 팔아 만들기도 한다.

- 환경 구성 물품을 파는 온라인 몰: 티처몰(https://shop.teacherville.co.kr/)
- 환경 구성을 위한 도안 자료 사이트: 인디스쿨(https://indischool.com/)
- 도안 제작 플랫폼, 캔바(CANVA): 교사 인증 시 프리미엄 회원 등급 무료 사용.

③ **책걸상 정리와 자리 배치도 게시 |** 3월 첫날은 대부분 번호순으로 자리를 정한다. 아이들이 교실에 들어왔을 때 당황하지 않고 자리를 찾도록 책상을 가지런히 배치하고 책상마다 이름 스티커를 붙인다. 낯선 교실과 처음 보는 친구들 사이에서 자기 자리에 적힌 이름을 보고 앉는 것부터 한 학년이 시작된다. 두리번거리지 않고 자리를 찾을 수 있도록 칠판 앞에 환영 인사와 함께 자리 배치도를 게시한다.

3. 교실에 영역을 나눠 봅시다

교실 안에서 아이들에게 일어나는 일을 생각해 보자. 우선 친구들과 만난다. 친구들과 교실에서 협력하고 경쟁하고 때로 갈등도 일어난다. 선생님과의 만남도 있다. 학습활동에 참여해 지식을 배우고 기본 생활 습관을 바르게 습득하기 위해 학급 규칙을 정한다. 아이들은 스스로 교과서를 챙기고 사물함을 정돈하는 등 가정에서와는 다르게 혼자 해결해야 할 일들이 있다. 다채로운 일들이 일어나는 교실의 공간을 영역별로 나눠 보자.

① **사회성 기르기 영역**

① 퍼즐 매트나 돗자리: 텅 빈 교실은 넓어 보이지만 막상 스무 명 남짓의 아이들이 들어오면 빈 곳이 없다. 교실은 아이들이 있어야 생동감이 넘쳐난다. 아이들은 끊임없이 움직이고 뛰고 구른다. 아이들이 많이 걸어 다니는 공간에 눕거나 구르면 안전사고의 위험이 있다.

다양한 친구들을 만나 예상치 못한 상황을 겪으며 긴장감이 높아지는 아이들도 있다. 그런 아이들에게 긴장을 이완시킬 수 있는 공간을 제공해 심리적 부담감을 줄여 줄 수 있다. 퍼즐 매트나 돗자리를 이용해 보자. 매트가 있는 곳에서는 실내화를 벗고 편한 자세로 책을 보거나 보드게임을 할 수 있도록 한다.

② 누구든 칭찬하는 칭찬 게시판: 칭찬은 고래도 춤추게 한다는 말이 있다. 칭찬이나 고마움 같은 긍정적인 감정 표현을 많이 할수록 아이들 간의 관계가 부드러워진다. 아이들이 긍정적인 감정을 주고받을 수 있도록 칭찬 게시판을 만들어 보자. 친구가 나를 배려하는 행동을 했다면 칭찬 게시판을 통해 알리는 것이다. 포스트잇에 자세히 적어도 좋고, 이름과 행동만 간단히 적어도 좋다. 자신의 행동이 친구에게 긍정적으로 받아들여진다는 것을 알면 다음번에도 다른 사람의 입장에서 한 번 더 생각할 수 있다.

2 자기 주도성 기르기 영역

자기 주도성은 자기 관리에서부터 시작한다. 자기 관리는 몸과 마음을 잘 다스려 스스로 편안한 상태로 만드는 것을 말한다. 초등학교의 아이들은 바른 생활 습관 형성에 대한 많은 연습과 세심한 지도가 필요하다. 가정에서는 부모님이 도와주고 학교에서는 선생님이 지도하지만 아직은 자기 관리를 위한 습관 형성이 완벽하지 않다. 이런 습관 형성이 교실 환경을 통해 보다 수월하게 이루어지도록 도울 수 있다.

① 책상 서랍 정리 바구니: 책상 서랍을 정리할 수 있는 납작한 바구니를 마련해 풀, 가위, 자 같은 자잘한 학용품과 교과서를 분리해 서랍에 수납한다. 시간이 조금만 지나도 서랍 안은 과목별 학습 유인물과 교과서가 뒤죽박죽으로 섞여 엉망이 되기 쉽다. 바구니에 정리하면 물건을 찾을 때 서랍 안의 책들을 모두

꺼내는 일도 없고 서랍의 학용품이 한눈에 보여 학습활동 준비를 보다 빠르게 할 수 있다.

② 분실물 바구니: 아이들은 각자 학용품, 교과서, 양치 도구, 개인 소지품을 갖고 온다. 처음 갖고 올 때는 이름을 쓰거나 네임 스티커를 붙여서 갖고 오지만 시간이 지나면 이름이 지워지기도 하고 주인을 잃은 물건이 교실에 많이 생긴다. 우산, 연필, 지우개, 학습 유인물도 주인을 잃고 떠돌아다닌다. 이럴 때는 분실물 바구니를 이용해 보자. 주인 없는 물건을 한곳에 모아 놓으면 본인이 잃어버렸던 물건을 찾을 수도 있고, 주인이 찾지 않는 학용품을 필요한 사람이 쓸 수도 있다.

③ 청결 공간: 독감 등의 전염성 질환을 예방하기 위해 청결을 관리하는 공간을 두어 물티슈, 손 소독제, 손 세정제, 휴지 등을 보관한다. 아이들이 주로 이용하는 문 주변의 공간에 배치해 화장실을 다녀올 때나 운동장에서 체육 수업 등을 하고 들어올 때 수시로 이용하도록 한다.

④ '다했어요' 게시판: 아이들은 학교에서 식사도 하고, 우유도 먹고, 양치도 한다. 교실에서 친구와 뒹굴며 놀고, 하교 전에는 자기 자리를 청소한다. 스스로 해야 하는 여러 일을 선생님이 하나하나 챙기기보다는 '다했어요' 게시판에 자신의 이름표를 붙이며 자발적으로 하는 습관을 들이면 자기 관리 습관을 만들어 갈 수 있다.

3 **책임감 기르기 영역**

① 학습활동의 결과물을 모아 두는 곳: 수업을 진행하다 보면 과목마다 학습 유인물도 생기고 모둠 활동을 통한 결과물도 생긴다. 여러 가지 결과물을 서류 보관함이나 간이 책꽂이 등으로 수납하면 공간의 효율성을 챙길 수 있다. 몇 주간에 걸쳐 완성해 가는 학습 결과물을 클리어 파일에 차곡차곡 보관해 학기

말에 모아 보면 학생의 한 학기 동안의 발전 과정을 볼 수 있고 학생들도 성취감을 느낄 수 있다.

② 안내장을 제출하는 곳: 요즘은 스마트폰 앱을 통해서 학교 알림을 공지하는 경우가 많아 지류 안내장의 비율이 줄었지만, 학부모에게 꼭 전달해야 할 중요한 안내장은 지류로 나가는 경우가 있다. 가정에서 학교로 전달하는 안내장이나 체험 학습 신청서 등을 학생 스스로 바구니 안에 넣도록 제출 공간을 마련한다. 등교해 서랍을 정리하고 선생님께 전달해야 할 서류가 있다면 일과가 시작되기 전에 제출한 후 아침 활동을 시작하면 내 하루를 스스로 챙긴다는 책임감을 기를 수 있다.

③ 주간 활동 안내 게시판(교실 앞): 시간표를 게시하고 주간 활동 안내판을 만들어 보자. 아이들은 항상 이번 시간에 무엇을 하는지 궁금해한다. 매번 수업 시간 전에 알려 주기보다는 활동 안내판을 이용해 주간 학습 계획을 게시하면 아이들이 정보를 읽는 능력도 길러지고 학습활동에 대한 기대감도 심어 줄 수 있다.

4 창의력 기르기 영역

① 개인 작품 전시 공간: 교실의 뒤 게시판에 개인별 작품 전시 영역을 마련해 아이들의 작품을 게시 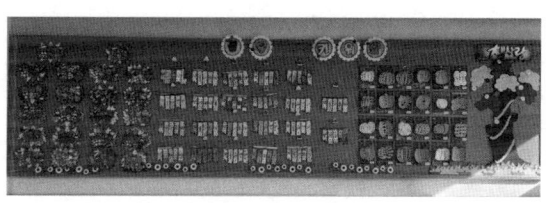 한다. 계절에 따라 분위기를 바꿀 수 있고, 학습 단원에 따라 결과물 완성도를 판단해 게시할 수도 있다. 메모 홀더를 사용해 게시하면 쉽게 작품을 교체할 수 있어 효율적이다.

② 모둠 작품 전시 공간: 모둠 활동의 결과물은 교실의 창문이나 복도 쪽 벽을

이용해 게시하면 주제 학습에 큰 도움이 된다. 초등학교 수업은 여러 과목이 연결돼 주제 중심으로 접근하는 경우가 있는데, 게시된 자료들은 학습 주제를 통합해 유목화하는 통찰력을 기를 수 있다.

4. 학급 환경 구성의 유의점

1 **재활용 분리수거 교육** | 학급 환경은 아이들과 1년살이를 하면서 시시때때로 변한다. 어떤 날은 정적인 활동이 있어 청소가 필요 없는 날도 있고 유난히 청소하기 힘든 날도 있다. 학급에서는 종이 재활용 쓰레기가 많이 나온다. 분리수거함을 마련할 때 종이 쓰레기를 위한 수거함을 크게 마련하면 좋다. 학기 초에 재활용 분리수거에 대한 규칙을 배우는 시간을 마련해 보자. 학급 아이들이 동참해야 1년 동안 수월하게 청소 환경을 만들 수 있다.

2 **교실 수납함은 여유 있게 비워 두기** | 교실에 있는 수납함을 좀 여유 있게 비워 놓으면 아이들이 가져오는 개인 물건들을 보관할 수 있다. 책상에 모두 걸어 놓으면 통행에 방해되고 걸려 넘어져 안전사고로 이어질 수 있다. 큰 짐은 빈 공간에 가지런히 보관했다가 하굣길에 챙겨 나가도록 한다.

학급 물품
학급에 비치하면 좋은 물건들이 있나요?

교실을 운영하다 보면 필요한 물품이 생각보다 많다는 것을 느끼게 된다. 신규 교사이거나 담임을 처음 맡아 살림이 없는 경우라면 마음이 더 불안할 수도 있다. 교사가 아이들을 위해 반드시 준비해야 할 물건은 어떤 것이 있을까? 어떤 물건이 학생의 학습과 학교생활에 도움을 줄 수 있을까? 한 번에 모든 물건을 사기에는 부담스러운데 매년 조금씩 구비하면 좋을 물건은 어떤 것일까?

1. 교사용 필수 물품

교사로서 첫발을 내딛는 순간, 학급에 어떤 물품이 필요한지 고민하기 시작한다. 학급을 운영하는 데 있어 교사용 물품은 업무 효율성과 수업의 질을 높이는 데 큰 역할을 한다. 다음은 신규 교사가 교실에서 반드시 준비하면 좋은 물품들이다.

수업 준비와 관리에 필요한 물품	
플래너 또는 다이어리	시간 관리와 수업 계획은 교사 업무의 핵심이다. 일정을 체계적으로 관리하고 메모할 수 있는 플래너는 꼭 필요하다.
문서 보관용 클립보드	수업 중 필요한 학습지, 평가 기록 등을 쉽게 정리하고, 들고 다니기 편리하다.

화이트보드 마커, 지우개	교사에게 화이트보드, 마커는 필수품이므로, 다양한 색상을 준비해 시각적으로 돋보이게 만들 수 있다.
책상 정리함	책상 위에 서류와 학급의 필수 물품을 깔끔하게 정리할 수 있는 정리함이 있으면 좋다.
학생 관리와 상담에 필요한 물품	
학생 명부와 상담 기록지	학생들의 정보를 정리한 명부는 수업 참여도를 파악하거나 상담 시 유용하다. 초기에는 기본 인적 사항과 간단한 메모를 기록할 수 있는 양식을 만들어 활용하면 좋다.
평가 기록 노트	진단 평가나 활동 관찰 기록을 정리해 두면 학부모 상담이나 추후 교육과정에 도움이 된다.
학급 운영을 돕는 도구들	
타이머	시간 관리가 중요한 수업이나 활동 진행 시 필수적이다. 소음 없는 타이머는 특히 초등 학생들과의 수업에 적합하다.
번호 뽑기통	발표 순서나 게임 진행 시 공정하게 순서를 정할 수 있는 도구다. '옥이샘의 뚝딱 번호 뽑기통'은 케이스가 있어 보관이 편리하고 깔끔하다.
블루투스 스피커	음악이나 영상 자료 재생 시 필요하다.
라벨 프린터	학생들의 이름표나 교실 내 각종 라벨을 제작할 때 유용하다. 앱손 라벨 프린터는 간단한 이름표나 문구를 프린트하기에 적합하다.
색깔 바구니	가정 통신문이나 각종 자료를 분류해 보관할 때 유용하다. 색상별로 구분해 사용하면 정리정돈에 도움이 된다.

2. 학생들에게 필요한 교실 물품

학생들의 성장과 학습을 돕기 위해 교실에 비치하면 좋은 물품을 소개한다. 이 물품들은 학습 환경을 보다 효과적으로 만들어 주고, 아이들에게 안정감을 줄 수 있다.

학습을 돕는 기본 물품	
학습 지원 공간	수업 중 필요한 학습 도구들을 모아 둔다. 수학 교구, 사회 지도와 지구본, 음악 수업용 리코더와 실로폰 등을 구비한다.
미술 활동 공간	미술 수업과 창작 활동을 위한 기본 재료들을 준비한다. 색종이, 도화지, 크레파스, 색연필, 풀, 가위 등을 비치하고, 작품 건조대와 전시 공간도 마련한다.

저학년 기본 물품	
안전 용품	가위 보관함, 둥근 안전 가위, 모서리 보호대 등 안전사고 예방을 위한 용품을 구비한다.
놀이 학습 교구	블록, 레고, 칠교판, 자석 교구, 큰 사이즈 퍼즐, 끼우기 블록 등 소근육 발달을 돕는 교구들을 비치한다.

중학년 기본 물품	
학습 키트	간단한 과학 실험 키트, 현미경, 돋보기, 식물 관찰 도구, 지도 세트 등 탐구 활동에 필요한 도구를 준비한다.
독서 활동 자료	학년 수준에 맞는 권장 도서, 백과사전, 국어사전, 동화책, 만화 백과사전 등을 구비한다.

고학년 기본 물품	
프로젝트 학습 도구	발표용 마이크, 포스터 보드, 프레젠테이션 포인터 등 협동 학습을 위한 도구를 구비한다.
자기 주도 학습 도구	포스트잇, 필기구 세트, 파일철, 독서 기록장 등 자기 주도적 학습을 돕는 도구를 구비한다.

학년별로 필요한 물품은 학생들의 발달단계와 교육과정을 고려해 준비한다. 저학년은 기초 생활 습관과 안전에 중점을 두고 물품을 고른다. 중학년은 교과 학습과 탐구 활동을 지원하는 물품으로 준비한다. 고학년은 자기 주도적 학습과 진로 탐색을 돕는 물품을 고르는 것이 중요하다. 또한 학년이 올라갈수록 디지털 기기와 협동 학습 도구의 비중이 높아지는 것이 특징이다. 각 물품은 학급의 특성과 학생들의 수준에 맞게 조정해 준비한다.

3. 매년 축적해 나가면 좋은 물품

필요한 교구들을 한 번에 구입하는 것은 현실적으로 어렵다. 예산 부담도 크고, 보관 및 관리에도 어려움이 있다. 따라서 계획을 세워 매년 조금씩 구입한다. 특히, 수학 도형 모형이나 음악 리듬악기, 체육 기구 같은 교과 교구들은 한 번 구입하면 몇 년간 사용할 수 있어 투자 가치가 높다. 첫해에는 가장 기본적이고 활용도가 높은 교구부터 시작해, 매년 부족한 수량을 보충하거나 새로운 교구를 추가한다. 이렇게 단계적으로 교구를 구입하면 실제 수업 시 활용도를 파악해, 추가 구매를 결정할 수 있다는 장점이 있다. 예상과 달리 사용 빈도가 낮은 교구도 있고, 예상보다 자주 필요한 교구도 있다. 매년 조금씩 구입하면서 우리 반에 정말 필요한 교구가 무엇인지 파악한다.

매년 축적해 나가면 좋은 물품		
수학 도형 모형 세트	정육면체, 직육면체, 원기둥, 원뿔, 구, 삼각기둥, 각종 다각형 모형	
	분수 모형, 각도기 세트, 연산 교구, 수 모형(백 자리, 천 자리), 도형 전개도 세트	
음악 리듬악기	기본 리듬악기	선택 구매 악기
	탬버린(4-5개), 트라이앵글(4-5개), 캐스터네츠(8개), 작은북(2개), 우드블록(4개)	핸드벨 세트, 실로폰, 멜로디언, 에그쉐이커, 레인스틱
체육 수업용 기구	기본 운동기구	게임 활동 기구
	줄넘기(학급 인원수), 원뿔 콘(대형 8개, 소형 16개), 체육 매트(4-6개), 훌라후프(10-15개), 라바콘(10개)	폼볼(4-6개), 콩 주머니 세트, 릴레이 배턴(4-6개), 풍선 세트, 스포츠 스태킹 컵
팀 조끼	기본 세트	추가 구매
	빨강팀 조끼(6-8개), 파랑팀 조끼(6-8개), 노랑팀 조끼(6-8개), 초록팀 조끼(6-8개)	예비 조끼(각 색상별 2-3개), 주장 완장, 조끼 보관함, 세탁 네트

이런 교구들은 학생 수와 활동 내용을 고려해 수량을 조절하면 된다. 처음에는 가장 기본적인 것부터 시작해 활용도를 보면서 추가 구매하는 것이 좋다. 특히, 자주 사용하는 교구는 여분을 구비해 두면 분실이나 파손 시 유용하다.

이런 경우에는 어떻게 해야 하나요?
4. 보관 공간이 부족할 때는 어떻게 할까요?

교구를 보관할 공간이 부족해 고민이라는 교사들이 많다. 먼저 수납장 상단이나 벽면 공간을 활용해 볼 것을 권한다. 교구를 종류별로 분류해 바구니에 정리하면 공간을 더 효율적으로 사용할 수도 있다. 자주 사용하는 교구는 손이 쉽게 닿는 곳에, 간헐적으로 사용하는 교구는 좀 더 안쪽에 배치하는 것도 좋다. 특히, 이동식 수납장을 활용하면 필요할 때만 꺼내 사용할 수 있어 공간 활용에 큰 도움이 된다.

이런 경우에는 어떻게 해야 하나요?
5. 교구가 자주 망가지거나 분실되는데 어떻게 할까요?

교구의 파손과 분실 문제는 체계적인 관리 시스템으로 예방할 수 있다. 학기 초에 각 교구의 올바른 사용법과 주의 사항을 안내하고, 모둠별로 담당자를 정해 책임감을 부여한다. 매일 하교 전 5분간 교구 점검의 시간을 가지면 분실을 막을 수 있다. 또한 모든 교구에 번호를 매기면 관리하기 쉽다. 수리가 필요한 교구는 즉시 표시해서 학생들이 사용하지 않도록 한다.

학급 운영비 | 학급 운영비로는 어떤 것을 구입하면 좋나요?

학급 운영비로 물품을 구입해 두려고 하는데 어떤 것이 필요할지 잘 모르겠다. 어떤 물품부터 학급 운영비로 구매해 두면 좋을까? 교사에게, 학생들이 요긴하게 활용할 학급 물품에는 어떤 것이 있을까? 학생들의 생활지도를 도와주면서도 학급 분위기를 따뜻하고 활기차게 만들어 줄 수 있는 물품들을 잘 갖춰 두면 좋겠다. 그리고 예산을 보다 효율적으로 사용하는 팁이 있다면 알고 싶다.

1. 선생님에게 필요한 물품

발령 초기, 학생들에게 뭐라도 하나 더 해 주고 싶은 마음에 사비를 써서라도 이것저것 사 모으는 습관이 생길 수 있다. 하지만 그러지 않기를 권한다. 물건이 많아지면 환경이 어수선해지고 심한 경우는 다음 학교로 짐을 옮길 때 용달 트럭을 이용하는 사례도 있다. 미니멀리즘을 염두에 두고 정말 필요한 물품들을 잘 구비해 보자. 학급 운영비 낭비를 줄이고 살림도 28인치 캐리어 이하로 간소화할 수 있다. 이런 주의로 꼭 구매해 두기를 권하는 학급 물품 목록을 다음과 같이 소개한다.

1 LED 시계(4-5만 원대)
교실에 바늘 시계가 있긴 하지만 저학년의 경우 시간을 잘 읽을 줄 몰라 담임교사에게 자주 몇 시인지 묻는다. LED 시계는 분 단위까지 명확하게 숫자로 표시돼 있어 저학년이 쉽게 시간을 파악하는 데 도움이 된다. 또한 LED 시계는 분 단위까지 명확하게 표시돼 있어 종 치기 1분 전까지 앉으라는 안내를 잘할 수 있다.

2 블루투스 충전식 마이크와 앰프(3-10만 원대)
목소리 큰 학생들로부터 목 건강을 지키기 위해 블루투스 충전식 마이크와 앰프는 필수다. 마이크를 쓰면 교사의 목소리가 잘 전달된다. 또한 스마트폰과 연결하면 상황에 따라 다양한 음악을 들려주기 편리하다. 아울러 목소리가 작은 학생에게 마이크를 빌려 주면 즐겁게 발표하기도 한다. 편의성 측면에서 헤드셋 스타일을 추천한다.

3 탁상용 수업 종(7천 원-1만 원대)
학생들의 주의를 모으는 데는 수업 종만한 것이 없다. 학년 초에 학생들과 종을 한 번만 치면 하던 것을 중단하고 선생님을 보도록 약속하면 1년이 편하다. 수업 종은 한 번 사면 오래 쓰기에 크기가 너무 작지 않되(중·대형 크기 추천) 견고하며 소리가 맑은 것이 좋다.

4 제단기, 코팅기(1-5만 원대)
학습지나 활동 교구를 만들다 보면 제단기와 코팅기가 필요한 경우가 굉장히 많다. 제단기의 경우 학생들과 함께 사용할 거라면 안전을 위해 히든 칼날을 사용하는 트리머형을 추천한다.

5 환경 꾸미기용 현수막(3만 원대)
교실 뒤판 크기는 어느 학교나 대체로 비슷하기에 한 번 구비하면 최소 5년 이상 학급 환경 꾸미기 걱정을 하지 않아도 된다. 압정이나 태커로 게시판을 고정하면 학급 환경 꾸미기의 70%는 완료했다고 보면 된다.

6 EVA폼(15장 당 2만 원대), 메모 홀더(개당 900원-2,000원 대) | 학급 환경판에 메모 홀더(크기: 소·중형 추천)를 붙인 EVA폼(두께: 2T)을 학생 수만큼 붙여 두면 1년 내내 작품 전시에 스트레스를 받지 않아도 된다.
[참고] 만년 환경판 만드는 방법: EVA폼 좌측에 세로로 학생 이름표를 붙인다(밸크로를 사용하면 매년 학생 이름을 바꿔 붙일 수 있음). 메모 홀더의 양면 테이프 껍질을 벗긴 뒤 순간접착제를 발라 EVA폼 우측 가운데에 붙인다. 환경판에 붙일 때는 스테이플러로 고정하되, 반드시 메모 홀더의 옆 부분도 찍어 함께 고정한다.

7 물레방아 테이프 커터기(1-2만 원대)
물레방아 테이프 커터기는 교사 사무 활동과 학급 만들기 활동을 할 때 큰 도움이 된다. 이것을 사용하면 1학년도 쉽게 테이프를 떼어 붙일 수 있다. 가급적 모둠 수만큼 준비하는 것이 좋다. 그렇지 않으면 학생들이 물레방아 테이프 커터기를 사용하려고 돌아다녀 교실 분위기가 어수선해진다.

8 아코디언 파일(6,000원-1만 원대)
3월 초에는 수합해야 할 가정 통신문이 정말 많다. 아코디언 인덱스 파일이 있으면 가정 통신문별로 구분해 깔끔하게 정리할 수 있다. 또한 가볍고, 접어서 보관할 수 있기에 이사할 때도 편리하다. 가정 통신문 수합용, 업무용, 학생 과제 검사용 3개로 나눠서 사용하는 편이다. 학생 이름표를 붙여 두면 누가 가정 통신문이나 학습지를 제출하지 않았는지 한눈에 파악할 수 있어 매우 편리하다.

9 교사용 도장(6,000원-2만 원대)
전자 결재가 많이 보편화되긴 했지만 여전히 교사는 도장을 찍을 일이 정말 많다. 그래서 학년 초에 도장을 구비해 두는 것이 편리하다. 도장은 학생 검사용 도장, 결제용 도장, 모둠 활동용 도장, 3가지를 구비해 두면 좋다. 학생 검사용 도장과 모둠 활동용 도장은 잉크가 빨리 닳기에 학년 초에 3-4개 정도 구입해 두되, 가급적 긍정적인 문구가 담긴 것을 택한다. 잉크가 내장된 것을 추천한다.

⑩ 라벨기(3-10만 원대)
미술 활동을 하면 학생 작품에 이름표를 붙여야 하는 일이 많다. 이때 라벨기 사용을 추천한다. 즉석에서 이름표를 출력할 수 있을 뿐만 아니라 3-6학년의 경우 사용 방법을 조금만 알려 주면 학생들 스스로 이름표를 출력하고 부착할 수 있다. 라벨기는 직관적인 사용을 위해 키보드 타입을 추천한다.

⑪ 자석형 화이트보드 시트지와 마카(3-5만 원대)
칠판이 석판형일 경우 매번 깨끗하게 닦고 정리하기 쉽지 않다. 이때 고무 자석형 화이트보드 시트지가 있으면 판서하기에 매우 편리하다. 또한 칠판지우개를 털거나 걸레를 빠는 일도 없기 때문에 칠판 관리에도 유용하다. 한 번에 큰 사이즈를 사는 것보다는 중·대형 크기의 화이트보드 시트지를 필요한 만큼 구비해 두는 것이 교실의 이사 때 편리하다.

⑫ 가습기와 발난로(1-3만 원대)
학교의 겨울은 춥다. 대부분의 학교가 천장형 온풍기를 사용하기 때문에 교실 위의 공기는 뜨겁고 건조하지만 아래의 공기는 차갑다. 선생님의 건강 관리를 위해 가습기와 발 난로를 구비하는 것을 추천한다. 가습기는 통 세척이 편리하고, 분무량이 풍부한 것을 고르는 것을 추천한다. 만약 학교에서 전열 기구 사용을 금지한다면 털 달린 슬리퍼와 기모 담요를 준비하는 것도 방법이다.

⑬ 회전 스테이플러, 심 없는 스테이플러(6,000원-2만 원대)
미니 북 형식의 학습지를 만들 때 별도로 긴 스테이플러를 사용하기보다 360도 회전이 되는 스테이플러를 사용하는 것이 사용 면, 보관 면에서도 훨씬 편리하다. 저학년의 경우 심 없는 스테이플러를 사용하는 것이 안전하다. 심 없는 스테이플러를 사용하면 안전할 뿐만 아니라 나중에 심을 빼서 버리는 번거로운 일이 없어 편리하다.

⑭ 코너 라운더(8,500원-1만 원대)
코너 라운더는 모서리가 날카로운 종이나 코팅지 부분을 둥글게 다듬어 준다. 그래서 저학년에게 학습지를 나눠 줄 때 미리 다듬어 두면 학생들이 다칠 일이 줄어든다. 또한 미술 활동을 할 때 작품 모서리를 둥글게 표현하고 싶을 경우에도 활용한다.

2. 학생 활동에 필요한 물품

학생 활동에 사용하는 물품은 학생 손에 쉽게 망가지기 때문에 물품의 개수는 최소한으로 구비하되 1-2년 주기로 바꿔 주는 것이 가장 좋다.

① 송쌤의 모둠 점수판(7,500원)
'송쌤의 모둠 점수판'은 모둠별 OX 활동판(모둠별 OX 퀴즈, 모둠별 활동 상황 알림), 모둠 점수판(모둠 보상 점수판, 놀이, 체육 시간 점수판 활용), 화이트 보드(모둠 골든벨, 토의·토론 의견 정리, 팀명 작성)으로 구성돼 있다. '송쌤의 모둠 점수판'을 모둠 수만큼 구비해 두면 각 모둠별 상황을 담임교사가 한눈에 파악할 수 있고, 개별 학생의 피드백을 제공하기에도 편리하다.

2 유토

1~2학년을 맡는다면 학생 인원수×2~3개만큼 유토를 준비하는 것을 추천한다. 1~2학년은 개별 학생마다 활동 속도가 매우 다르다. 일찍 활동을 끝낸 학생들은 "선생님, 이제 뭐하면 될까요?"라고 계속 묻는데 유토가 있으면 이런 질문량을 획기적으로 줄일 수 있다. 유토는 실외에 둬도 굳지 않는다는 장점이 있으며, 지퍼형 봉투에 이름표를 붙여 두면 편리하게 보관할 수 있다.

3 칸막이 필기구 정리함(5,000원~1만 원대)

저학년의 경우 가위, 풀, 색연필, 사인펜 등 낱개형 물품을 관리하는 데 어려움이 많고, 물품을 갖고 오지 않는 경우도 허다하다. 그래서 모둠 수만큼 칸막이 필기구 정리함을 구비해 두고, 수업 활동에 필요한 가위, 풀, 색연필, 사인펜을 채워 두는 것을 추천한다. 여유가 된다면 학생 수만큼 준비하고, 사물함에 넣어 두는 것도 방법이다.

4 130g A4 용지

저학년 학생의 입장에서 일반 크기의 도화지는 전체 공간을 활용하기에 매우 큰 편이다. 그래서 도화지처럼 도톰하지만 크기는 작은 130g A4 용지를 추천한다. 요즘은 '픽미쌤', '꿈틀이쌤' 등 다양한 선생님들이 유튜브에서 무료 미술 도안을 공유하고 있다. 130g A4 용지로 미술 도안을 출력하면 일반 A4 용지로 만든 작품보다 탄탄하고 힘 있는 작품 만들기가 가능하다.

5 허쌤의 학습 보드판 시리즈(3,000원~1만 5,000원)

'허쌤의 학습 보드판' 시리즈는 고무 자석 타입이라 칠판에 붙여 사용할 수도 있고, 돌돌 말아서 보관하기도 편리하다. '허쌤의 학습 보드판'은 수업 중 전체 학생의 의견을 공유하는 데 사용한다. '허쌤의 오늘의 물음표'는 학생들이 학급회의를 통해 의견을 공유하고, 결정을 내려야 할 때 사용한다. '허쌤×옥이쌤의 골든벨판'은 허쌤×옥이쌤의 골든벨판은 내구성이 좋아 2~3년은 버틴다. 앞면은 골든벨판, 뒷면은 빙고판이 있어 별도 학습지 없이도 편리하게 퀴즈 활동을 할 수 있다.

6 학생 간식

학생들을 칭찬하거나, 학습활동 동기부여를 할 때 간식은 매우 유용한 도구다(물론 선생님의 당 충전에도 좋다!). 학생들에게 호응이 좋고, 가성비가 훌륭한 간식으로는 타야스 담라 젤리, 미니 약과, ABC 초콜릿, 쿠워 망고 젤리, 닥터큐 곤약 젤리, 켄지 파 크래커가 있다.

| 학습 준비물 | 학기 초 학생과 학급에 필요한 준비물은 어떤 것이 있나요?  |

이제 막 첫 학교로 발령을 받고 드디어 반 아이들과 만난다는 생각에 두근거리는 마음으로 새 학기를 시작했다. "선생님, 풀이 없는데요?", "선생님, 종이는 우리가 준비해야 해요?" 쏟아지는 아이들의 질문에 새 학기 준비물 목록을 펼쳐 들었지만 봐도 잘 모르겠다. 풀, 가위, 테이프는 기본이고, 아이들 활동에 필요한 미술 재료, 학습 자료, 교구까지…… 뭘 사야 할지, 어떤 브랜드가 좋은지, 가격은 적당한지, 도무지 감을 잡을 수가 없다. 인터넷을 뒤져 봐도 정보는 너무 많고, 정작 뭐가 필요한지 찾기가 어렵다. '이렇게 많은 준비물을 언제 다 사지?'

1. 학습 준비물 지원 계획 수립

학습 준비물은 교육과정 운영을 위해 수업 시간에 학생이 활용하는 각종 물품으로 교사를 위한 교구나 비품 등은 해당하지 않는다. 서울시교육청의 경우 학부모 부담을 줄이기 위한 목적으로 공립 초등학교의 모든 학생에게 1인당 연간 3만 원*의 학습 준비물 예산을 지원한다. 이와는 별개로 초등학교 1학년의 경우 신입생을 위한 학교생활 준비물 예산이 추가로 지원된다. 학교생활 준비물은 교육과정 운영

---

* 교육청의 추진 계획에 따라 1인당 연간 금액은 매년 달라질 수 있다. 서울시교육청의 경우 2023년 1인당 3만 5,000원이었으나 2024년 1인당 3만 원으로 감액되었다.

을 위해 학생이 수업 시간에 학습용으로 사용하는 학습 준비물 외에 학생이 학교생활을 하는 데 필요한 물품을 말한다. 신입생에 한해서는 학습 준비물 예산으로 사지 못했던 기본 학용품도 구입할 수 있다.

학습 준비물은 신청하기 전에 교과서를 살펴본 후 꼭 필요한 물품부터 신청하는 것이 좋다. 학교마다 지원 규정이 다를 수 있으므로, 행정실에 문의해 정확한 정보를 확인하는 것이 중요하다.

① **계획 수립** | 학교에서는 학기 초에 학습준비물선정위원회*(학년협의회, 부장협의 등)를 구성해 교육과정 운영 시기에 맞는 학습 준비물 목록과 구입 시기, 물품 관리, 학습 준비물 지원실 운영 등 효율적으로 학습 준비물을 운영하기 위한 계획을 수립한다. 준비물 신청은 학기별, 분기별로 한다.

② **물품 선정** | 물품을 선정할 때는 지나치게 고가의 준비 물품(악기류 등) 구입은 지양하고, 수업 시간에 학생들이 활용하는 물품 중 개별적으로 준비해야 하는 물품을 우선적으로 구매한다. 이때 기존 학습 준비물 지원실에 비치된 준비 물품의 종류나 수량을 파악하고 구매하는 것이 좋다.

③ **예산 분배** | 학년별, 교과별 특성을 고려해 학습 준비물 예산을 차등 분배하기를 권장하고 있다.

④ **구입 시기** | 교육과정의 정상적인 운영을 위해 학습 준비물**을 사전에 마련해

* 절차의 간소화를 위해 학습 준비물 선정 위원회에서 학년별·교과별 지원 예산 분배 방법 및 지원 계획을 심의하고 학년별·교과별 공통 물품 등 구입 품목 선정은 학년별·교과별 협의로 결정하는 것을 권장한다.
** 학습 준비물 예산은 3월 중순, 늦으면 4월에도 올 수 있어서 학기 시작 직후 필요한 물품은 다른 예산으로 구입하는 것이 좋다.

놓는 것은 매우 중요하다. 학교 여건에 맞게 구입 시기는 조정할 수 있지만 학년 말에 구입하는 것은 지양하는 것이 좋다. 학년 초에 미리 구입해 학부모 부담을 경감해야 하며, 장기 보관이 어려운 점토, 변질이 쉬운 실과 실습 재료 등은 수업 시기에 맞춰 수시로 구입하는 것이 좋다.

2. 학습 준비물 구매

여러 아이템으로 무장한 옆 반을 보면 텅 빈 교실을 채워 나가기 막막할 수도 있지만 새로 이사한 집에 생필품을 들여오듯이 차근히 채우면 되므로 조급해하지 않아도 된다. 이것저것 욕심나는 아이템을 구입하다 보면 예산이 부족해질 수 있으니 학습 준비물을 구매할 때는 우선순위를 두고 구입하는 것이 좋다. 학교를 옮기는 선생님이 물품을 두고 가는 때도 있으므로 구입하기 전에 동료 선생님께 미리 물어보는 것도 도움이 된다. 참고로 채점용 색연필, 칠판지우개, 보드마카, 테이프 등은 학교 학습 준비물실에 기본적으로 늘 있는 물건이다.

학습 준비물을 구매할 때는 다양한 구입처를 활용해 물품의 품질과 가격을 꼼꼼히 비교하고 합리적·경제적으로 구매한다. 또한 물품 검수를 철저히 해서 불량품이나 누락된 물품이 없는지 확인하는 것이 중요하다.

구분	학습 준비물 구입 가능 품목(교육부 예시)
기본 품목	가위, 테이프, 고무줄, 각종 펜류, 색연필, 송곳, 잉크, 압정, 클립, 펀치, 풀, 칼, 포스트잇 등
지류	OHP 필름, 골판지, 도화지, 색종이, 한지, 은박지, 모눈종이, 종이봉투, 편지지, 셀로판지, 코팅지, 스케치북, 습자지, 시트지, 색지, 인화지, 화선지 등
수학	각도기, 각종 자, 컴퍼스, 초시계 등
과학 관련	자석류, 건전지, 나침반, 돋보기, 전자회로 관련 물품 등
악기	가락악기, 건반악기, 국악기, 리듬악기, 타악기, 단소, 리코더, 마라카스, 캐스터네츠, 탬버린, 트라이앵글, 핑거 심벌즈, 핸드벨 등

실과	식물 모종, 거름망, 고무판, 목공 실습 키트, 니스, 단추, 드라이버, 드릴, 랩, 모종 삽, 목공 풀, 본드, 부직포, 사포, 조리 도구, 실, 바느질(십자수) 용품, 천류, 옷핀, 철사, 코르크판, 톱, 핀셋, 각종 씨앗 등
미술	물감류, 붓, 붓 펜, 철사, 구슬, 판화 용품, 목탄, 물통, 바니시, 벨크로, 찰흙 도구, 서예 용품, 석고, 수수깡, 스프레이, 아크릴, 병류, 점토, 크레파스, 팔레트, 펠트, 화장지 등
체육	각종 공, 훌라후프, 줄넘기, 콩 주머니, 호루라기 등
기타	CD, 각종 교육 모형(인형), 주사위, 글루건, 끈, 나무젓가락, 도장, 면봉, 면장갑, 바둑돌, 비닐, 빨대, 손거울, 솜, 스티로폼, 스티커, 종이컵, 풍선 등
유의 품목	왼손잡이 학생들에게 필요한 학습 준비물(왼손 가위 등) 반드시 포함 지원

체육 수업에 필요한 학습 준비물은 학교 교구 예산으로 우선 구입하고, 예산이 부족할 경우 학습 준비물 지원비를 활용한다. 금액을 적을 때는 인터넷 최저가보다 좀 더 높게 쓰는 것이 좋으며, 배송료까지 모두 포함해 신청한다. 배송비도 학습 준비물 지원 예산 품목에 포함시킬 수 있지만 최소화하기 위해 노력해야 한다.

학급에서 필요한 물건인데 학습 준비물 지원 대상에서 제외되는 품목도 있다. 기본적으로 학생들이 수업 시간에 활용할 목적이 아닌 물품은 제외된다. 또한 학생 개인 학용품(연필, 지우개, 공책 등)은 불가능하지만, 저소득층 등 사회·경제적 배려 대상 학생에게는 지원할 수 있다.

학교 실정에 맞게 종합적으로 판단해 기본 학용품의 구입 여부를 결정할 수 있다. 자세한 내용은 이 책 228쪽의 학급 운영비에 관한 내용을 참고하면 된다. 마지막으로 교실 수업을 더욱 편리하고 풍성하게 만들어 주는 핫 아이템들을 소개한다.

센스 만점 필수 아이템

① 손잡이식 스테이플러: 손잡이식 스테이플러는 일반 스테이플러와는 다르게 손잡이를 눌러 간편히 사용할 수 있으며 두꺼운 종이 묶음을 고정하기 편하다.
② 스카치 풀: 수업 시간 풀 대신 사용할 수 있으며 끈적임 없이 깔끔하게 붙였다 떼는 효과가 있어 활동지를 붙여야 할 때나 종이를 붙였다 떼어야 하는 경우 사용하기 좋다.

③ 자석 테이프: 자유자재로 탈부착할 수 있어 칠판에 물건을 붙이기에 유용하다.

④ 물레방아 커터기: 안전하고 빠르게 테이프를 자를 수 있어 편리하다.

⑤ 코팅 가위: 일반 가위로는 자르기 힘든 두꺼운 종이나 코팅지도 깔끔히 자를 수 있다.

2 창의적 아이디어를 가진 아이템

① 여러 모양의 포스트잇: 네모 모양뿐만 아니라 다양한 모양의 포스트잇을 구매해 두면 브레인스토밍 활동을 할 때나 발표 결과물을 만들 때 유용하다.

② 둥근 색종이: 모서리가 둥글둥글해서 안전하고 예쁜 색종이다. 아이들이 다치지 않고 안전하게 사용할 수 있으며, 작품을 더욱 예쁘게 만들 수 있다.

③ 이젤패드 대형 포스트잇: 학생들의 생각을 크게, 넓게 마음껏 펼칠 수 있는 대형 포스트잇이다. 넓은 포스트잇에 생각을 자유롭게 표현하고, 다른 학생들과 공유할 수 있다.

④ 허니콤보드: 벌집 모양의 육각 보드다. 자석으로 만들어져 원하는 곳에 떼었다, 붙였다 자유롭게 할 수 있어, 아이디어를 구상하거나 서로의 생각을 공유하는 데 유용하다.

3 수업 효율을 높이는 아이템

① 클리어 파일, 쫄대 파일: 중요한 자료를 깔끔하게 보관할 수 있어 잃어버릴 걱정이 없다. 학생들이 스스로 학습 자료를 정리하고 관리하는 습관을 기를 수 있다.

② 투명 포켓, 메모 홀더: 안내해야 할 내용이나 학생들의 활동지를 깔끔하게 정리해 게시할 수 있다.

③ 바구니: 학습지나 과제를 제출해야 하는 경우 가장 많이 이용한다. 교실 내에서 분실물함, 사용할 모둠별 물품이나 학용품 등을 정리하는 데도 사용된다

이런 경우에는 어떻게 해야 하나요?

3. 학급 물건인데 학습 준비물 구입 제외 대상 물품이라고 해요. 어떤 물품을 구매할 수 없는 건가요?

⋯⋯⋯

학급에서 필요한 물건인데 학습 준비물 지원 대상에서 제외되는 바람에 답답함을 느끼는 선생님들이 꽤 있다. 학교에서 지원하는 학습 준비물은 주로 학생들의 수업 활동에 직접적으로 사용되는 물품만을 대상으로 한다. 학급 운영, 환경 미화, 학생 복지 등을 위해 필요한 물품들은 지원 대상에서 제외되는 경우가 많다. 학급에서 필요하지만 학습 준비물 예산으로는 구입할 수 없는 물품들을 몇 가지 카테고리로 나눠 살펴보자.

구분	학습 준비물 구입 제한 품목(교육부 예시)
환경 물품	청소용품(밀대, 빗자루, 쓰레기 봉투 등) 학기 초 학급 환경 물품(교실 바닥 매트, 벽시계, 학급 환경 정리 물품, 교실용 화이트보드, 정리 수납장, 서류함 등)
생활용품	슬리퍼, 우산, 정리함, 무선주전자, 다리미, 형광등 등
사무용품	수업 시간이 아닌 사무용으로 쓰이는 물품: 서류함, 복사 용지, 라벨지, 각종 복사기 토너, 문서 세단기, 책꽂이, USB, 계산기, 플로터 용지, 상장 용지, 서류봉투, 정리함 바구니, 프린터 잉크, 외장 하드, 인주, 사무용품 수리비 등
간식류	사탕류, 과자류, 초콜릿, 커피, 차류, 음료 등 * 교육과정 운영을 위해 수업 시간에 학생이 활용하는 식재료 구입·지원 가능
교사 수업 물품	분필, 분필 홀더, 칠판지우개, 전자 호루라기, 지휘봉, 스템프(도장) 등 교사를 위한 수업용 물품, 아이스크림 사이트 이용료
행사 물품	가족 산행 대회 기념품(수건 등), 행사 물품(만국기 등)
특정 지원 물품	동아리 활동 물품, 특정 종교 행사 관련 물품(크리스마스트리, 카드) 등 특정 학생 및 집단만을 대상으로 하는 물품
기타	상품권, 학습 교재(문제집), 특정 집단 대상 물품(특정 동아리 물품 등), 학습용이 아닌 학급 단체 티, 독서대, 보드게임, 내구성 있는 비품 등
기타	CD, 각종 교육 모형(인형), 주사위, 글루건, 끈, 나무젓가락, 도장, 면봉, 면장갑, 바둑돌, 비닐, 빨대, 손거울, 솜, 스티로폼, 스티커, 종이컵, 풍선 등
유의 품목	왼손잡이 학생들에게 필요한 학습 준비물(왼손 가위 등) 반드시 포함 지원

4. 유의사항

학급 운영에 필요한 물품들은 다양하지만, 안타깝게도 예산의 제약으로 인해 모든 물품을 학급 준비물 비용으로 구입할 수는 없다. 다음은 별도로 개인적으로 구매하기를 추천하는 물품들이다.

1 **개인적으로 필요한 물품** | 교사가 개인적으로 사용하는 물품으로 학교에서 꼭 기억해야 할 내용을 기록할 다이어리, 저장 매체(USB, 외장 하드), 슬리퍼, 개인 컵, 양치 세트 등이 이에 속한다. 이런 물품들은 개인의 취향과 필요도가 다르므로 개인적으로 준비하는 것이 좋다.

2 **수업 준비 및 진행 시 필요한 물품** | 학교에 두고 사용하면 너무 편리한 무선 마우스, 프리젠터, 주문 제작 칭찬도장, 막도장 등이 있다.

3 **복장** | 체육복, 운동화, 가벼운 외투 등 갑자기 벌어질 수 있는 상황에 대비하는 여벌 옷이 필요한 경우가 의외로 많다.

4 **기타** | 전자 호루라기, 분필 홀더는 수업에 필요한 물품이지만, 학교 예산 상황에 따라 지원 대상에서 제외될 수 있다.

학부모 관계

학부모 소통
학부모와 소통하는 방법에는 어떤 것이 있나요?

"6월인데 아직도 학부모와 소통하기가 힘들어요." 교실 창밖은 푸르른 여름인데, 내 마음은 흐린 하늘처럼 답답하다. 학생들과는 친해졌지만, 학부모와의 관계는 여전히 어렵다. 혹시 실수해서 오해를 사는 건 아닐까? 걱정이 끊이지 않는다. 휴대전화 번호를 공개하는 것도 불편하다. 학부모와의 소통은 필수라는 것은 알고 있지만 어떻게 해야 효과적으로 소통할 수 있을지 모르겠다. 대학교에서 배운 이론은 현실과는 너무 다르다. 어떻게 해야 학부모와 긍정적인 관계를 맺고 원활하게 소통할 수 있을까? 학부모들의 다양한 유형에 맞추어 어떻게 소통해야 할까?

1. 학부모와의 소통의 중요성

학부모와의 소통은 단순한 정보 전달을 넘어 학생의 성장과 발달을 위해 협력적인 관계를 구축하는 중요한 과정이다. 학생들은 학교와 가정이라는 두 중요한 공간에서 각기 다른 경험을 하며 성장한다. 두 공간을 연결하는 다리 역할을 하는 것이 바로 '소통'이며, 이를 통해 학생들은 더 안정적이고 균형 잡힌 성장을 이룰 수 있다. 학부모와의 소통이 중요한 이유는 다음과 같다.

☐ **학생에 대한 깊이 있는 이해** | 학생들은 학교에서와 가정에서 다른 모습을 보일

수 있다. 학부모는 학생의 성격, 흥미, 장단점, 가정환경 등을 가장 잘 알고 있는 사람이다. 교사는 학부모와 소통하면서 학생에 대한 더 깊은 정보를 얻을 수 있고, 이는 학생의 학습과 생활지도에 도움이 될 뿐만 아니라 학생의 특성에 맞는 교육을 제공하는 데 중요한 역할을 한다.

② **교육 효과 증대 |** 학교 교육은 가정과 연계될 때 그 효과가 극대화된다. 교사는 학부모와 소통하며 교육목표와 방향을 공유하고, 가정에서의 학습 지원 및 협력을 이끌어 낼 수 있다. 또한 학교생활에 대한 정보를 제공하고 학부모의 참여를 유도함으로써 학생들의 학습 동기와 흥미를 더욱 높일 수 있다.

③ **문제 행동의 예방 및 해결 |** 학생들은 성장 과정에서 여러 문제 행동을 보일 수 있다. 학습 부진, 교우 관계 어려움, 학교 폭력, 게임 중독 등의 문제가 발생했을 때, 학부모와의 긴밀한 소통과 협력은 문제 해결의 중요한 열쇠가 된다. 교사와 학부모가 함께 문제 상황을 인식하고, 원인을 파악하며, 해결 방안을 찾는 과정을 통해 학생들의 긍정적인 변화를 이끌어 낼 수 있다.

④ **학부모의 불안감 해소 |** 학부모들은 자녀의 학교생활에 대해 자주 걱정한다. 교사는 학부모와 소통하면서 학교교육 활동에 대한 정보를 제공하고, 학생의 학습 상황과 학교생활에 대한 궁금증을 해소해 줌으로써 학부모의 불안감을 줄이고 학교에 대한 신뢰를 높일 수 있다.

⑤ **교사의 전문성 신장 |** 학부모와의 소통은 교사의 전문성 향상에도 도움이 된다. 학부모의 다양한 의견을 듣고 교육 활동에 대한 피드백을 받는 과정을 통해 교사는 교육 방식을 되돌아보고 개선할 수 있다. 또한 학부모와의 협력적인 관계

를 통해 교육에 대한 새로운 시각을 얻고, 전문성을 더욱 발전시킬 수 있다.

6 **교육 공동체 의식 함양 |** 학교는 교사, 학생, 학부모로 구성된 교육 공동체다. 학부모와의 소통은 학교교육에 대한 학부모의 참여를 늘리고, 학교와 협력적인 관계를 만들어 교육 공동체 의식을 키우는 데 기여한다. 이는 학교교육의 질을 높이고, 학생들의 건강한 성장을 돕는 데 중요한 역할을 한다.

학부모와의 소통은 단순한 정보 전달이 아니라, 서로 이해하고 신뢰하면서 학생의 성장을 함께 만들어 가는 과정이다. 적극적이고 긍정적인 소통을 통해 학교와 가정이 힘을 모아야 학생들의 밝은 미래를 만들어 갈 수 있다.

2. 함께 성장하기 위한 학부모와의 소통 방법

학부모와의 관계는 학생들의 학교생활 적응과 학습에 큰 영향을 미친다. 교사는 학부모를 학생의 교육을 위한 동반자로 여기고, 상호 존중과 신뢰를 바탕으로 협력적인 관계를 구축해야 한다. 이를 위해서는 학부모에게 필요한 정보를 명확하고 구체적으로 전달하는 것이 중요하다. 특히, 학기 초에는 학급 운영 계획, 교육과정, 평가 방법 등을 학부모 총회, 가정 통신문, 학급 홈페이지 등을 통해 상세하게 안내해야 한다. 학부모의 궁금증을 해소하고, 학교교육에 대한 이해를 높여 적극적인 참여를 유도하는 것이 중요하다.

학생의 학습 상황과 학교생활에 대한 정보도 구체적으로 전달한다. 학생의 강점과 약점, 학습 태도, 교우 관계 등을 객관적인 사실을 바탕으로 설명하고, 학생의 성장을 위한 방안을 학부모와 함께 모색한다. 이때 객관적인 사실에 근거해 이야기하는 것이 중요하다. 예를 들어, 학생의 행동 변화나 학습 결과 등을 구체적인 예시와 함께 제시하면 학부모의 이해를 높일 수 있다.

학부모와의 소통에서 가장 중요한 것은 '신뢰'다. 교사는 진술하고 일관된 태도로 학부모에게 다가가야 한다. 학부모의 의견을 존중하고 경청하는 자세를 보여 주는 것은 신뢰를 쌓는 첫걸음이다. 또한 면담 시간의 약속을 잘 지키는 것은 신뢰를 형성하는 기본이다. 이런 노력을 통해 학부모와의 긍정적인 관계를 형성하고, 든든한 협력 체계를 구축할 수 있다.

학부모의 의견을 수렴해 학급 운영에 반영하고, 지속적으로 소통하고 공유해 학부모의 참여도를 높여야 한다. 예를 들어, 학교행사가 있는 경우 학급 홈페이지, 가정 통신문 등을 통해 지속적으로 소통하고, 학부모의 참여가 필요한 경우 자연스럽게 참여를 유도하는 것이 좋다. 또한 가정에서의 학습 지도, 생활지도 등에 대한 협조를 구한다. 가정과 학교가 협력해 일관된 교육 환경을 조성하는 것은 학생의 균형 있는 성장을 돕는다.

학부모와 의견 차이가 있을 때는 감정적인 대응을 자제하고, 서로의 입장을 이해하려고 노력하며, 공동의 목표를 향해 협력하는 자세를 갖는 것이 중요하다. 비난이나 책임 전가보다는 문제 해결을 위한 건설적인 대화를 대화로 합리적인 해결 방안을 모색한다. 갈등 해결이 어려우면 학교 관리자나 상담 전문가의 도움을 받는 것도 좋다.

3. 학부모와의 다양한 소통 방식

학부모와의 소통은 학생의 학교생활에 중요한 역할을 하므로, 정보 전달을 넘어 서로의 생각과 마음을 이해하고 공감하는 쌍방향적인 의사소통이 이뤄져야 한다. 과거에는 주로 가정 통신문이나 알림장을 통해 단편적인 정보만 전달하는 방식이었지만, 최근에는 학부모의 교육 참여 의식이 높아짐에 따라 다양한 소통 방식이 활용되고 있다.

1 **학급 홈페이지** | 학급 소식, 가정 통신문, 알림장, 사진, 동영상 등을 공유해 학부모가 언제 어디서든 편리하게 학급 정보를 얻을 수 있는 효과적인 소통 창구다. 숙제, 준비물, 시험 일정 등의 학습 정보뿐만 아니라 학교행사, 견학, 체험 학습 등 학교생활 전반에 대한 정보를 제공해 학부모의 궁금증을 해소하고, 학교 교육에 대한 이해를 높일 수 있다. 또한 학부모의 의견을 수렴하고 질문에 답변하는 게시판이나 실시간 채팅을 운영해 쌍방향 소통을 활성화할 수 있다.

2 **e알리미** | 긴급 연락, 간단한 알림, 준비물 안내 등에 활용해 빠르고 효율적인 소통을 가능하게 한다. 예를 들어, 갑작스러운 학사 일정 변경이나 휴교, 긴급 상황 발생 시 메시지를 통해 신속하게 학부모에게 알릴 수 있다. 또한 그룹 메시지를 통해 전체 학부모에게 동시에 정보를 전달할 수도 있고, 개별 메시지를 통해 특정 학부모와 소통할 수도 있다. 단, 학부모의 개인정보 보호를 위해 사전에 동의를 구하는 절차가 필요하며, 실시간으로 연락을 주고받기 어렵다는 단점이 존재한다.

3 **전화** | 학생의 학습, 학교생활 적응, 교우 관계 등에 대한 걱정이나 궁금증을 해소하고, 개별적인 상담이 필요한 경우 자세한 이야기를 나눌 수 있는 유용한 소통 방식이다. 특히, 학생의 문제 행동, 학습 부진, 또래 관계 갈등 등 민감한 문제에 대해서는 전화 상담을 통해 학부모와 긴밀하게 소통하고, 문제 해결을 위한 협력 방안을 모색할 수 있다.

① 학교 내선 번호 활용: 학교 내선 번호를 이용하면 학교에서만 전화를 받을 수 있어 사생활 보호에 효과적이다. 하지만 수업 중 전화가 오는 경우 방해될 수 있고, 교사가 자리를 비웠을 때 전화를 받지 못하기도 한다. 또한 퇴근 후에는 연락이 어렵다.

② 투넘버 서비스 가입: 통신사에서 제공하는 투넘버 서비스를 이용하면 개인 번호와 업무용 번호를 분리해 사용할 수 있다. 하지만 문자 메시지는 기존 번호로만 사용 가능하고, 별도의 요금이 발생한다.

③ 교사의 사생활 보호를 위한 전용 소통 앱: 일부 유료 연수원에서는 연수 상품과 함께 제공하기도 한다. 이런 앱을 이용하면 별도의 번호로 문자 및 통화가 가능하지만, 전화의 음질이 떨어지거나 송수신이 원활하지 않을 때도 있다.

4 **면담** | 학생의 학습 상황, 학교생활 적응, 진로 상담 등 중요한 내용에 대해 직접 만나 대화를 나눌 수 있는 가장 효과적인 소통 방법이다. 학부모의 의견을 경청하고, 학교교육에 대한 이해를 높이며, 상호 협력적인 관계를 구축할 수 있다. 면담을 통해 학생에 대한 정보를 공유하고, 학습 및 생활지도 방향을 함께 논의하며, 가정과 학교의 연계를 강화할 수 있다.

5 **설문 조사** | 학급 운영 방향, 교육 활동 계획 등에 대한 학부모의 의견을 수렴해 소통을 강화하고, 교사가 학급 운영에 반영할 수 있는 민주적인 소통 방식이다. 온라인 설문 조사 도구를 활용하면 편리하게 의견을 수렴하고, 결과를 분석해 학급 운영에 반영할 수 있다. 설문 조사를 통해 학부모의 다양한 의견을 수렴하고, 이를 바탕으로 학급 운영을 개선해 학부모 만족도를 높일 수 있다.

다양한 소통 채널을 상황에 맞게 활용해 학부모와 긴밀하게 소통하고, 학교교육에 대한 이해와 참여를 높이는 것은 학생들의 학교생활 적응과 학습 효과를 높이는 데 중요한 역할을 한다. 따라서 학기 초에 학부모에게 교사의 소통 방식에 대해 명확하게 안내하는 것이 좋다. 예를 들어, "수업 시간에는 전화를 받기 어려우니 학급 홈페이지 또는 채팅 메시지를 이용해 주세요."와 같이 구체적인 안내를 통해 불필요한 오해나 마찰을 예방할 수 있다.

교사의 사생활 보호는 교권 보호와도 직결되는 문제다. 자신에게 맞는 소통 방식을 선택하여 학부모에게 명확하게 안내하고, 원활한 소통과 사생활 보호를 동시에 이루도록 한다.

이런 경우에는 어떻게 해야 하나요?
4. 여학생의 민감한 교우 관계 문제로 학부모가 계속해서 해결 방법을 요구하고, 잦은 연락과 하소연으로 힘든 상황입니다

·······

① 끌려다니지 말고, 시간이 필요함을 명확히 알리기

① 공감과 진심을 담아 이야기 시작하기

→ "어머님, 말씀하신 내용은 충분히 이해합니다. 따님의 어려움을 덜어 주고 싶은 마음은 저도 마찬가지입니다."

② 교우 관계 문제의 특징을 설명하고, 인내심을 갖고 기다려 줄 것을 요청하기

→ "하지만 아이들의 교우 관계는 매우 민감하고 복잡해서, 단번에 해결될 수 있는 문제가 아닙니다. 시간을 두고 아이들을 지켜보면서, 상황에 맞는 지도를 해 나가는 것이 중요합니다."

③ 교사의 역할을 설명하고 신뢰 당부하기

→ "섣불리 개입하거나 급하게 해결하려고 하면, 오히려 문제가 더 커질 수 있습니다. 제가 아이들을 잘 관찰하고, 적절한 시기에 필요한 도움을 줄 수 있도록 믿고 기다려 주시면 감사하겠습니다."

② 지나친 연락에는 선을 긋고, 소통 방식을 명확히 안내하기

① 솔직하게 어려움을 표현하기

→ "어머님, 지금 이 시각까지 걱정이 많으신 것 같습니다. 하지만 지금은 시간이 너무 늦은 것 같습니다."

② 구체적인 연락 방법 제시, 정해진 시간에 소통할 것을 안내하기

→ "어머님께서 편하신 시간에 학교로 연락하시면, 제가 시간을 마련해 차분하게 상담해드리겠습니다."

③ 효과적인 소통 방식 제안하기

→ "문자나 메신저보다는 직접 통화를 하거나 학교로 방문하셔서 상담하는 것이 서로 오해 없이 소통하는 데 도움이 될 것 같습니다."

③ 감정 쓰레기통이 되지 않도록, 대화를 효과적으로 마무리하기

① 적극적인 경청과 공감하기

→ "어머님의 마음이 이해됩니다. 정말 속상하셨을 것 같습니다."

② 내용을 확인하고, 오해를 예방하기

→ "방금 말씀하신 부분은 제가 이렇게 이해했는데 맞을까요?"

③ 반복적인 내용은 정중하게 제지하고, 새로운 내용이나 궁금한 점을 질문하도록 유도하기

→ "이미 말씀하신 내용을 반복하고 계신 것 같은데, 혹시 다른 측면에서 더 하실 말씀이 있으십니까?"

④ 명확하게 상담 종료하기

→ "더 하실 말씀이 없으시다면, 오늘 상담은 이것으로 마무리하겠습니다. 오늘 말씀해 주신 내용을 바탕으로 아이들을 잘 지도하고, 필요하다면 다시 연락 드리겠습니다."

학부모의 감정적인 부분에 휘말리지 않도록 주의하고, 차분하고 이성적인 태도를 유지하는 것이 좋다. 학부모의 모든 요구를 들어줄 수는 없지만, 학부모의 입장을 존중하고, 교사로서 최선을 다하고 있음을 진솔하게 전달하는 것이 중요하다. 필요하다면 학교의 상담 전문가나 관리자에게 도움을 요청하는 것도 좋은 방법이다.

학부모 알림

학생 문제를 학부모에게 알려야 할 때 어떻게 해야 하나요?

5년 차 교사다. 학급경영, 수업, 업무는 익숙해지는데 나에게 가장 어려운 것은 교실에서 일어나는 각종 학생 문제를 학부모에게 전달하는 것이다. 오늘도 두 학생이 심하게 다퉈 학부모에게 알려야 하는데 전화기를 드는 손이 무겁기만 하다. 학부모에게 학생 문제를 알릴 때 좋은 노하우가 있을까?

1. 어떤 문제를 알려야 할까

학부모에게 아이의 문제를 알리는 일은 신중해야 한다. 교사와 부모 간의 활발한 소통은 아이의 성장과 교육에 긍정적인 영향을 미치지만, 지나치게 자주 문제를 알리면 오히려 부정적인 결과를 초래할 수 있다. 빈번한 연락은 부모에게 교사가 아이를 '문제아'로 낙인찍을까 두려움을 느끼게 한다. 그럼에도 불구하고 반드시 부모에게 알려야 하는 문제는 무엇이 있을까?

① **아이가 다쳤을 때는 민감하게 연락하기** | 흉터의 우려가 있거나 친구와의 다툼으

로 인해 다쳤을 경우, 특히 얼굴에 상처가 나는 경우에는 꼭 전화로 알려주는 것이 좋다. 학교생활 중 다쳐서 보건실에 갔다가 병원으로 가는 경우도 있다. 이럴 때 하교 후 전화하는 것이 바람직하다. 특히 저학년의 경우, 사소한 사고라도 가능한 한 연락하는 것이 좋다. 부모는 저학년 자녀가 사고 상황에 스스로 대처하기 어렵고 아직은 어리다는 생각을 갖고 있기 때문에 자녀가 다치는 것에 민감할 수 있다.

② **학생 간의 다툼이 발생했을 때도 연락 필요** | 학교에서는 학생 간 큰 갈등이 발생하는 상황이 발생하기도 한다. 이때 학생들이 자기 관점으로 상황을 전달하는 과정에서 오해를 초래할 수 있으며, 한 차례의 다툼이 반복적인 갈등으로 이어질 수 있다. 만약 가정의 협조를 구하지 않은 채 비슷한 일이 반복돼 큰 문제가 발생하면, 이전에 유사한 갈등 상황에 대해 연락이 없었던 것을 서운하게 느낄 수 있다. 학생들의 다툼과 관련해 연락이 망설여질 때는 되도록 실행에 옮기는 것이 좋다.

③ **친구 관계에 지속적인 문제가 있다면 알리기** | 여러 친구와의 관계가 좋지 않다면, 이는 아이의 사회성 발달에 어려움이 있는 상황일 수도 있다. 또한 친구들이 싫어하는 신체 접촉이나 불쾌한 언행을 반복하는 경우, 가정의 협조가 필요하다.

④ **학교 폭력의 조짐이 보이면 즉시 소통하기** | 이는 교사의 책무다. 학교 폭력은 매우 심각한 문제로, 조기에 발견하고 대응하는 것이 중요하다. 폭력적인 발언이나 사소한 괴롭힘이 발생할 경우, 반드시 학부모에게 알려 초기에 징후를 간과하지 않도록 해야 한다.

5 **교육 활동을 지속적으로 방해할 때 소통하기** | 교육 활동 방해 행동은 다른 학생들에게도 영향을 미쳐 학습 환경을 해칠 수 있다. 현재 교육 활동 방해 학생에 관한 지침이 교육청의 《교원의 교육 활동 보호 매뉴얼》에 규정돼 있고, 학교별 프로세스가 마련돼 있지만, 프로세스에 따라 방해 학생을 교실에서 분리하는 것이 쉽지 않다. 교육활동이 지속적으로 방해될 때에는 학부모에게 알리는 것이 중요하다.

2. 학생 문제를 학부모에게 알리기 위한 원칙

자녀의 학교생활에 관해 부정적인 이야기를 듣고 아무렇지 않을 학부모는 없다. 더 나아가 방어기제 혹은 거부감으로 인한 공격성까지 보일 수 있다. 하지만 교실에서 품고 있을 수만은 없는 문제들이 발생하기 마련이고, 이에 대해 교사는 항상 대비하고 있어야 한다.

1 **대화의 창구는 항상 열어 두기** | 교권 침해 등의 이유로 개인 휴대전화번호를 공개하지 않는 학급이 많다. 최근에는 일부 학급이 클래스팅, 하이클래스 등 학급 플랫폼도 활용하지 않고, 학교 내선 전화 및 e알리미와 같은 학교 안내 플랫폼만을 이용하는 경우도 있다. 수업 시간, 주말 등 구별 없이 연락을 취하는 등의 문제가 발생되었기 때문이다. 학부모와 소통하는 방식은 교사의 개인적인 선택이지만, 학부모가 연락을 취했을 때 기민하게 회신할 수 있는 루트를 열어 두는 것은 교사에 대한 신뢰를 높이는 데 필요하다.

2 **공감은 대화의 기본** | 학부모와 학생 문제에 대해 대화를 나누는 과정에서 학부

모의 의견에 공감이 어려울 때도 있다. 가정과 학교에서의 학생 생활 모습이 다를 수 있다. 또 학생이나 학부모가 이전 학년에서의 트라우마로 인해 오해나 편견을 보이는 경우도 있다. 모든 의견을 수용할 수는 없지만, 교육적 관점에서 의견을 제시하기 전에 공감으로 존중을 표시하는 것이 중요하다.

3 **해결 방안을 반드시 제시하기** | 때때로 학생 문제에 대해 학부모를 이해시키려는 노력에서 아이의 문제를 나열하거나, 그 심각성을 강조하게 될 때가 있다. 문제점만 전달된다면, 학부모는 이를 학생에 대한 비난으로 받아들일 수 있다. 교사는 교육 전문가로서 문제를 진단하고, 가정에서 협조해야 하는 구체적인 해결 방안을 함께 제안하는 것이 중요하다.

4 **기록이라는 준비물을 챙겨 두기** | 일부 학부모는 마주한 문제를 심각하게 여기지 않거나, 아이의 힘들었던 과거의 일을 꺼내어 대화의 목적을 흐리기도 한다. 이때는 학생의 문제에 대한 구체적인 시기와 상황을 기록에서 찾아 안내할 수 있다. 얼마나 빈번하게 발생한 일인지 그 심각성을 인식할 수 있도록 돕거나 오해하고 있는 일을 바로잡을 수도 있다. 또한 기록을 바탕으로 대화를 진행하면 학부모는 더욱 객관적인 대화의 느낌을 가질 수 있다. 즉 지속적인 학급 기록은 언제 발생할지 모르는 학생 문제 상담을 위한 귀중한 준비물이다.

5 **안전 교육을 철저히 하자** | 학생 문제에 관해 상담할 때 일부 학부모는 교사나 상황에 책임을 전가하려는 태도를 갖는다. 특히 학교에서 발생한 사고의 경우, 학생의 과실이 있더라도 교사가 미리 예방 교육을 실시했는지에 대해 중요하게 따지는 경향이 있다. 친구와의 심한 다툼이나 학교에서 발생한 상해 사고와 같은 문제를 상담할 때, 기존에 실시했던 안전 교육의 내용을 강조하거나 이 사건

과 관련해 전체 학생에게 어떤 지도를 했는지 함께 전달하는 것이 좋다.

⑥ **신뢰 관계가 중요** | 학생에 대한 교사의 문제 제기는 신뢰 관계를 기반으로 해야 한다. 결국 신뢰의 핵심은 '선생님이 나를 혹은 우리 아이를 진심으로 위하는 마음이 있는가.'라고 할 수 있다. 학생을 훈육할 때에도 선생님이 자신을 싫어한다고 생각하지 않도록 노력해야 한다.

⑦ **같은 편임을 강조하기** | 교사는 단순한 관찰자나 해결 요청자가 아니라 함께 해결책을 모색하는 태도를 보이는 것이 중요하다. 교사는 자신이 미칠 수 있는 영향력을 고려해 적절한 행동을 제시해야 한다. 예를 들어, "A의 어머님께도 제가 잘 말씀드리겠습니다.", "더 세심히 관찰하겠으며, 이런 일이 발생하지 않도록 B에게 반드시 지도하겠습니다."와 같은 의사소통이 필요하다.

3. 학생 문제를 학부모에게 알리는 순서

학교생활에서 학생에게 문제가 발생했을 때 아래와 같은 순서로 학부모에게 알리는 것이 효과적이다.

① **인사하기** | 통화 가능한 상황인지 물어 안정적인 대화가 가능한지 확인한다. 갑작스런 교사의 전화에 학부모는 당황하므로, 부드러운 목소리로 대화한다.

② **문제 전달하기** | 문제 상황을 전달한다. 이때 감정이나 판단을 드러내지 않고 사실만을 안내한다. 교과 선생님, 보건 선생님 등 관련 교사들의 의견을 함께 전

하면 좋다.

3 **교사의 지도사항 덧붙이기** | 문제 상황 이후 실시한 교사의 지도를 구체적으로 전달하는 것이 좋다. 학생들과 상담, 안전 교육 실행, 보건실로 안내, 개별 지도 등 학부모에게 전달하기 전 이미 진행한 지도 사항을 함께 전한다. 문제에 적극적 개입을 했다는 점을 알리는 것이 중요하다.

4 **공감하기** | 학생 문제를 전달받은 학부모의 마음을 조건 없이 공감해 준다. 자녀의 과실이더라도 학부모는 마음이 좋지 않다. 학부모의 말에 간단한 질문도 하며 성의 있게 들어준다.

5 **요청 사항 전하기** | 학생 문제에 대해 학부모가 함께 해 주었으면 하는 바람을 요청한다. "가정에서도 ~에 대해 지도 부탁드립니다.", "~에 대해 말씀 나눠 주세요."와 같이 지도할 수 있는 부분을 구체적으로 전한다. 사고 등으로 학생이 다쳤거나 친구에게 피해를 입은 경우 가정에서 대화 후 교사에게 요청할 부분을 전달해 달라고 부탁한다.

6 **학생의 칭찬이나 관찰 내용으로 마무리하기** | 대화의 마무리는 인상에 큰 영향을 미친다. "학부모에게는 10개의 칭찬과 1개의 단점을 전달해야 한다."라는 조언이 있다. 학생의 문제나 단점만 전달할 경우, 학부모에게 방어기제가 생긴다. 교사가 아이에게 관심을 갖고 있음을 알리며 대화를 마무리하면 긍정적인 인상을 남기고, 학부모와의 신뢰 관계를 강화할 수 있다.

| 학부모 민원 | **학부모 민원이 있을 때 어떻게 처리해야 하나요?** |

15년 차 부장 교사로 올해 후배 신규 교사와 함께 한 해를 보내고 있다. 그런데 요즘 들어 후배 교사가 이런저런 학부모 민원 때문에 버거워하고 있다. 크고 작은 일에 학부모 민원이 끊이지 않는다고 한다. 선배 교사로서 학부모 민원에 대처하는 매뉴얼을 선배 교사로서 주고 싶은데, 여러 상황에 유연하게 대처할 수 있는 방법을 어떻게 조언해야 할지 고민이다.

1. 학부모 민원 대응을 위한 준비

모든 교사들은 한 해 동안 학급을 운영하면서 다양한 학부모 민원을 처리한다. 학부모 민원은 예방이 중요하고, 발생 시에는 대응을 할 수 있도록 준비해야 한다.

첫째, 학부모 총회 등을 통해 교사와의 소통 방법과 유의점을 자세히 안내한다. 평소 교사가 소통에 적극적이라는 신뢰가 형성되면, 민원이 발생했을 때 훨씬 부드럽게 해결할 수 있다. 또한 소통에 대한 가이드라인을 제안해 교육 활동을 침해받지 않도록 한다. 학년 초에 학부모 민원 관련 안내는 다음과 같다.

- 사전 방문 예약 시스템 등 대면 상담 요청 방법 안내
- 전화, 메시지 등 비대면 상담 요청 방법 안내

- 익명으로 민원을 요청했을 때 적극적인 해결 불가
- 수업 시간 및 근무 시간 외에는 연락 불가

둘째, 평소 공적 근거를 준비한다. 공적 근거란 교육부·교육지원청의 지침이나 학교의 방침, 교사의 누적된 기록을 의미한다. 학부모의 요청을 수용할 수 없거나 오해하는 부분을 정정할 때, 공적 기관의 지침, 평소 학급에서 기록한 것을 활용해야 한다.

셋째, 교사 자신을 보호해 줄 장치를 알고 있어야 한다. 학부모의 무리한 요구나 강도 높은 언행에 평정심을 유지하며 해결하기 위해 교사를 보호하는 제도를 알고 있어야 한다. 교원지위법 개정에 따라 교원의 교육 활동을 부당하게 간섭하거나 제한하는 행위는 공식적인 조치가 가능하다. 또한 초·중등교육법 제 20조의 개정으로 학교장의 의무에 민원 처리가 포함되었다.

따라서 교사 개인이 해결하기 어려운 민원은 학교장과 상의해야 한다. 학부모가 교사 개인 휴대전화나 SNS로 민원을 제기하거나, 사생활에 관한 내용을 문제 삼을 경우 이를 거부할 수 있는 권리가 있다. 교육지원청에서 제공하는 교원안심공제서비스, 교원보호위원회 등 교사를 보호하는 제도를 알고 있자.

2. 학부모 민원에 대응하는 방법

민원이 모두 부정적이지는 않다. 때로는 학부모의 발전적인 제안으로 교육의 질을 향상시킬 수 있으며, 신속하고 지혜롭게 처리된 민원은 교사에 대한 신뢰를 높일 수 있다. 학부모 민원은 상황에 따라 유연하게 대처해야 하지만, 다음의 민원 대응 단계를 염두에 두면 좋다.

첫째, 경청 단계다. 학부모는 고민한 끝에 속상하고 답답한 마음으로 상담을 요청한다. 이런 상황에서는 교사가 학부모의 오해를 정정하거나 좋은 방법을 제안하기가 쉽지 않다. 따라서 처음에는 공감하고 경청하는 것이 중요하다. 옳고 그름을 판단하기보다는 수용해 줘야 한다. 충분하게 이야기를 하도록 한다. 이 과정에서 학부모는 감정이 가라앉고 교사는 학부모가 원하는 것을 파악할 수 있다.

둘째, 모색 단계다. 교사는 문제 해결 방법을 모색하고 제안해야 한다. 학부모의 민원을 무조건 수용할 수는 없지만, 절충안을 제시하거나 교사가 해 줄 수 있는 부분은 신속하게 개선해야 한다. 또한 실수한 부분이 있다면 회피하지 말고 진심으로 사과해야 한다. 만약 해결 방안이 떠오르지 않을 때는 "학교와 상의한 뒤 말씀드리겠습니다." 등으로 답변한 후, 관리자와 상의한다. 또한 교사가 할 수 있는 부분과 수용할 수 없는 부분을 명확히 구분해 민원을 해결해야 한다. 이때 활용할 수 있는 것이 공적 근거다. 수용할 수 없는 사항은 공적 근거인 학교 방침이나 상위 기관의 지침을 이유로 정중하게 거절한다.

셋째, 마무리 단계다. 학부모와의 대화 마무리는 칭찬과 공감이 좋다. 학생의 평소 학교생활에서 칭찬할 점을 이야기하고 민원에 대해 다시 공감하면서 마무리하는 것이 좋다. 만약 민원을 제기하는 과정에서 학부모가 교사에게 함부로 표현한 부분이 있다면 사과를 요청할 수도 있다. 사과하지 않을 수도 있지만 교사가 불편함을 표현해야 이후에 학부모는 표현을 조심할 수 있다. 또한 모색 단계에서 교사가 약속했던 부분을 다시 정리해 안내하면 효과적으로 대화가 마무리될 것이다. 더불어 통화 내용은 가급적 녹음하여 추후 불미스러운 일을 대비한다.

3. 성공적인 학부모 민원을 위해 피해야 할 표현

때로 민원 대응 시 교사의 잘못된 표현으로 문제를 심화시킬 수 있다. 학부모의 민원에 효과적으로 대응하기 위해서는 다음과 같은 표현을 피해야 한다.

1 **"모두 제가 잘못했습니다."** | 무조건적인 사과는 피해야 한다. 공감과 사과는 다르다. 학부모의 의견을 존중하고 경청하는 것은 필요하지만 모든 문제를 교사의 사과로 해결하면 안 된다.

2 **"저도 방법이 없습니다"** | 답을 찾기 어려운 사안이라도 적극적으로 해결하지 않고 피하려는 태도만 취한다면 학부모 민원은 해결되기 어렵다. 바로 해결책을 제공하지 못할 상황이라면 해결 방안을 고민하거나 관리자와 상의해야 한다.

3 **"저는 중립의 위치에 있을 수 밖에 없습니다"** | 학생 간 갈등으로 인한 민원일 경우 교사가 중립만 주장할 때 학부모는 자녀를 존중하지 않는다고 느낀다. 물론 교사가 한쪽 입장에 치우칠 수는 없다. 하지만 대화 과정에서는 민원을 제기한 학부모의 입장을 공감하고 문제를 해결해 나가겠다고 다짐하는 것이 좋다.

4 **"학생에게도 책임(잘못)이 있습니다"** | 교사가 학생에 대해 부정적인 관점을 표현하면 학부모는 방어기제가 생길 수 있다. 따라서 학생의 부정적인 말이나 행동에 대한 사실만을 전달하고 판단은 학부모가 스스로 할 수 있도록 해야 한다.

4. 특이 민원은 어떻게 대응해야 할까요?

특이 민원은 비합리적이거나 과도한 요구로 교육 활동을 침해하는 악성 민원이다. 특이 민원은 교사 개인이 해결하기 어렵다. 이때 교사는 반드시 녹음해야 하며 관리자에게 해결을 요청해야 한다. 민원 처리의 최종 책임은 법적으로 학교장에 있으므로, 민원 접수 체계에 따라 학교 차원에서 해결책을 모색해야 한다. 특이 민원으로 교육 활동 침해 발생 시 교권보호위원회 심의를 요청하고, 위법 행위(상해, 폭행, 협박, 명예훼손, 손괴 등) 발생 시 교육지원청 차원에서 법적 조치가 가능하다.

특별한 상황들

1학년 3월, 어떻게 준비해야 할까요?

1학년

교직 경력 10년 차인데 1학년을 처음 맡게 되었다. 1학년은 6학년 다음으로 선생님들이 어려워하는 학년이다. 많은 사람들이 1학년 때 담임교사를 평생 기억할 만큼 1학년은 중요한 시기다. 학생으로서 첫 출발을 하는 1학년에게 교사로서 많은 도움을 줘야 하는데 교사인 나도 1학년은 처음이라 잘 모르는 것이 많다. 1학년이 입학하는 3월, 담임으로서 무엇을 먼저 준비해야 할까?

1. 1학년 입학 과정 한눈에 보기

> 취학 통지서 배부(12월) ⇒ 신입생 안내 자료 제작 ⇒ 예비 소집(1월 중) ⇒ 안내 자료 배부
> ⇒ 입학식 준비(2월 중) ⇒ 입학식 ⇒ 3월 적응 기간

1학년 준비는 전년도 12월부터 시작된다. 취학 통지서가 가정으로 나가고 입학 인원이 정해지면 예비 소집 때 배부할 학교 안내 자료를 제작한다. 보통 전년도 양식을 사용하는데 현재와 맞지 않는 내용은 사전에 수정해야 한다. 예비 소집 때 배부하는 학교 자료에는 올해 학사 일정 안내, 1학년 돌봄 교실 안내, 방과 후 교실 안내 등의 정보를 싣는다. 첫아이라면 학부모들도 학교생활에 관해 궁금한 것이 많으

므로 자세히 안내해 원활한 소통의 기틀을 마련한다.

  2월 말, 새 학년 교육과정을 준비하는 기간에 출근하면 1학년 담임교사의 하루는 바쁘게 돌아간다. 담임을 맡을 반이 정해지면 입학식 준비를 해야 하고 교실 환경도 정리해야 하며 3월 적응 기간의 활동도 계획해야 한다. 1학년은 동학년에 베테랑 선생님들이 많으므로 옆 반 선생님께 도움을 요청해 보는 것도 좋다. 1학년이야말로 교직 경력의 노련함이 빛나는 학년이다.

2. 입학식 전 선생님이 할 일

1 교실 정돈

① 가지런한 책상 배열: 1학년 아이들은 학교 교실이 처음이므로, 3월 한 달은 책상을 한 가지 방식으로 유지하는 것이 좋다. 책상 배열이 자주 바뀌면 등교해서 자기 자리를 찾는 데 혼란을 겪거나 불안감을 느끼는 아이들도 있다. 3월 한 달간 같은 자리에서 같은 활동으로 하루를 시작하면 아이들이 하루의 생활을 예측할 수 있어 반 분위기를 차분하게 만들 수 있다.

② 환영하는 분위기: 입학식을 마치고 선생님의 인솔에 따라 교실로 들어왔을 때 칠판 앞과 각자 자리에 환영의 인사말을 준비하면 좋다. 똑같이 생긴 많은 교실 중 내 교실과 내 자리가 있고, 나를 맞아 주는 인사말이 있다면 아이들은 낯선 학교에서 안도감과 소속감을 느낄 수 있다. 착석하는 동안 환영의 메시지가 담긴 영상이나 음악이 교실에 흐르는 것도 좋다.

2 입학식 준비

> 입학식 장소 준비 ⇒ 입학식 식순 준비 및 안내장 제작 ⇒ 입학 선물 각 반 배부 및 포장 ⇒ 교실별 입학생 자리 점검 ⇒ 입학식 당일 이동 동선 점검 ⇒ 입학생 신발장 이름표 부착

입학식 준비는 교무 부장 교사, 1학년 부장 교사, 동학년 선생님 등과 함께하지만, 담임교사가 각 반에서 따로 챙겨야 할 것들은 미리 준비한다. 준비된 입학식의 모습을 보여 주는 것이 학부모의 신뢰를 얻는 첫 출발이다.

3 3월 입학 초기의 적응 활동 계획 시 주의점

① 생활 습관 지도하기: 1학년은 학교 적응에 많은 어려움을 겪는다. 교실에 들어가지 않겠다고 눈물을 쏟는 아이도 있다. 3월 한 달간 등교 시간을 지켜 교실에 잘 들어오는 것과 학교에서 지켜야 하는 생활 습관 지도를 하는 것이 가장 중요하다. 스스로 잘 해내는 아이가 있는가 하면 많은 도움이 필요한 아이도 있다. 또한 3월 한 달간은 하루에 익혀야 할 기본 생활 습관의 목표를 많이 잡지 않도록 한다. 활동도 간단하게 구성해 한 번에 하나씩 한다. 그래야 아이들도 해냈다는 성취감을 느낄 수 있다.

② 1학년이 3월에 연습해야 할 자조 능력: 등교해서 외투 걸고 스스로 책가방 정리해 책상에 걸기, 가정에서 가져오는 안내장과 서류를 모음 바구니에 제출하기, 사물함에서 교과서 챙겨 서랍에 넣기, 우유 꼭지 스스로 따서 마시고 흐르지 않게 정리하기, 자기 자리에 맞게 줄 서기, 쉬는 시간에 화장실 다녀오기, 자기 자리 청소, 친구의 학습활동이 끝날 때까지 기다리기 등이다.

③ 통합교과의 교육과정 재구성: 입학 초기에는 40분 내내 착석을 요구하지 않고, 노래와 신체 활동 등 다양한 방법으로 수업 시간에 적응하도록 돕는다. 통합교과의 큰 주제 안에서 신체 활동, 음악 활동, 미술 활동 등의 수업 준비로

학생의 특성에 맞는 교육과정을 계획한다.

④ 1학년 담임교사의 마음가짐

1학년은 아직 많은 도움과 보살핌이 필요하다. 아이들이 학교에 와서 엄마 대신 찾을 수 있는 사람이 담임교사다 보니, 이런 것까지 도와줘야 하는지 놀라움의 연속이다. 일과 시간 중 화장실도 가기 힘들다는 말이 농담이 아니다. 1학년 담임이 처음인 선생님들은 선배 교사들의 경험담에 걱정이 클 것이다. 1학년 담임은 학부모와의 관계로도 힘들다. 학부모들도 아이를 처음 학교에 입학시키다 보니 항상 궁금해하고 소통이 부족하다고 느끼는 경우가 많다. 아이들이 학교생활에 아직 서툴기 때문에 학부모와 수시로 연락할 일이 가장 많은 학년이다.

하지만 3월 초 입학 적응 기간이 지나고 나면, 힘들 것만 같았던 1학년 아이들과의 하루도 점점 제자리를 찾아간다. 아이들은 하루하루 쑥쑥 성장해 나가기 때문이다. 전 학년을 통틀어 담임선생님에게 가장 반짝거리는 눈빛과 사랑을 보내주는 학년은 1학년이다. 따라서 1학년 담임을 너무 두려워만 할 일은 아니다.

3. 입학식 당일 시나리오

① **입학식 후 교실 착석과 담임 소개** | 모든 학부모는 자녀가 초등학교에 입학하면 기대 반 걱정 반의 마음을 갖는다. 입학식에서 학부모의 가장 큰 관심사는 담임교사의 배정이기 때문에, 1학년 선생님에게 입학식은 부담스럽고도 큰 행사다. 학부모들이 담임교사를 파악하는 데 가장 큰 영향을 미치는 것은 첫인상이다. 따라서 입학식 때 아이들을 대하는 태도는 부드럽게 하고, 인솔하는 방식은 차분하면서 자연스럽게 해 학부모와의 신뢰를 형성하는 것이 좋다.

2 **각종 안내장 챙기기** | 3월 초, 아이들에게 나가는 통신문의 종류가 10가지가 넘다 보니 당일에 따로따로 배부하면 교실이 금세 어수선해진다. 1학년은 아직 안내장 배부가 익숙하지 않다. 자신의 안내장은 갖고, 나머지는 뒷자리로 넘기는 것도 연습이 필요하다. 아동별로 미리 L자 파일에 안내장을 끼워 배부하면 입학식 당일에 혼란을 피할 수 있다. (요즘은 학교 알림 어플을 통해 모바일로 안내하고 동의를 받는 경우도 많다)

3월 첫 주에 나가는 가정 통신문	개인정보 이용 동의서, 식품 알레르기 사전 조사서, 우유 급식 신청서, 응급처치 동의서, 방과 후 안내, 방과 후 수강 신청서, 학교 교육과정 안내 자료, 아동 기초 사항 조사서, 교외 체험 학습 안내서 등

3 **등하교 시간 및 장소 공지** | 아침 시간에 공동 현관 앞은 매우 붐빈다. 입학하고 첫째 주에는 교실을 못 찾는 아이들도 있다. 담임교사는 입학식 당일에 앞으로 등하교할 현관 위치와 우리 반의 신발장 위치를 정확히 알려 줘야 한다. 입학식 당일에는 아이와 학부모가 함께 오는 경우가 대부분이므로 하교 시간도 정확히 공지한다.

4 **학급 운영 방침 및 담임교사와의 연락 방법** | 담임교사가 생각하는 중요한 학급 운영 방향에 대해 학부모에게 안내하고, 담임교사와의 연락 방법을 안내한다.

5 **입학 초기의 적응 활동 안내 및 하교** | 3월 한 달간은 1학년이 학교에 잘 적응할 수 있도록 적응 활동 기간을 갖는다. 교육과정 시간보다 일찍 끝나기도 하고, 적응 기간이기에 출결 변수가 많다. 따라서 아침 등교 시간을 일정하게 지킬 것을 학부모가 입학식에 왔을 때 당부하고, 입학 초기의 적응 활동을 안내하며 입학식을 마무리 짓고 하교하도록 한다.

4. 3월 적응 기간 잘 보내기

1년 중 가장 중요하게 생각하는 시기를 교사에게 꼽으라면 대부분이 3월이라고 할 것이다. 3월은 학습 진도보다는 학급 분위기를 만드는 데 정성을 쏟아야 한다. 학급 규칙을 일관성 있게 지키고 서로 배려하는 학급 문화를 만드는 동시에, 아이들과 의미 있는 내적 친밀함을 쌓아야 한다. 3월을 어떻게 보내는지에 따라 한 해 학교 살이의 성패가 좌우된다.

1 **아침 맞이와 수업 준비 활동** | 아이들이 아침에 교실에 들어왔을 때 담임교사가 아이들을 환영한다면 좀 더 편안한 마음으로 등교할 수 있다. 3월은 아이들보다 일찍 출근해 등교하는 아이들에게 아침 인사를 해 보자. 친구들이 서로 반갑게 아침 인사를 하는 분위기를 만드는 것도 좋다. 가정에서 전달해야 할 서류가 있다면 등교해서 안내장 바구니에 제출하게 한다. 이후 가방을 정리해 책상에 걸고 그날 시간표를 확인해 책상 서랍에 교과서를 준비하도록 한다. 처음에는 교사의 지도 아래 함께 연습한다.

아침 시간에 읽을 책 한두 권 정도는 꼭 가방에 넣도록 학부모에게 공지한다. 책을 읽으며 차분한 아침 활동 시간을 보내는 것이 좋다. 다 읽은 책은 친구와 바꿔 보자고 하면 흥미를 느끼고 친구들 책을 구경한다.

2 **교실 내 이동 동선 연습하기** | 교과서나 학습지 등을 확인할 때 선생님이 직접 순회해 지도하기도 하지만 아이들이 교사 책상으로 나올 때도 많다. 이때 이동 동선을 연습하지 않으면 아이들이 몰려 안전사고가 발생할 위험이 있다. 자리에서 일단 순서대로 뒤로 나간 다음, 뒷문 쪽에서 앞문 쪽으로 줄 서서 나오는 연습이 필요하다. 여러 사람이 이동할 때 질서를 지키는 것이 안전하고 빠른 방법

임을 알려 주고 충분히 연습한다.

3 **여러 가지 방법으로 줄 서는 방법 연습하기** | 한 학급의 아이들이 보통 스무 명 남짓 되기 때문에 교실 밖으로 이동할 때는 항상 줄 서서 이동한다. 줄 서는 방법을 3월에 여러 번 연습해 질서정연하게 이동할 수 있도록 한다. 처음에는 번호 순으로 줄 서는 연습부터 시작해 남자 한 줄, 여자 한 줄로 서는 방법을 연습하고 남녀 짝으로 두 줄로 서는 방법도 연습한다. 아이들이 스스로 자리를 잘 찾지 못하면 앞·뒷사람의 얼굴과 이름을 기억하게 해 순서를 익히는 것도 좋은 방법이다. 줄 서기를 연습할 때, 아이들이 동요를 한 곡을 부르며 노래가 끝나기 전에 줄 서는 것을 목표로 하면 즐겁게 연습할 수 있다.

4 **수업 시간, 쉬는 시간 연습하기** | 1학년은 수업 시간과 쉬는 시간을 잘 구분하지 못한다. 수업 시간이 끝나면 꼭 화장실을 다녀오라고 쉬는 시간마다 알려 주지만 친구들과 노느라 그냥 보내고 수업이 시작하면 화장실에 간다는 친구들이 많다. 한 명이 화장실에 간다고 하면 연달아 아이들이 손을 든다.

선생님께 신호를 미처 보내지 못한 아이들이 간혹 배변 실수를 한다. 1학기에 심심치 않게 일어나는 일이다. 이때 여벌 옷이 없다면 아이를 화장실에 두고 학부모에게 연락해야 하는데, 옷을 바로 가져오는 일이 여의치 않을 때도 있다. 한 학기 정도는 사물함에 여벌 옷을 준비해 두면 당황하지 않고 뒤처리를 할 수 있다. 배변 실수를 한 아이가 마음 상하지 않게 다독이는 것도 필요하다. 누구나 실수할 수 있고 1학년에게 간혹 일어나는 일이니 괜찮다고 마음을 보듬어 준다. 학부모에게도 상황을 잘 설명하고 전달한다.

쉬는 시간과 수업 시간의 구분은 3월 한 달 만에 자리 잡기는 힘들다. 하지만 수업 시간에 집중하기 위해서는 쉬는 시간에 꼭 화장실에 가야 한다고 알려 주고 연습하면 2학기에는 훨씬 수월하게 수업 시간에 학습활동을 할 수 있다.

5 **하교** | 아이들이 하교 후 바로 집으로 가는지, 돌봄 교실로 가는지, 학원 차를 타는지, 아이들의 행선지를 조사해 메모하면 좋다. 혼자서 집에서부터 학교까지 와 보지 않은 아이들이 많아 학부모가 교문에서 기다리다가, 엇갈려서 아이와 만나지 못한 학부모가 교실로 전화하기도 한다. 선생님이 아이들의 행선지를 알아 두고 안전하게 귀가하는 방법을 메모해 두면 만일의 상황에 당황하지 않고 아이의 소재를 파악할 수 있다.

6 **준비물 안내는 자세하게** | 1학년 학부모에게 학용품과 준비물을 안내할 때는 자세하게 안내하는 것이 좋다. 모양만 예쁘고 캐릭터가 달린 학용품은 놀잇감으로 이용돼 수업에 집중하는 데 방해가 된다. 예컨대 연필 다섯 자루를 준비물로 안내한다면 캐릭터 지우개가 달리지 않은 육각형 2B 연필(깎은 상태)을 필통(천으로 된 것)에 항상 준비하는 것으로 안내한다. 받아쓰기할 공책도 8칸 깍두기 공책이 아닌 10칸 깍두기 공책을 반 아이들 모두 준비해야지 줄 바꿈 시 혼란이 없다.

통합학급 | 통합 학급 운영은 어떻게 해야 하나요?

올해 학년 발표를 듣고 절망에 빠졌다. 동학년끼리 모여서 가출석부를 나눴는데 선생님들이 걱정하며 "아이고, 그 반에 아무개가 있네." 하고는 혀를 끌끌 차는 것이 아닌가? 복직하고 처음 맡는 6학년이어서 걱정인데 우리 반에 특수아까지 있다고 하니 다시 휴직을 들어가야 하나 고민된다. 우리 학교에는 심지어 도움반도 없어서 특수교사나 실무사님의 도움도 받을 수가 없다. 학부모는 우리 아이는 특수아지만 일반 아이와 크게 다르지 않다고 한다. 올 한해 동안 잘 지낼 수 있을까? 도움이 절실하게 필요하다.

1. 우리 반 친구는 어떤 장애를 갖고 있나요?

통합 학급을 맡게 되면 담임교사의 부담은 커진다. 한 반을 보통 20명 내외라고 보았을 때, 특수아가 아니어도 문제 행동을 보이는 친구들이 한 반에 3-4명은 꼭 있기 마련이인데, 여기에 특수아가 함께하면 자칫 선생님의 멘탈이 붕괴될 위험이 크다. 유형별 특징과 대처 방법, 문제 행동 등이 모두 다르기 때문에 하나로 해결책을 제시하기 곤란하다는 점이 가장 큰 어려움이다. 만약, 학급에 특수아가 배정되었을 경우 크게 2가지 경우로 나눌 수 있다.

1 특수 도움반이 있고, 특수교사가 배치된 학교 | 특수 선생님이라는 든든한 지원군이 있기에 1년이 비교적 수월하게 지나간다. 2월에 학급 배정을 받고 나면 특수교사가 찾아와 장애 유형과 생길 수 있는 문제 상황에 대해서 자세하게 안내해 준다. 또한 실무사님이 직접 교실에 들어오거나 특별실 등의 이동에 도움을 주기 위해 학급 시간표를 보고 함께 시간표를 짜게 된다. 거동이 불편한 지체 장애아의 경우 휠체어를 사용해야 하기 때문에 공익 근무 요원을 요청할 수 있다. 단, 학교에 여러 명의 특수아가 있다면 보다 중증 장애아에게 실무사님이 더 많은 시간을 할애하게 된다. 이에 대해 특수교사와 함께 조율이 필요하다.

2 특수아의 수가 적고, 도움반이 없는 학교 | 많은 어려움이 예상된다. 하지만 지피지기면 백전백승이라는 말이 있듯이, 제일 먼저 특수아가 갖고 있는 장애 유형이 무엇인지부터 파악하는 것이 좋다. 6학년이 되었다는 것은 이미 그 학교에 특수아를 담임한 경험이 있는 선생님들이 있다는 것이다. 이는 큰 도움이 될 수 있다. 아이에 대한 기본 정보, 학습의 수준, 수업 중 벌어질 돌발 행동, 도움이 필요한 경우, 급식이나 배변의 문제, 등하교 도움 여부 등을 꼼꼼하게 여쭙고 상의해야 한다. (1학년 신입생의 경우는 정보 부족으로 대처가 어렵다)

교육부 장애 유형(특수교육 대상자의 10가지 장애 유형)	
유형	설명
① 시각장애	시각계 손상이 심해 시각 기능을 전혀 이용하지 못하거나 보조 공학기기의 지원을 받아야 시각적 과제를 수행할 수 있는 사람
② 청각장애	청력 손실이 심해 보청기를 착용해도 청각을 통한 의사소통이 불가능 또는 곤란한 상태이거나, 청력이 남아 있어도 보청기를 착용해야 청각을 통한 의사소통이 가능해 청각에 의한 교육적 성취가 어려운 사람
③ 지적장애	지적 기능과 적응 행동상의 어려움이 함께 존재해 교육적 성취에 어려움이 있는 사람
④ 지체장애	기능·형태상 장애를 갖고 있거나 몸통을 지탱하거나 팔다리의 움직임 등에 어려움을 겪는 신체적 조건이나 상태로 인해 교육적 성취에 어려움이 있는 사람

⑤ 정서 행동 장애	장기간에 걸쳐 다음의 어느 하나에 해당하며, 특별한 교육적 조치가 필요한 사람 – 지적·감각적·건강상의 이유로 설명할 수 없는 학습상의 어려움을 겪는 사람 – 또래나 교사와의 대인관계에 어려움이 있어 학습에 어려움을 겪는 사람 – 일반적인 상황에서 부적절한 행동이나 감정을 나타내 학습에 어려움이 있는 사람 – 전반적인 불행감이나 우울증을 나타내 학습에 어려움이 있는 사람 – 학교나 개인 문제에 관련된 신체적인 통증이나 공포를 나타내 학습에 어려움이 있는 사람	
⑥ 자폐성 장애	– 사회적 상호작용과 의사소통에 결함이 있고, 제한적이고 반복적인 관심과 활동을 보임으로써 교육적 성취 및 일상생활 적응에 도움이 필요한 사람	
⑦ 의사소통 장애	다음의 어느 하나에 해당해 특별한 교육적 조치가 필요한 사람 – 언어의 수용 및 표현 능력이 인지능력에 비해 현저하게 부족한 사람 – 조음 능력이 현저히 부족해 의사소통이 어려운 사람 – 말 유창성이 현저히 부족해 의사소통이 어려운 사람 – 기능적 음성 장애가 있어 의사소통이 어려운 사람	
⑧ 학습 장애	– 개인의 내적 요인으로 인해 듣기, 말하기, 주의 집중, 지각, 기억, 문제 해결 등의 학습 기능이나 읽기, 쓰기, 수학 등 학업 성취 영역에서 현저하게 어려움이 있는 사람	
⑨ 건강 장애	– 만성질환으로 인해 3개월 이상의 장기 입원 또는 통원 치료 등 계속적인 의료적 지원이 필요해 학교생활 및 학업 수행에 어려움이 있는 사람	
⑩ 발달 지체	– 신체, 인지, 의사소통, 사회 정서, 적응 행동 중 하나 이상의 발달이 또래에 비해 현저하게 지체돼 특별한 교육적 조치가 필요한 영아 및 9세 미만의 아동	

출처: 특수교육 대상자 장애 유형(장애 분류)/교육부 장애 유형.

시각·청각·지체 장애의 경우 오히려 소통에 큰 어려움이 없고, 반 아이들도 장애에 대한 이해의 폭이 넓어서 서로 돕고 사이좋게 지내는 학급 운영이 가능하다. 반면, 지적장애나 자폐성 장애, 정서 행동 장애아가 함께할 경우 대혼돈이 시작된다. 이런 장애아의 특징은 똑같은 행동을 반복하고, 문제 행동 개선이 어렵고, 공감 능력이 부족해 타인과의 관계 맺기가 어렵다는 점에서 공통점이 있다. 안타깝고 도와주고 싶지만, 봐줄 수 없는 사건 사고가 매일 일어나 애증의 관계가 시작되기도 한다. 여기에 반 아이들의 협조도 바랄 수 없고, 학부모로부터 민원이 들어오기 시작하면 선생님은 진지하게 휴직을 고려하게 된다. 그런 사태를 막기 위해 무엇을 어떻게 준비해야 할까?

2. 특수아를 위한 개별화 회의 어떻게 준비할까요?

3월이 되면 학급 세우기를 위해 분주하다. 통합 반의 경우 많은 부분 특수아를 배려한 학급경영이 필요하다. 쉬는 시간 운영, 도우미 배치, 화장실 문제, 교과실 관련 문제 등 담임교사 혼자서 해결할 수 없는 부분도 많다. 이런 모든 문제에 대해서 매번 학부모와 통화하고 양해를 구하는 것은 대단히 어렵다. 이를 위해 학교에서는 특수교육 담당 선생님(또는 특수교사) 주도 하에 특수교육 대상자에 대한 개별화 교육 회의를 개최한다. 참석자는 보통 교감, 담당 부장, 담당 교사, 담임교사, 학부모로 이뤄지며, 회의 내용은 학급 내 행동 특성 파악 및 개별화 교육 계획 세우기를 목표로 한다.

① **개별화 회의에서 담임은 무엇을 준비하나요?** | 3월 3-4주에 개별화 회의를 진행하기 때문에 담임교사가 학생을 파악하기에는 어려움이 있다. 다만, 학생의 반복되는 문제 행동이나 특이 사항을 반드시 개별화 회의에서 다뤄야 하므로 3월에는 따로 학급경영 노트나 메모장을 활용해 특수 학생에 대한 일지를 작성한다. 계속되는 문제점, 아이들과의 갈등 상황, 아이가 특별히 도움이 필요한 상황, 학부모에게 부탁하고 싶거나 문의하고 싶은 점을 메모해 두었다가 회의 때 논의하면 도움을 받을 수 있다.

② **개별화 회의에서 꼭 물어봐야 할 것은?** | 수영 교육, 야외 체험 학습 등 학생이 교실에 있지 않고 외부로 나가야 하는 경우 특수 실무사의 도움을 필요로 하는지, 교외 학습활동에 참석이 가능한지 여부를 꼭 물어봐야 한다. 놀이동산이나 짚라인 같은 모험 놀이가 포함돼 있는 장소에서 몸이 불편한 친구들은 특별히 도움이 필요하기 때문이다.

학습 면에서는 학교마다 학습 지원 튜터가 배치돼 있는 경우 학생이 부족한 과목(수학, 국어 등)에서 도움을 받고자 하는지 여부를 물어야 한다. 특히, 특수학급이 설치돼 있지 않은 학교에서는 담임교사 혼자 일반 학생들을 가르치면서 학습의 격차가 큰 특수아를 꼼꼼하게 도와 주기 어렵다.

만약 1-2학년일 경우에는 국어, 수학 분야 기초학습 협력 강사의 양해를 얻어 특수아가 힘들어할 때 곁에서 학습을 보조해 줄 수도 있다. 이에 대한 동의를 학부모로부터 먼저 구하고, 그에 따라 계획을 세우면 된다. 특수학급이 있는 경우 개별화 회의에서 어떤 과목 시간에 도움반에 내려가서 수업을 받고 올라올지 학부모와의 협의가 필요하다. 보통은 국어, 수학 시간에 많이 내려가지만, 경우에 따라 우리 아이는 특수아지만 수준이 높으니까 수학 수업은 통합 학급에서 하겠다고 주장하는 학부모도 간혹 있다.

또한 고학년일 경우 학업에 대한 부분, 수행평가에 대한 부분에 대해서도 미리 논의가 필요하다. 아이의 수준에 맞춰 따로 평가하고 임의 입력으로 처리할 것인지, 다른 아이들과 똑같은 수준으로 평가할 것인지를 논의하고 학생이 도달하고자 하는 목표가 무엇인지 학부모와 꼭 상의해야 한다. 간혹 우리 아이가 일반 아이들과 똑같은 수준으로 공부하기를 원하는데 수업에서 어려운 내용이 나올 때 배제시킨 것에 이의를 제기하는 학부모들도 있다.

3 **개별화 회의에서 결정된 사항은 변경이 불가한가요?** | 개별화 회의는 1학기, 2학기 총 두 차례 진행된다. 물론 필요에 따라 중간에 소집될 수도 있다. 개별화 회의에서는 학기별 차이가 크게 날 수 있기에 1학기 때 결정된 사항에 대해 변경을 원하면 학부모, 담당자와 통화해 얼마든지 세부 내용을 조정할 수 있다. 특히, 복용하는 약의 양이나 종류, 투약 여부를 조정할 필요가 있거나 특별한 치료가 필요한 특수아의 경우에는 면밀히 관찰해 학부모와 의사에게 관찰 내용을 기록

해 전달해 주는 것도 중요하다.

3. 1년 동안 통합 학급 운영에서 유의할 점은 무엇인가요?
....

학부모와의 개별화 회의를 마쳤다면, 이제 본격적으로 우리 반 학급 어린이들과 특수아를 어떻게 관계 맺을지 고려해야 한다. 심성이 곱고, 친구를 잘 도와주는 구성원들이 많이 모인 학급을 만날 수도 있지만, 예민하고 까칠한 친구들이 많이 모인 학급도 만날 수 있다.

통합 학급이 되면 아이들은 수업에 지장을 받고, 때로는 무한한 인내심을 발휘해야 하는 순간을 마주한다. 이에 대한 아이들의 이해와 동의를 먼저 구하고 도움을 요청해야 1년을 무사히 보낼 수 있다. 특수아에 대한 도움을 공정하지 못한 역차별로 이해해 특수아에 대해 색안경을 끼고 바라보는 친구들도 있다.

① 반 아이들을 어떻게 설득해야 하나요?

4월은 장애인의 날이 있는 달이다. 이때 아이들과 통합 학급에 대해서 이야기하면 좋다. 최근에는 장애인 협회나 교육청에서 실제 장애를 지닌 강사님이 오셔서, 장애의 특징과 사고의 경위, 장애인을 어떻게 대해야 하는지에 대해 상세하게 가르쳐 주셔서 아이들에게 큰 도움이 되고 있다. 특수교사가 있는 학교에서는 따로 신청을 받아서 진행하므로 미리 장애 이해 교육에 대한 참가 의사를 밝혀 두는 것도 좋은 방법이다.

아이들은 장애가 있다는 것을 알면서도 특별 대접을 받거나, 장애아를 먼저 배려하는 것에 대해 공정하지 않다고 느끼며 역차별의 감정을 경험하기도 한다. 그러므로, 장애아의 특징을 상세하게 설명해 주고 발생할 수 있는 문제점과 대처 방안에 대해서 구체적으로 말해 주는 노력이 필요하다. 무조건적으로 돕기보다는 필요한 경우, 도움을 요청한 경우에 친구를 돕는 것이 더 효과적이라는 것도 함께 설명한다.

② 특수아에게 학급의 규칙을 모두 지키도록 해야 하나요?

3월에 학급 세우기를 하면서 학생들이 지켜야 할 공공의 규칙을 함께 정하게 된다. 그러나 특수아들은 이에 대한 이해가 부족하고, 지속적인 실천이 어려운 경우가 대부분이다. 열외가 되는 경우가 생기다 보면 간혹 특수아들이 '그래도 되나 보다' 생각하면서 자신은 규칙을 지키지 않아도 되는 사람이라는 특권 의식을 갖는 경우가 생긴다. 그렇게 되면 수업 활동이 어려워지고, 모둠 활동에서 아이들과 마찰이 끊이지 않는다.

그러므로, 학급의 평화를 위해 기본적인 생활지도와 관련된 규칙들은 엄밀하게 모두 지킬 수 있도록 하되, 학습과 관련해 장애 때문에 발생하는 차이에 대해서만 그 예외를 인정하는 단호함이 필요하다. 예를 들면, 함부로 수업 중에 돌아다니거나 앞으로 나오지 않는다는 규칙을 반드시 지키도록 하는 것 등이 이에 해당된다.

③ 특수학급이 따로 없을 경우 수업 시간에는 어떻게 해야 하나요?

저학년에서는 특수아가 일반 아동과 수준 차이가 크지 않다. 아직 모두가 소근육 발달이 더딘 상태여서 장애아도 수학의 연산 영역이나 국어 받아쓰기, 맞춤법 정도에서만 어려움이 있고 대부분의 활동은 도움을 받으면 할 수 있다. 또한 저학년 친구들은 특수아를 도와주는 것을 즐기며, 무리를 짓지 않는 편이어서 큰 어려움이 없다.

고학년이 되면 문제가 심각해진다. 간혹 교사도 어려워서 참고 문헌을 찾아보고 꼼꼼하게 공부 해야 정확하게 전달할 수 있는 수준 높은 내용이 등장하기 때문이다. 수학의 문장제 심화 문제들은 일반 학생들도 문해력이 부족하면 곤란함을 겪는다. 공책 정리도 힘들고, 교과서는 내용이 많아져 어렵고, 미술, 음악, 체육 같은 예체능 교과조차 고급 기술을 소화해야 하는 경우가 많아 특수아들이 쉽게 좌절하고 절망에 빠지게 된다.

그런 경우를 대비해 교사는 수업을 설계할 때 항상 특수아가 할 수 있는 수준의 난이도로 따로 과제를 부여해야 한다. 예를 들어, 6학년에서 논설문 쓰기를 할 때 일반 아동들이 5개의 문단으로 뒷받침 문장과 출처를 명시해 논설문을 쓸 때, 특수아에게는 미리 교사가 작성한 예시 논설문을 주고 주장이 무엇인지 찾아보게 하거나 논설문을 따라 써 보는 훈련을 시킬 수 있다. 단원 평가나 학습지도 수준을 낮추고 문제 수를 확 줄여서 제시하면 특수아도 성취의 기쁨을 맛볼 수 있다. 공책 정리도 내용을 인쇄해 주고, 천천히 적을 수 있도록 시간을 주면 좋다.

4 학부모와는 어떻게 소통해야 할까요?

가장 어려운 문제가 학부모와의 소통이다. 지적장애가 있는 학생들은 교사의 말을 오해하고 잘못 전달하거나, 친구들과 소통이 되지 않아 잘못된 정보를 학부모에게 전달하는 경우가 종종 있다. 학교에서 일어난 일에 대해 특수아의 학부모는 대부분 '우리 아이는 장애가 있으니 더 배려를 받아야 한다.' 또는 '모르고 그런 것인데 어떻게 하느냐'라고 억울해하는 경우가 많다. 우리 사회는 장애인에 대한 편견이 자리 잡고 있어 장애아를 키우는 부모 입장에서는 모든 것이 억울하고, 답답하고, 서운하다.

그러므로 장애아의 문제 행동을 전달할 때는 정확히 언제, 어디에서, 누구와 일어난 일인지에 대해 사전에 기록해 두고, 교사의 판단이나 비판 없이 사실만을 고지해야 한다. 비슷한 일이 반복되는 경우는 문자나 전화 상담을 통해 '주의'를 기울이도록 조심스럽게 부탁해야 한다. 그럼에도 문제 행동이 심각해지면 직접 대면 상담을 요청해 원인을 알아보고 학부모와 교사가 함께 대응해 나가려는 노력이 필요하다.

학부모에게는 우리는 한편이며, 아이의 성장과 발전을 위해 한배를 탄 공동의 운명체라는 것을 강조해 신뢰감을 형성해야 한다. 그래야 학부모도 교사의 교육 활동을 오해하지 않고, 교사도 자신감 있게 아이의 훈육과 교육을 담당할 수 있게 된다.

5 특수아 친구를 돕는 도우미 친구를 따로 배치해야 하나요?

중증 장애가 있거나 정서장애, 자폐성 장애를 갖고 있는 특수아의 경우 짜증과 화를 잘 내는 등, 아이들과 사이좋게 지내는 데 큰 어려움이 있다. 그럴 경우 도우미 친구에게 고마운 감정을 느끼는 것이 아니라, 당연히 해 줘야 할 일을 하는 아이라고 생각하기도 한다.

게다가 또래 아이가 장애아를 돕다 보면 스트레스가 쌓여 폭발할 수도 있다. 도우미를 자청하는 친구들이 있다면 권장하되, 선생님이 도우미 친구를 지정하거나 계속 짝을 시키는 등의 방법은 오히려 역효과를 낳을 수 있다.

최근에는 특수아를 위한 봉사자, 도우미 교사, 특수 실무사, 공익 근무 요원 등을 배치할 수 있도록 교육청에서 많은 도움을 주고 있기 때문에 아이들도 편하게 공부에 전념할 수 있다.

6 통합 학급 친구의 성적 처리는 어떻게 하나요?

통합 학급의 친구도 수행평가를 치러야 한다. 다만, 특수교사가 있는 학교에서는 개별화 교육통지표가 해당 과목에서 따로 나온다. 주로 국어, 수학 같은 과목이다. 그 외의 과목에서는 담임, 교과 담임교사의 평가가 필요하다. 수준의 차이가 있기에 따로 평가하고 임의 입력을 통해 아이의 도달 목표를 수기로 입력하면 된다. 미술, 음악, 체육 등 예체능 과목에서 큰 차이를 보이지 않고 잘 참여할 수 있다면 아이들과 동일한 기준으로 평가하는 것도 가능하다.

7 실무사님이나 도우미 선생님이 항상 교실에 계시면 부담스럽지 않나요?

물론 항상 누군가 내 수업을 관찰하고 있다는 느낌에 부담감을 느낄 수 있다. 그렇지만, 사고가 발생하거나 장애아의 돌발 행동이 일어났을 때 CCTV가 없는 교실에서 상황을 객관적으로 증언해 줄 수 있는 성인이 있다는 것은 대단히 위안이 된다. 간혹 장애 유형에 따라 없던 일을 꾸며서 말하거나, 자신에게 유리한 것만을 기억하거나, 자신이 한 행동을 하나도 기억하지 못하는 경우가 있어 담임교사가 도리어 위기에 처하는 경우가 많다. 이때 든든한 지원군으로서 실무사나 도우미 선생님과 끈끈한 관계를 유지하면 많은 어려운 순간을 슬기롭게 이겨낼 수 있다.

8 올해 특수아가 6학년일 때, 중입 배정은 어떻게 해야 하나요?

특수아는 1, 2, 3차 희망에 따라 중입 배정 원서를 먼저 쓴다. 통합교육지원센터에 문의해 일정을 상의하거나, 궁금한 점을 학부모나 담임교사가 직접 문의할 수 있다. 학부모에게 공문에 첨부된 서류를 보내 제출하도록 하며, 나이스 시스템에서 온라인으로 서류 접수 과정이 진행된다. 특수아 학교 배정이 먼저 끝나면 일반 학생 중입 원서 접수가 시작된다. 특수아 배정 학교는 공문으로 안내되므로, 확인한 즉시 학부모에게 안내해 이의가 있을 경우 직접 교육청에 문의하도록 한다(서울특별시 교육청의 경우임.).

4. 통합 학급 이것만은 꼭 기억해요!

통합 학급의 담임은 체력과 인내심이 무엇보다 필요하다. 똑같은 말을 하루에도 열두 번씩 반복해야 하고, 다음 날이 되도 전혀 나아지지 않는다는 것을 받아들여야 한다. 뒤돌아서면 까먹을 것이고, 반 아이들이 간혹 장애아를 돕지 않고 다투면서 발생하는 문제도 중재해야 한다. 자폐아나 지적장애, 다운증후군, 정서장애 아동이 지르는 괴성을 감당하거나, 도망가는 친구들을 잡으러 100m 달리기를 해야 할 수도 있다.

떼를 쓰거나, 친구나 교사의 물건을 가져가고 오리발을 내미는 경우도 허다하다. 때론 신발도 신겨 주고, 밥도 떠 주고, 뒤처리 때문에 화장실에도 함께 가야 한다. 그러나 칭찬이나 감사의 말보다는 "이것 좀 신경 써 주세요", "좀 불편합니다" 같은 요구 사항과 불만을 더 접하게 되는 것이 현실이다. 그럴 때는 그 아이가 감당해야 할 사회적 약자로서의 어려움에 공감하는 것이 통합 학급의 교사에게 반드시 필요하다.

부상 사고 | 아이가 다쳤을 때 어떻게 대처해야 하나요?

교실에서 아이들과 생활하다 보면 예기치 못한 사고가 발생할 때가 있다. 특히, 쉬는 시간이나 체육 시간에 아이들이 다치는 경우가 많다. 이럴 때마다 어떻게 대처해야 할지 걱정된다. 아이가 다쳤을 때 교사가 가장 먼저 해야 할 일부터, 학교안전공제회의 처리 절차까지 자세히 알아보도록 하겠다.

1. 사고 발생 직후의 긴급 대응

교실에서 아이들과 생활하다 보면 예기치 못한 사고가 발생할 수 있다. 이럴 때 가장 중요한 것은 교사의 침착한 대처다. 특히, 사고 발생 직후 10분이 가장 중요한데, 이 시간 동안 교사가 어떻게 대응하느냐에 따라 학생의 치료 방향과 회복 속도가 달라질 수 있다. 또한 이 시간의 대처는 이후 학부모와의 관계, 학교안전공제회 처리 등에도 큰 영향을 미치게 된다. 그렇다면 사고가 발생했을 때 어떤 순서로 대처해야 할까?

응급처치와 상황 판단	
현장 응급처치	• 안전한 곳으로 학생 이동. • 출혈 있는 경우 지혈 실시 • 골절이 의심되는 경우 부목을 대어 고정 • 의식이 없는 경우 즉시 119에 신고
보건실 연계	• 보건교사에게 즉시 연락해 전문적 처치 요청 • 보건 일지에 기록 • 학생의 상태 지속적으로 모니터링
병원 이송 결정	• 전문의의 진료가 필요한지 판단 • 응급 차량 필요 여부를 결정 • 인근 병원의 진료 가능 여부를 확인
관련자 통보	• 학부모 통보: 침착하고 명확하게 상황을 설명, 현재 취한 조치를 안내, 병원 이송이 필요한 경우 동의 구하기, 학부모의 요청 사항을 경청 • 관리자 보고: 교감, 교장 선생님께 서면 또는 구두로 보고, 사고 경위와 조치 사항 명확히 전달, 추가 지시 사항 확인

2. 학교안전공제회 사고 통지

사고 발생 후 응급 대처가 이루어졌다면, 그다음으로 중요한 것이 바로 학교안전공제회 신고다. 많은 선생님들이 이 단계에서 어려움을 느끼는데, 실제로는 생각보다 간단하다. 다만 정확한 절차를 알고 있어야 하며, 시기를 놓치지 않는 것이 매우 중요하다. 대부분의 경우 사고 발생 후 24시간 이내에 통지하는 것을 원칙으로 한다. 통지가 늦어질 경우 불이익이 있을 수 있으니 주의해야 한다. 그럼 구체적인 통지 절차를 살펴보겠다.

사고 발생 통지서 작성		
기본 정보 입력	• 사고 일시, 장소 정확히 기재 • 목격자 정보 기록	• 가해자, 피해자 여부 표시 • 보건 일지 내용 참고해 기록
사고 경위 작성	• 육하원칙에 따라 명확히 서술 • 교사의 조치 사항 기재	• 사고 발생 전후 상황 포함 • 객관적 사실만을 기록
시스템 입력 방법	• 학교안전공제회 홈페이지 접속 • 공제 급여 관리 → 사고 통지 선택 • 필수 항목 누락 없이 입력	• 임시 저장 기능 활용

첨부 서류 준비	
필수 제출 서류	• 사고 현장 사진　　　• 목격자 확인서 • 보건 일지 사본　　　• 초진 진료 기록지
상황별 추가 서류	• 치료 예상 기간 진단서　• 학교생활 기록부 사본 • 담임교사 의견서　　　• 차량 사고의 경우 차량등록증 사본

3. 치료 과정에서의 지원

학교안전공제회에 사고 통지를 완료했다고 해서 교사의 역할이 끝나는 것은 아니다. 오히려 이때부터가 더 중요하다. 학생의 치료 과정에서 교사는 학부모와 병원, 그리고 학교 사이에서 중요한 가교 역할을 해야 한다. 특히, 치료 과정에서 필요한 각종 서류 준비와 제출은 학부모가 가장 어려워하는 부분인데, 이때 교사가 적절한 도움을 드린다면 학부모의 부담을 크게 덜어드릴 수 있다. 그렇다면 치료 과정에서 교사가 어떤 지원을 할 수 있는지 구체적으로 알아보겠다.

병원 치료 지원	
병원 치료 지원	• 학부모와 병원 선택 상담　• 진료 예약 지원 • 보험 적용 여부 확인　　　• 치료 방향 상담 • 정기적인 상태 확인　　　• 등하교 지원 방안 논의 • 학습 결손 대책 마련　　　• 담임교사와 협력 체계 구축
서류 준비 지원	• 진료비 영수증 원본　　　• 진료비 세부 내역서 • 약제비 영수증　　　　　• 처방전 사본. • 진단서 또는 소견서　　　• 입원확인서(해당 시) • X·ray 등 검사 결과지　　• 재활 치료 계획서 • 학부모 통장 사본　　　　• 주민등록등본 • 가족관계증명서(필요시)　• 청구인 신분증 사본

공제 급여 청구 및 지급		
공제급여 청구서 작성	• 청구인(보호자) 인적 사항 기재 • 계좌 정보 정확히 기재 • 진료비 영수증 항목별 정리 • 비급여 항목 구분 • 학교장 직인 날인 • 사본 보관	• 피해 학생 정보 입력 • 사고 발생 통지 번호 확인 • 약제비 정산 내역 확인 • 교통비 등 부대 비용 확인 • 서류 누락 여부 최종 점검 • 제출 방법 선택(온라인/우편)
심사 및 지급 과정	• 접수 완료 확인 • 추가 서류 요청 대응 • 지급 결정 통지서 확인 • 지급 완료 확인	• 심사 진행 상태 모니터링 • 결과 통보 확인 • 입금 예정일 확인 • 학부모 수령 확인

4. 사후 관리

부상을 입은 학생이 다시 건강하게 학교생활에 적응하기 위해서는 체계적인 케어 프로그램이 필요하다. 이는 단순히 신체적 회복만을 의미하는 것이 아니라, 심리적 안정과 학습 결손 방지까지 포함하는 종합적인 관리가 돼야 한다.

1 **신체적 케어** | 학생의 건강 회복이 최우선이다. 담임교사는 매일 학생의 상태를 세심하게 관찰하고, 불편한 점은 없는지 확인해야 한다. 특히, 체육 시간이나 신체 활동이 있는 경우, 참여 수준을 학생의 상태에 맞게 조절하는 것이 중요하다. 보건교사와 긴밀히 협력해 정기적인 건강 체크를 실시하고, 필요한 경우 즉시 조치를 취한다.

2 **심리적 케어** | 사고를 겪은 학생은 심리적 위축이나 불안을 경험할 수 있다. 교사는 학생의 표정과 행동 변화나 학교생활 적응도를 주의 깊게 관찰하고, 필요한 경우 상담 교사와 연계해 상담을 제공해야 한다. 특히, 친구들과의 관계가 소

원해지지 않도록 세심한 배려가 필요하다. 학급 친구들에게도 적절한 안내를 통해 다친 친구를 이해하고 배려할 수 있도록 지도한다.

③ **재발 방지 대책 |** 학교에서 발생하는 안전사고는 대부분 유사한 패턴으로 반복된다. 따라서 한 번 발생한 사고에 대해 철저한 분석과 대책 마련이 이뤄지면, 비슷한 유형의 사고를 예방할 수 있다. 재발 방지를 위해서는 물리적 환경(사고 발생 장소, 위험 요소 제거, 안전시설 보완) 개선뿐만 아니라, 인적 요소에 대한 관리도 함께 이뤄져야 한다. 또한 학급 단위의 안전 교육을 실시한다.

④ **학부모가 치료비 청구를 거부하는 경우 |** 간혹 번거로운 절차나 개인정보 제공을 꺼려하는 경우가 있다. 이런 경우 학교안전공제회가 학생들의 안전한 학교생활을 위한 공적 제도임을 설명하고, 필요한 서류 준비를 돕겠다고 말하는 것이 좋다. 그래도 거부한다면 서면으로 포기 의사를 받아 두는 것이 안전하다.

학교 폭력 | 학교 폭력이 일어났을 때 어떻게 대처해야 하나요?

어느 날, 학생 상담을 통해 학급 내에서 지속적인 따돌림과 언어폭력이 있었다는 사실을 알게 되었다. 복잡한 감정 속에서 학교 폭력 문제를 해결하기 위해 접근법을 찾기 시작했다. 옆 반 선생님은 "그럴 때일수록 매뉴얼을 철저히 따라야 해요. 사실관계만 기록하고, 감정적으로 대응하지 않는 것이 중요합니다."라고 조언했다. 교사로서 피해 학생을 보호하면서도 가해 학생에게 올바른 방향으로 교정할 기회를 제공하려면 어떻게 해야 할까?

1. 학교 폭력 이해와 유형

학교 폭력은 "학생 간의 신체적·언어적·심리적 폭력으로 인해 피해 학생에게 고통과 불안을 초래하는 모든 행동"으로 정의된다. 한국에서는 '학교 폭력 예방 및 대책에 관한 법률(약칭: 학교 폭력예방법)'에 의해 학교 폭력의 정의와 대처 방안이 규정돼 있다. 법적 기준에 따르면 학교 폭력은 다음과 같은 형태로 구분된다.

① **신체적 폭력** | 때리기, 밀기, 발길질 등 물리적 접촉을 통해 상대방에게 신체적 고통을 주는 행위

- 특징: 눈에 띄는 신체적 상처가 남거나, 피해 학생이 지속적으로 두려움을 느끼게 됨
- 사례: 쉬는 시간에 특정 학생을 반복적으로 때리거나 괴롭히는 행동

② **언어폭력** | 욕설, 비하 발언, 협박 등 언어를 통해 상대방의 자존감을 훼손하거나 두려움을 주는 행위
- 특징: 피해 학생의 자존감을 떨어뜨리고 심리적 고통을 초래함.
- 사례: 학급 단체 대화방에서 특정 학생을 비하하거나 모욕적인 별명을 붙이는 행동

③ **사이버폭력** | 온라인에서 비방, 따돌림, 개인정보 유출 등 디지털 환경에서 이뤄지는 폭력
- 특징: 디지털 기기를 통해 이뤄지며, 피해 학생의 사생활 침해와 심리적 위축을 초래함.
- 사례: SNS에 피해 학생의 사진을 올리고 조롱하거나 악의적인 댓글을 다는 행동

④ **따돌림** | 의도적으로 특정 학생을 배제하거나 소외시키는 행위
- 특징: 피해 학생을 집단적으로 배제해 사회적 고립감을 느끼게 함.
- 사례: 특정 학생이 학급 활동에서 지속적으로 제외되거나 무시당하는 상황

⑤ **성적 괴롭힘** | 성과 관련된 말이나 행동으로 상대방에게 불쾌감을 주는 행위
- 특징: 피해 학생이 수치심이나 불안을 느끼게 됨.
- 사례: 불쾌감을 주는 성적인 농담이나 신체 접촉 시도

⑥ **기타 폭력** | 금품 갈취, 스토킹, 강요 등 기타 학생에게 고통을 주는 모든 행위
- 특징: 폭력의 형태가 복합적으로 나타나며 피해 학생에게 다면적 고통을 줌.
- 사례: 용돈을 강제로 빼앗거나 특정 행동을 강요하는 행위

2. 학교 폭력 대처의 기본 원칙

학교 폭력이 발생한 경우 학생의 안전 최우선으로 생각하며 사건이 발생한 즉시 관련 학생들을 분리해 추가 피해를 방지하는 것이 가장 중요하다. 또한 신체적·정서적 안전을 우선적으로 확인해야 한다. 이후 객관성과 기록을 유지할 수 있도록 사건의 모든 과정을 기록해 둬야 한다. 이때 감정적인 표현이나 추측은 배제하고, 목격자 진술과 관련 자료를 명확히 기록할 필요가 있다.

마지막으로 절차 준수를 준수해야 한다. 교육청과 학교에서 제공하는 매뉴얼을 철저히 따르는 것이 가장 중요하다. 학교 폭력 발생 시 필요한 절차와 연락 체계를 정리해 신속히 대응할 수 있도록 한다.

3. 학교 폭력 발생시 초기 대응

학교 폭력이 발생했을 때 교사의 초기 대응은 사건의 결과에 큰 영향을 미친다. 신속하고 체계적인 초기 대응은 피해 학생 보호와 문제 해결의 출발점이 된다.

피해 학생에게 안정감을 주며 상황을 물어본다. 학생이 편안하게 이야기할 수 있도록 중립적인 언어를 사용한다. 가해 학생에게는 객관적인 사실 확인을 위해 신중하게 질문한다. 가해 사실을 단정 짓기보다 학생의 입장을 듣는 데 집중한다.

사건이 발생한 시간, 장소, 관련 학생 등을 구체적으로 기록한다. 대화 내용, 사진, 메신저 기록 등 객관적인 자료를 확보한다. 필요시 다른 학생들의 진술을 통해 상황을 추가적으로 파악한다. 학교 폭력대책자치위원회나 상담 부서에 즉시 사건을 보고한다. 필요한 경우 학교 내 상담 교사나 전문 상담 기관과 협력한다.

피해 학생이 심리적·신체적 안전을 느낄 수 있도록 보호조치를 취한다. 피해 학생과 학부모에게 사건 처리 경과를 투명하게 공유한다. 또한 가해 학생의 행동이 왜 잘못되었는지 인식하도록 지도한다. 재발 방지를 위해 상담과 교육 프로그램을 연계한다.

4. 학교 폭력 처리 절차

학교 폭력 사건이 발생하면, 교사는 명확한 절차를 따라 사건을 처리해야 한다. 이를 통해 공정성과 신뢰를 확보하고, 사건이 올바르게 해결될 수 있도록 돕는다.

사건이 확인되면 즉시 학교 폭력대책자치위원회(이하 자치위원회)에 보고한다. 사건의 심각성과 유형에 따라 조사를 시작하며, 관련 법규를 준수한다. 필요한 경우 경찰, 상담 기관 등 외부 기관과의 협력을 요청한다.

자치위원회는 사건의 심각성을 판단하고, 가해 학생과 피해 학생에 대한 조치를 결정한다. 피해 학생 보호조치(접근 금지, 상담 지원 등)를 우선적으로 논의한다. 가해 학생의 교육적 교정을 위해 학부모와 함께 개선 방안을 마련한다.

피해 학생과 가해 학생의 학부모를 각각 면담해 사건의 경과를 투명하게 공유한다. 학부모가 사건의 심각성을 이해하도록 돕고, 학교의 처리 방안을 설명한다. 필요시 중재 회의를 통해 갈등을 조정한다.

자치위원회의 결정에 따라 가해 학생에 대한 교육적 조치(상담, 봉사 활동 등)를 실행한다. 피해 학생의 안전과 심리적 안정을 위해 지속적으로 모니터링한다. 학급 내 재발 방지를 위해 예방 교육과 회복적 정의 프로그램을 실시한다.

사건 처리 과정과 결과를 상세히 기록하고, 보고서를 작성해 보관한다. 추후 유사한 사건 발생 시 참고할 수 있도록 체계적으로 자료를 정리한다.

5. 문제 해결을 위한 단계별 접근법

학교 폭력을 효과적으로 해결하기 위해서는 체계적인 접근이 필요하다. 단계별로 문제를 분석하고 적절한 해결 방안을 실행함으로써 사건의 재발을 방지할 수 있다.

피해 학생과 가해 학생 간의 관계를 개선하기 위한 회복적 대화의 기회를 제공한다. 학급 전체를 대상으로 폭력의 심각성과 예방 방법에 대해 교육한다.

학부모에게 사건의 경과와 학교의 대응 방안을 투명하게 공유한다. 피해 학생과 가해 학생의 학부모 모두와 개별적으로 면담해 협력적 관계를 구축한다. 학부모의 의견을 경청하며, 사건 해결 과정에서 함께 참여하도록 독려한다.

학교 폭력대책자치위원회의 결정 사항을 충실히 이행한다. 상담 교사, 전문 상담 기관 등 학교 내외의 자원을 적극적으로 활용한다.

사건 해결 후 피해 학생과 가해 학생 모두를 지속적으로 관찰하며 필요할 경우 추가 상담을 제공한다. 학급 내 정기적인 예방 교육을 통해 유사 사건이 재발하지 않도록 한다. 학생들의 의견을 수렴해 학급 운영 방식을 개선한다.

문제를 해결하기 위한 단계별 접근은 단순히 사건을 마무리하는 데 그치지 않고, 학급과 학교 전체가 성장할 수 있는 기회로 전환할 수 있다. 교사는 학생, 학부모, 학교 간의 협력을 통해 모두가 안전하고 신뢰할 수 있는 환경을 만드는 것이 중요하다.

6. 학급 분위기 회복과 예방

학교 폭력 사건이 해결된 후에도 학급 분위기를 회복하고, 재발을 방지하기 위한 예방 조치는 필수적이다. 교사는 학생들 간의 신뢰를 회복하고, 학급 공동체의 유대감을 강화할 수 있는 방법을 찾는다.

갈등을 겪은 학생들 간의 관계 회복을 위해 회복적 대화를 진행한다. 모든 학생들이 참여할 수 있는 학급 단위의 워크숍이나 토론을 통해 폭력 문제를 공동으로 해결할 방안을 모색한다. 피해 학생과 가해 학생 모두의 입장을 이해하며, 학급 전체가 사건을 교훈으로 받아들일 수 있도록 돕는다.

학급 내 정기적으로 폭력 예방 교육을 실시해 학생들이 폭력의 심각성을 인식하도록 한다. 학생 자치회를 활용해 학급 내 긍정적인 캠페인(예: 친절 주간)을 진행한다. 학부모와 함께하는 예방 프로그램을 기획해 가정과 학교가 함께 폭력 문제를 방지하도록 협력한다. 또한 다음과 같은 학급 활동을 시도한다.

- 학생들이 협력하는 분기별 프로젝트를 계획해 학급 공동체 의식을 강화
- 학생들의 협력과 배려를 칭찬하고, 긍정적 행동을 장려하는 보상 체계 도입
- 익명으로 학급 분위기에 대한 의견을 제시할 수 있는 피드백 상자 운영
- 교사가 존중과 배려의 태도를 보임으로써 학생들이 자연스럽게 학습하게 함
- 지역 상담 센터나 경찰서와 협력해 폭력 예방 워크숍이나 강연을 실시

학교 폭력 상황은 교사에게 큰 부담으로 다가올 수 있다. 그러나 교사는 학생의 안전과 신뢰를 책임지는 중요한 위치에 있다. 적절한 절차를 따르고, 감정적 대응을 피하며, 객관적이고 일관된 태도로 접근한다면 학생과 학부모, 교사 모두가 신뢰할 수 있는 교육 환경을 조성할 수 있다.

특별한 활동들

동아리 활동은 어떻게 운영하면 되나요?

올해 고학년 담임을 맡았기 때문에 창체 동아리 활동을 꾸려야 한다. 동아리 활동 계획서를 제출하라고 메시지가 왔는데 어떤 동아리 활동을 운영해야 하는지 모호하다. 다른 선생님들은 어떤 동아리 활동을 하는지도 궁금하다. 동아리 활동 계획을 준비하는 교사로서 참고할 사항이 있다면 알고 싶다!

1. 동아리 활동 운영 계획

초등학교 동아리 활동은 학생의 개성과 소질에 따라 같은 취미를 가진 소집단을 구성해 스스로 참여하고 활동함으로써 사회성·협동심을 길러 원만한 인간관계를 형성함을 목표로 한다. 교사는 학교 교육과정 창의적 체험 활동 중 동아리 활동을 계획해 운영하게 된다. 동아리 활동은 흥미와 관심사가 비슷한 같은 학년의 다른 반 학생들이 함께 참여하는 경우가 많다. 그래서 동아리 활동을 계획할 때는 맡은 학년의 특성, 학생들의 관심사, 선생님의 관심사 등 다양한 요소를 고려해야 한다. 동아리 활동 운영 계획의 예시를 살펴보면 다음과 같다.

1 **목적**

초등학교 동아리 활동은 학생의 개성과 소질을 살리고, 같은 취미를 가진 학생들이 모여 자율적으로 참여하며 활동하는 과정에서 사회성, 협동심을 기르고 원만한 인간관계를 형성하는 것을 목표로 한다.

교사는 창의적 체험 활동 영역 중 동아리 활동을 계획하고 운영하며, 주로 같은 학년 내 여러 반 학생들이 함께 참여할 수 있도록 한다. 이때 학년의 발달 특성, 학생들의 관심사, 교사의 전문성과 흥미를 균형 있게 고려해야 한다.

2 **운영 방침**

동아리 활동은 아동의 발달단계, 학생의 선호도, 교사의 특기 등을 고려해 조직하여, 학생 중심의 부서 편성과 다양한 운영 방식을 통해 소질과 적성을 계발할 수 있도록 한다. 동아리 활동의 주제는 교과 연계 학습 활동, 문예·언어 활동, 예술·창의 활동, 체육·건강 활동, 과학·기술·정보 활동, 청소년 단체 활동 등으로 다양하게 구성할 수 있다. 학생들의 적성, 창의성, 인성을 고르게 배양할 수 있도록 활동 주제를 폭넓게 구성한다.

3 **운영 방법**

동아리 활동은 연간 총 13시간으로 1학기, 2학기에 나누어 진행할 수도 있고, 한 학기에 집중적으로 배치하여 운영할 수도 있다. 각 부서에서는 연간 지도 계획을 수립하고 학생 중심·활동 중심으로 운영한다. 교사 간 협력 체제를 유지하며 학생들의 자율적이고 주도적인 참여를 적극 지원한다.

4 **평가**

동아리 활동 평가는 창의적 체험활동 평가의 기본 방향에 따라 과정 중심 평가를 원칙으로 단순한 활동 결과가 아니라 학생이 활동에 참여하는 태도와 협력적 상호작용, 자기 주도적 참여, 문제 해결 과정 등을 종합적으로 살펴본다.

교사는 동아리 활동 전반에서 학생들의 활동 과정을 누가기록 형태로 지속적으로 기록하며, 이를 토대로 학생 개개인의 성취와 발달 변화를 확인한다. 또한 학생들이 제작한 산출물, 작품, 발표 내용, 기능 향상 정도 등을 함께 분석하여 결과와 과정을 균형 있게 평가한다.

2. 동아리 활동 계획하기

1 동아리 활동 주제 선정 시 고려할 사항

① 학생들의 흥미와 관심사 조사하기: 설문지나 간단한 의견 나누기를 통해 학생들이 어떤 주제에 관심이 있는지 파악한다. 미술, 음악, 스포츠, 보드게임, 영화 감상 등 다양한 분야가 있다.

② 교사의 전문성과 관심사 반영하기: 자신이 잘하거나 좋아하는 분야를 바탕으로 동아리를 운영하면 열정적으로 지도할 수 있다. 사진 촬영을 좋아하면 사진 동아리, 손재주가 있다면 종이접기 등을 운영할 수 있다.

③ 학교의 지원 및 환경 고려: 학교에서 제공 가능한 자원(공간, 예산, 재료 등)을 확인한 후 실행 가능한 활동인지 점검한다. 예를 들어, 체육관 사용 가능 여부, 재료비 지원 여부 등을 확인하고 계획한다.

2 동아리 활동 계획서 작성 방법

① 동아리 활동 목표 설정하기: 활동의 주요 목적과 기대 효과를 서술한다.

② 동아리 운영 방식 정하기: 활동 시간, 장소, 필요한 준비물 등을 선정한다.

③ 동아리 활동 내용 구체화하기: 1주일에 1회 진행되는 것이 보통이므로, 활동 주제를 주별로 나눠 구체적인 활동 계획을 연계성 있게 계획한다.

③ 동아리 활동 주제 예시

① 문화·예술 활동
- 미술 동아리: 캘리그래피, 초상화 그리기, 팝아트 등
- 음악 동아리: 악기 연주, 노래 만들기, 합창 등
- 연극 동아리: 역할극, 단막극 제작, 연극 관람 후 감상 나누기
- 사진 동아리: 스마트폰 사진 촬영, 인물·풍경 사진 찍기

② 건강·체육 활동
- 스포츠 동아리: 배드민턴, 축구, 줄넘기 등
- 요가·명상 동아리: 체력 증진과 마음 건강을 위한 활동

③ 창의·취미 활동
- 독서 토론 동아리: 책 읽고 토론하기, 독서 기록 만들기
- 요리 동아리: 간단한 요리나 간식 만들기
- 보드게임 동아리: 체스, 젠가, 카드 게임 등 전략과 협동 게임

④ 기술·과학 활동
- 코딩 동아리: 스크래치, 엔트리 등 코딩 실습
- 과학 실험 동아리: 재미있는 실험 활동, 문제 해결 프로젝트
- 로봇 동아리: 간단한 로봇 제작과 프로그래밍

⑤ 자기 계발 및 공익 활동
- 봉사 동아리: 지역사회 봉사 활동 기획과 실천
- 진로 탐색 동아리: 다양한 직업 조사 및 체험하기
- 발표·토론 동아리: 주제를 정해 찬반 토론, 발표 연습
- 환경 동아리: 텃밭 가꾸기, 지역 환경 정화 활동

운동회

운동회는 어떻게 준비하고 진행하나요?

올해는 학년별 소규모 운동회가 아닌, 학교 전체 운동회를 추진하게 되었다. 요즘에는 학년별 체육대회 식으로 많이 진행하다 보니 전체 운동회는 처음으로 겪는다. 사설 진행 업체를 쓰기도 하지만 담당 업무를 맡은 교사는 챙겨야 할 일이 많다. 다른 학년의 담임 선생님들께도 운동회 동선 등을 자세히 안내해야 행사가 잘 진행될 텐데, 무엇부터 준비하고 추진하면 될까?

1. 운동회 준비 과정은 어떻게 되나요?

운동회는 운동회 진행 전문 업체와 함께 준비하는 것과 학교 자체에서 선생님들이 준비하는 것에 따라 준비해야 할 일이 다르다. 운동회 진행 전문 업체를 이용하는 경우, 방송 및 진행은 업체에서 담당하고 선생님들은 운동회 당일 아이들 지도 및 인솔에 집중한다. 업무 담당자는 행사 당일 학년별 단체 이동 동선이나 학교 체육관 시설 이용 계획을 세우고 종목별로 소요되는 진행 시간도 확인해 업체에 정보를 제공하고 운동회 준비 진행 사항을 계속 체크해야 한다.

업체를 이용하지 않고 학교 자체에서 선생님들이 직접 계획해서 진행하면 준비해야 할 것이 더 많다. 방송 장비 점검과 만국기 설치 및 행사 본부 천막 설치, 학년별 운동장 대기 공간 계획 등 할 일이 많다. 전체 운동회는 학부모도 많이 오는 큰 행사기 때문에 적어도 한 달 전부터는 차근차근 준비해야 한다. 안전에 관한 사항도 꼼꼼하게 계획을 세우고 챙겨야 즐겁고 안전한 운동회를 할 수 있다. 운동회 준비 과정은 다음과 같다.

① 운동회 학교 예산 확인 및 세부 항목별 예산 배분
② 학년별 종목 신청 및 선수 선발.
③ 각 학급 의상 및 필요 물품 신청
④ 체육 물품 상태 확인
⑤ 업체 선정(학교 자체 준비 시 생략)
⑥ 운동회 관련 회의(학년별 회의, 부장 회의, 전체 회의)
⑦ 운동회 계획서 작성(운동회 준비 업무 분장)
⑧ 계획서 내부 기안 및 결재
⑨ 전체 교사에게 운동회 계획서 및 업무 분장 공지
⑩ 물품 품의
⑪ 학년별 연습
⑫ 운동회 시연(학교 자체 준비 시 진행자 방송 원고 준비)
⑬ 만국기 설치, 운동장 천막 설치, 운동장 라인 긋기
⑭ 운동회 진행 용품 배치
⑮ 안전 교육(상시)
⑯ 운동회 안내장 학부모 배부
⑰ 운동회
⑱ 운동회 후 학생·학부모 만족도 조사(조사 결과를 내년도 운동회 계획에 개선해 반영)

운동회 추진 담당자 운동회 전 확인 사항

☑ 운동회 시작 시간을 고려한 전 교직원 출근 시간 공지.
☑ 운동회 당일, 교직원 업무 분장 및 진행 상황 확인.
☑ 방송 장비 테스트   ☑ 각 학급 신청 물품 납품 검수.
☑ 체육 물품 상태 확인. ☑ 우천 시 대비책.
☑ 학부모 참여·초대 여부. ☑ 개회식 폐회식 시나리오 점검.
☑ 입·퇴장 연습.   ☑ 안전사고 발생 시 대처 방법.

2. 운동회 종목에는 어떤 것들이 있나요

운동회 종목은 매우 다양하다. 민속놀이를 주제로 전통 놀이 한마당을 진행할 수도 있고 체육 시간에 배운 종목을 학년과 참여 인원에 맞게 변형해 할 수도 있다. 중요한 것은 아이들이 지나치게 많은 연습을 되풀이하지 않고 준비하는 과정에서 즐거움을 느끼고 성장할 수 있도록 하는 것이다. 보여 주기식 운동회보다는 모두가 참여해 행복한 경험을 만들어 가는 운동회가 가장 좋은 운동회다.

놀이	진행 방법/주의점(*)	준비물
깡통 쓰러뜨리기	• 5m 거리에 모래를 채운 깡통을 피라미드 모양으로 쌓기 • 모둠원이 한 번씩 테니스공을 던져 깡통 쓰러뜨리기 • 쓰러진 개수를 합산해 점수 내기 • 상대편은 쓰러진 깡통을 바로 세우고 공 줍기	* 모래를 채운 크기가 같은 깡통 10개(입구는 테이프로 붙임) * 테니스공 5개
깡통 뒤집기	• 3m 정도의 정사각형 그리기 • 20개의 깡통을 반은 위로 반은 거꾸로 안에 들어가 두 모둠이 각각 위로, 거꾸로 1분 동안 얼마나 많이 세우는가 대결 * 주의점: 상대편을 방해하면 안 됨	* 크기가 같은 깡통 20개
다리 수 줄이기	• 모둠별로 모여 서서 진행자가 제시하는 다리 수를 빨리 정확하게 만들기	* 다리 수 제시 카드(스케치북)

점점 좁게	• 모둠별로 돗자리에 다 올라가기 • 한 번 접어 올라가기 • 같은 방법으로 한 번씩 더 접어 올라가 가장 작은 넓이의 돗자리에 오른 모둠이 이김 　* 주의점: 여러 모둠을 한꺼번에 할 수 있음	* 크기가 같은 돗자리 4개 이상
여왕벌 피구	• 5m 정사각형 만들기 • 모둠별 여왕벌 정하기 • 나머지는 공격 수비 반씩 정하기 • 신호와 함께 한쪽 발을 앞에서 구부려 한 손 또는 두 손으로 잡기 • 맞붙어 싸우다 두 손이 떨어지거나 쓰러지면 밖으로 나가기 • 여왕벌을 먼저 쓰러뜨리면 이김 　* 주의점: 작전이 중요, 규칙 엄수	
돼지 씨름	• 지름 5m의 원 그리기 • 쪼그리고 앉아서 두 팔을 허벅지와 종아리 사이에 넣어 왼손은 오른쪽 발목, 오른손은 왼쪽 발목 잡기 • 엉덩이를 들거나 두 발을 따로 움직이면 안 됨 • 신호와 함께 2분 동안 모둠발로 뛰어 엉덩이로 상대를 밀어 쓰러뜨리거나 원 밖으로 밀어내면 됨 • 원 안에 많이 남으면 이김 　* 주의점: 작전이 필요, 손을 떼면 죽음	
원형 줄다리기	• 선 가운데 둥근 줄 놓기 • 선을 기준으로 갈라서기 • 앉아서 줄잡아 당기기 • 가운데서 자기편으로 많이 당긴 모둠이 이김 　* 주의점: 3판 2승	* 끝을 묶은 줄 다수 (긴 줄넘기용 줄)
사람 줄다리기	• 앞사람의 허리를 깍지로 껴 사람 줄 만들기 • 선에서 모둠끼리 마주 보기 • 맨 앞사람끼리 서로 팔 걸기 • 신호와 함께 잡아당기기 • 먼저 끊어지거나 끌려가면 지게 됨	
타잔 놀이	• 신호와 함께 모둠원 전체가 철봉에 매달리기 • 한 사람이라도 떨어지면 끝나고 그때 시간을 기록 • 다른 모둠의 시간과 비교해서 승패 판가름	* 매트 깔기
운동화 던져 넣기	• 3m 정도의 거리에 원 그리기 • 신발을 반쯤 벗은 상태에서 발을 흔들어 신발을 원 안에 집어넣기 • 많이 넣은 모둠이 이김 • 원 안에 신발이 반 이상 걸쳐지면 인정함	
콩 주머니 던져 넣기	• 신호와 함께 1분 동안 10m 전방의 물통이나 바구니에 50개의 콩 주머니를 동시에 던져 넣기 • 많이 넣은 모둠이 이김	* 콩 주머니 100개 * 크기가 같은 물통이나 바구니 2개

제기차기	• 어떤 방법으로 차도 좋음 • 상대편 모둠이 1:1로 숫자를 헤아려 줌 • 합산해서 승패를 가름	* 제기 30개
림보 놀이	• 눈금 있는 지주 대에 고무줄 매어서 세우기 • 모둠별로 두 사람씩 나와 상체를 뒤로 하고 통과하기 • 점점 높이를 낮게 해 통과하기 • 낮은 높이를 많이 통과한 모둠이 이김 　* 주의점: 허리 조심!	* 긴 끈이나 고무줄 * 눈금 있는 지주 대
얼굴 꾸미기 윷놀이	• 얼굴 그림 그릴 사람 나오기 • 모둠별로 한 사람씩 윷을 던짐 • 도: 얼굴 윤곽과 머리카락, 개: 눈, 걸: 코, 윷: 입, 모: 귀, 뒷도: 하나 지우기	* 유성 매직 2통 * 스케치북 * 윷 2쌍
가위바위보 달리기	• 출발선에 모둠별로 일렬종대로 앉기 • 10m 전방에 의자를 놓고 가위바위보를 할 사람 상대편 의자에 앉기 • 신호와 함께 첫 번째 사람이 상대편과 가위바위보 • 이기면 돌아와 다음 사람과 교대 • 지면 이길 때까지 가위바위보 • 먼저 끝내면 이김	* 의자 2개
어깨동무 공 몰이	• 모둠별로 2-3명씩 짝을 만들기 • 마주 보고 어깨동무를 해서 원 만들기 • 원 사이에 공을 놓고 10m 반환점 돌아오기 • 계속 교대해서 먼저 끝내면 이김 　* 주의점: 반드시 어깨동무할 것!	* 배구공 4개 * 반환점 2개

3. 운동회 계획서 작성하기

전체 운동회 계획서 예시

> **○○초등학교 운동회 계획**
>
> **Ⅰ. 목 적**
>   어린이들과 학부모 지역인사가 모두 한마음이 되는 화합의 한마당 자리를 통하여 다양한 놀이와 게임으로 몸을 튼튼히 함은 물론 우의를 다지고, 학교와 지역사회와의 유대감을 공고히 하는 즐거운 축제가 되게 한다.
>
> **Ⅱ. 방 침**
>   1. 아이들이 스스로 참여하여 즐기기 위한 한마당이 되도록 한다.
>   2. 개인의 신체적 능력에 따른 차이를 극복하고 소외되는 아동이 없도록 한다.
>   3. 학습결손을 최소화 하는 한마당이 되도록 한다.
>   4. 학부모, 지역사회 주민들이 즐겁게 참여하도록 한다.
>   5. 규칙을 준수하고 신속, 정확, 질서 지키기에 힘쓴다.

운동회 계획서 예

4. 운동회 당일 챙겨야 하는 것들

모두가 안전하고 즐겁게 운동회에 참여할 수 있도록 운동회 당일 다음 사항을 기본적으로 고려해야 한다.

- ☑ 학생들의 안전 확인
- ☑ 경기 진행 및 점수 합계
- ☑ 학생들의 활동 지원
- ☑ 안전 사항 및 응급 상황 대비
- ☑ 교사 준비물, 학생 준비물 등

5. 운동회 꼭 해야 할까요?

요즘에는 학년별 소규모 체육대회를 하는 학교가 많다. 체육관이나 운동장 규모가 전체 학년이 다 같이 모여서 활동을 할 만한 규모가 나오지 않는 학교들도 많다. 전체 운동회의 추진은 아무래도 교사로서 큰 부담이 되는 행사다. 사전 준비해야 할 사항들도 많고 운동회 당일에도 체력적 부담이 크다. 그런데도 전체 운동회가 아이들에게 주는 교육적 효과를 생각하면 많은 장점이 있다. 운동회가 주는 교육적 효과는 다음과 같다.

① **질서 준수** | 운동회는 질서 교육에서 시작해 질서 교육으로 끝난다고 해도 과언이 아니다. 학급별 이동을 할 때는 줄을 서서 차례로 이동해야 하고 경기에 참여할 때도 규칙을 지켜야 한다. 항상 안전사고를 생각해 다수의 아이가 질서를 지키도록 사전 교육도 철저히 해야 한다. 단체 활동에서 한두 명이 질서를 지키

지 않으면 쉽게 안전사고로 이어진다. 아이들에게 운동회는 규칙을 지키는 연습을 하는 기회가 될 수 있다.

2 **협동심** | 학급별 단체 종목을 연습하면서 좋은 결과를 내기 위해 서로 힘을 합쳐 노력하는 과정을 통해 협동심을 기를 수 있다.

3 **배려심과 사회성 발달** | 친구와 같이 운동회 종목을 연습하면서 타인의 실수를 이해하고 격려하며 배려하는 마음을 기를 수 있다. 이는 자연스럽게 아이들의 건강한 사회성 발달에 도움을 준다.

4 **정당한 경쟁에 의한 성장** | 스포츠를 통해 경쟁하는 것은 아이들에게 좋은 성장 자극이 된다. 정정당당하게 경기해 승리했을 때의 성취감과 패배를 인정하고 타인의 성공을 축하해 줄 수 있는 마음은 스포츠를 통해 기를 수 있는 매우 좋은 인성 덕목이다.

생존 수영, 어떻게 준비하고 진행하면 될까요?

나는 발령받은 지 7년 차 교사로, 그동안 5, 6학년을 맡다가 올해 처음으로 4학년 담임이 되었다. 처음으로 학년 부장까지 맡아서 부담이 크다. 학년 교육과정 계획을 세울 때 3, 4학년은 생존 수영 교육을 받기에 그에 대한 계획도 세워야 한다. 나는 물이 무섭고, 수영도 전혀 할 줄 모르는데 무엇부터 해야 할까? 생존 수영 교육을 계획하는 데 도움이 될 만한 팁이나 참고할 자료가 있다면 알고 싶다.

1. 생존 수영 교육 유형 결정하기

생존 수영 교육을 처음 추진하게 되면 자잘한 업무 처리가 상당히 많다. 생존 수영 교육은 필수로 진행되며 교육청별로 실기 교육을 위한 예산이 배정된다. 다만 코로나19 이후로 생존 수영 교육의 유형과 운영 방법이 다양화되었다. 수영 업무 추진 시에는 3, 4학년 담임교사와 체육 관련 업무 부장님과의 긴밀한 협조가 필요하다. 생존 수영 교육 운영 방법은 다음과 같이 다양하게 실시할 수 있다. 다만 입수 실기 교육이 6차시 이상 반드시 포함되도록 규정되어 있다.

생존 수영 운영 방법	
방법	내용
교실 내 담임교사의 이론교육	담임교사가 교실에서 이론교육 실시
전문가 초청 교육	한국체육교육진흥회 등의 전문 강사 초청 교실이나 체육관, 특별실에서 진행
수영장 실기 교육	사설 또는 국공립 수영장에 방문해 실기 교육 실시
교내 간이 수영장 설치	전문 업체를 통해 간이수영장 설치해 진행

생존 수영 교육 운영 방법에 대한 선생님들의 결정이 내려지면, 원하는 기간에 수영 교육을 실시하기 위해 당해 연도 생존 수영 교육이 끝났을 때나 2월 신학기 교육과정을 만드는 시기에 사전 예약이 필요하다. 특히, 수영 교육에 적합한 5-6월 또는 9-10월은 수영장 예약이 일찍 마감되니 원하는 날짜를 예약하기 위해서는 서둘러야 한다.

수영 교육의 경우 차량을 이용해 이동하는 경우가 대부분이다. 만약 단체 버스를 이용해 이동해야 하는 학교에서는 예산 편성에서 교통비를 고려해야 한다. 교육청에서 나오는 수영 교육 경비 내에서 교통비를 고려해 실기 교육의 횟수를 결정해야 추후 예산이 부족하지 않다. 최근 버스 임차료 가격이 급상승해 교통비가 큰 비중을 차지하는 것이 큰 고민이다. 이런 경우를 대비해 실비를 내면 차량을 이용할 수 있게 해 주는 수영장을 섭외하는 것도 방법이다.

또한 사설 업체를 이용할 경우 기존 수영장 사용 회원들의 이용 시간을 고려해 오전, 오후로 나눠서 학생들의 생존 수영 교육을 받는 경우도 있으니 수영장 업체 담당자와 미리 충분히 상의해 예약, 결정해야 한다. 서울시교육청 기준 예산은 2024학년도 기준 학생 1인당 5만 원이다. 실기 교육 운영에 강사료, 입장료, 시설 사용료, 교통비 등으로 집행이 가능하다.

2. 생존 수영 교육 계획 및 답사 준비하기

이제 생존 수영을 어떤 방식으로 실시해야 할지 어떤 수영장 업체를 섭외해야 할지 결정이 끝났다면 본격적인 생존 수영 교육 계획을 세운다.

1 **학년 부장이 계획을 세우나요?** | 학교에 따라 차이가 있을 수 있다. 전적으로 학년의 일을 학년에서 나눠 맡아서 처리하는 분위기의 학교에서는 3, 4학년 부장이 상의해 계획은 3학년이, 정산은 4학년이 맡는 등 업무를 효율적으로 나눠 진행할 수 있다.

만약, 학교에 체육 관련 부서가 있고 담당 부장이 있는 경우에는 훨씬 수월하다. 보통의 경우 전체 기안은 체육 부장이 하고, 실제로 수영장에 아이들을 인솔하고 다녀오는 것만을 학년 선생님들께 맡기는 경우가 많다.

2 **답사는 꼭 가야 하나요?** | 아무리 조심해도 안전사고가 발생할 수 있다. 이를 예방하는 가장 좋은 방법은 수영장 답사를 통해 동선과 안전에 취약한 부분을 확인하는 것이다. 답사는 출장으로 처리되며, 보통 학년 부장이 대표로 가지만 만일의 사태에 대비해 담임교사들이 함께 참여해 꼼꼼하게 살펴보기를 권한다. 답사에서는 승하차 동선 확인, 승강기 탑승 인원 확인, 여학생과 남학생 탈의실 위치와 동선 확인, 탈의실 시설 확인, 학생들 숫자에 맞는 탈의실 사물함 확보 확인, 샤워실 모니터링, 미끄럼 방지 시설 확인, 강사들의 자격증 취득 여부와 경력 여부, 실기 교육 날짜별 프로그램과 초급·중급·고급의 수준에 따른 교육 방법 확인, 당일 입수 지도 불가 학생에 대한 대체 프로그램 확인 등 체크리스트 항목을 갖고 점검해야 한다. 답사 결과는 1장 정도의 보고서에 사진을 함께 첨부해 기안으로 남겨 두면 추후 안전사고가 발생했을 때 책임 소재를 분명하게 할 수 있다.

3. 생존 수영 사전지도 및 운영의 실제

답사까지 마쳤으면 본격적으로 생존 수영을 준비한다. 생존 수영을 가기 일주일 전부터 시간이 날 때마다 학생들을 대상으로 사전 안전 교육이 필요하다. 특히, 생존 수영을 가기 하루 전날에는 반드시 창의적 체험 활동 시간이나 체육 시간을 확보해 학생들과 사전 안전 교육을 실시한다. 사전 안전 교육 내용 및 실시일은 초기 계획서에 포함돼 있어 따로 기안이 필요한 것은 아니지만 학교에 따라서는 따로 기안을 올리기도 한다.

1 **준비물은 어떻게 안내하면 될까요?** | 준비물은 일주일 전에 미리 공지해 구매할 수 있는 시간을 줘야 한다. 의외로 3, 4학년 학생들 중에서 수영을 배워 본 적이 없는 친구들이 많고 수영복, 수영모, 물안경, 수영 가방이 없는 경우도 많다. 적어도 2주 전에 공지해 구입할 수 있도록 안내하고, 일주일 전에는 꼭 알림장에 써서 구입 여부를 확인한다.

당일 깜빡 잊고 집에 수영모나 물안경을 두고 오는 경우가 생길 수 있다. 데스크에 사정을 이야기하고 요청하면 대여해서 쓸 수 있게 해 주는 곳도 있고 새것을 사서 쓸 수 있는 경우도 있다. 다만, 수영복을 집에 두고 오면 당장 구입할 수 없는 경우가 대부분이므로 수영복은 반드시 챙겨오도록 한다. 또한 수영복은 물에 젖어 집에 갖고 가야 하므로 수영 가방이나 지퍼백 등을 갖고 오게 한다. 모든 물건에는 이름을 남겨 잃어버리지 않도록 한다.

2 **사전 안전 지도는 어떻게, 무엇을 하면 좋을까요?** | 초등교사를 위한 사이트를 참고하면 사전 안전 지도에 대한 다양한 자료를 얻을 수 있다. 또한 한국체육교육진흥회 등에서 만든 영상으로 효과적으로 안전 지도를 할 수 있다.

3, 4학년 학생들은 성숙한 학생이 많고 노출을 꺼리는 경우가 많다. 그러므로 가장 신경 써서 지도해야 할 것은 다음과 같다. 첫째, 다른 사람의 신체 부위를 접촉하지 않는다. 둘째, 친구의 외모에 대한 이야기를 절대 하지 않는다. 셋째, 수영장에서는 절대 뛰지 않고 걸어서 이동한다. 넷째, 함부로 친구를 물에 빠뜨리는 등의 위험한 장난을 치지 않는다. 다섯째, 준비운동과 마무리 운동을 꼭 한다.

③ 불참 학생은 어떻게 해야 하나요? | 사전 설문 조사 결과, 입수 수영 교육에 참여를 원하지 않거나, 건강상의 이유로 당일 불참하게 되는 경우에는 대부분 수영장 측에서 따로 이론교육을 실시할 수 있는 공간을 마련해 준다. 심폐소생술이나 영상을 통한 생존 수영 교육을 받을 수 있도록 별도의 공간을 준비해 놓기도 하고 친구들의 생존 수영 수업을 유리창을 통해 참관할 수 있도록 자리를 마련해 주기도 한다.

다만, 아예 수영장에 가지 못하는 친구들은 수영 교육 계획을 세울 때 고민을 해 봐야 한다. 교과 선생님이 돌아가면서 수업을 해 주실 수 있도록 부탁하는 경우가 많다. 수영 교육 참여를 원치 않는다고 해 가족 체험 학습을 권유하는 것은 지양해야 한다.

④ 예산은 어떻게 편성하고 어떻게 정산해야 하나요? | 수영 교육이 수익자 부담으로 운영되던 때는 복잡한 절차를 거쳐서 예산 편성 및 정산을 해야 했다. 목적 경비로 예산이 내려왔을 때도 0원을 맞춰야 하거나, 금액에 맞춰 쓰고 잔액을 반납해야 하는 번거로움이 있었다. 이에 대해서 서울시교육청에서는 따로 수영 교육에 대한 목적 경비를 내려보내지 않고 학교 자체 예산으로 운영비를 편성할 수 있도록 예산을 보내 준다. 운영비를 쓰고 정산을 마치면 남은 금액은 학교의 예산 추경 계획에 따라서 흡수해 다른 곳에 쓰일 수 있도록 하고 있다.

예산 금액에서는 안전 요원 배치를 위한 금액, 교통비, 수영 실기 교육비가 포함되도록 예산 요구서를 작성해 둬야 한다. 수영 물품 구입 및 간식비 등의 편성은 최근 하지 않는 추세이며 교육청에서도 권장하지 않는다. 다만, 복지 학교나 저소득층이 많은 학교의 경우 일부 시·도에서는 수영 용품비를 지원하는 경우도 있다. 이런 경우 업체를 섭외해 두고 구매할 수 있도록 학부모에게 개별 안내하거나, 복지 담당 선생님의 도움을 받을 수도 있다.

5 **특수아의 경우 수영 교육에 꼭 참여해야 하나요?** | 장애의 정도에 따라 학부모와 학생이 희망하면 참여가 가능하다. 다만, 수영장 시설에 따라 승강기 시설이 없어서 몸이 불편한 지체 장애 어린이는 수업 시 공익 근무 요원이나 강사, 선생님의 도움을 얻어 업고 내려가거나, 안고 올라와야 하는 등 불편함이 있을 수 있다. 이에 대해서 모두 고려해 계획을 세우고, 특수아의 입수 지도를 1:1로 해 줄 수 없기 때문에 특수 실무사 선생님이나 학부모가 수영복을 입고 함께 도와서 입수 지도를 할 수 있도록 배려해야 한다.

6 **수영 강사가 있는데, 교사가 임장 지도를 하나요?** | 교사가 임장 지도를 해야 한다. 업체마다 다소 차이는 있지만 강사 1인이 20명 넘는 아이들을 다루게 되고, 수준별로 입수 지도가 이뤄지기에 학급이 섞이게 된다. 자칫 장난을 치다가 물에 빠지거나, 무리한 운동으로 복통이나 구토를 호소하는 어린이도 있다. 쥐가 나거나, 코피가 터지기도 한다. 또한 물에 대한 트라우마 때문에 물에 발조차 담그지 못하거나 우는 아이도 있다. 따라서 담임교사가 임장하면서 만일의 사태에 대응해야 한다. 꼭 수영복을 입을 필요는 없다. 단, 간편한 복장(청바지는 피하기)으로 들어가면 된다.

4. 사후 정산 및 만족도 조사

⋯⋯⋯

　수영 교육이 마무리되었다면 내년도 수영 교육을 위해서 학생, 학부모, 교사 만족도 조사를 실시한다. 사설 수영장의 경우 강사의 자질 및 시설에 따라 만족도에 차이가 크기 때문에 조사 결과가 좋지 않은 경우 다른 수영장을 섭외한다.

　참석자 기준으로 수영장 비용을 정산하므로 담임교사는 참석자를 날짜별로 기록해 둔다. 수영장에서 참관 및 이론 수업을 받은 경우에도 요금을 지불한다.

5. 생존 수영 이것만은 꼭 기억해요!

⋯⋯⋯

1 **한 달 전**

① 가정 통신문(참가 동의서) 발송(장소, 기간, 준비물, 교육 내용 등 안내)
② 가정 체험 학습, 신체 이상 등으로 참가하기 어려운 학생 조사
③ 차량 계약 전, 차량 종합 보험의 가입 여부 확인(행정실 협조)
④ 비상 연락망 구축
⑤ 특별 보호 대상자 사전 파악
⑥ 수영 교육 내용, 강사에게 전달 및 답사

2 **일주일 전**

① 비상 연락망 확인(학생, 학부모, 수영장 측)
② 일정, 교육 내용, 수영장 시설 등 변동 사항 여부 확인
③ 교통수단 점검표
④ 음주 측정 관련 관할 경찰서 협조 요청
⑤ 준비물(수영복, 수영모, 물안경 등)의 준비 정도 파악

⑥ 사전 안전 교육 및 예절 지도

3 하루 전

① 수영장 이용 수칙 및 안전 수칙 안내 비상시 행동 요령, 성폭력 예방 교육

② 수영 수업 시 필요한 물품의 준비 정도를 파악

③ 수영 수업 불참 이유(깁스, 독감, 중이염, 월경 등) 있는 학생 파악

④ 탈의 후 분실 위험이 있는 물건은 가져오지 않도록 지도

⑤ 개인 소지품에 이름 쓰기, 용의 검사(손톱 깎기)

⑥ 수영 교육을 직접 지도할 강사에게 교육 내용이 잘 전달되었는지 점검

⑦ 비상 연락망 점검

4 당일

① 출발 전
- 안전 교육, 수영 수업 필요 물품 준비, 건강 상태에 대한 안내
- 학생 인원 점검 및 환자 파악
- 수영 교육의 목표를 학생들에게 인지시키기
- 개인 소지품 점검
- 성폭력(신체 놀림 포함) 관련 교육 및 이동 중 안전 사항 교육
- 이동 차량 점검(운전 기사의 건강 및 음주 여부 점검 포함)

② 수영장으로 이동 중
- 탑승 후 학생 인원 점검, 안전벨트의 착용 여부 확인 및 안전 사항 점검
- 구조 도구, 구급약 챙기기, 수영 교육 장소로 이동 인솔
- 수영장에서 지켜야 할 예절 및 수영장 내 안전 교육

③ 수영장 도착 직후

- 남녀 학생 구분해 탈의실로 이동시키기
- 학생 환복과 샤워 지도(안경 착용 학생은 안경 보관에 유의)
- 개인 물품 확인 및 분실물 수거
- 부착물 검사, 액세서리(목걸이, 귀걸이, 반지 등) 착용 금지
- 수업 전 화장실에 다녀오도록 지도, 수영 교육 강사에게 아동 인계
- 수영 강사와 함께 아동 수영 교육 준비 상황 점검 및 지도

④ 수영 교육 중
- 학생 수영 교육 장소 임장 지도(수영 강사의 학생 지도 확인 및 점검)
- 수영 교육 전 안전 교육, 준비운동 실시 여부 확인
- 학생 안전 점검 및 환자 파악, 인원 수시 점검 이탈자 예방 및 확인
- 학생 교육 상황 지속적 관찰, 수영 교육 미참여 학생의 지도
- 긴급 상황 발생에 대한 대비

⑤ 수영 교육 종료 후
- 수업 후 정리 운동 실시 여부 확인
- 학생 인원 파악 및 수영 교육 중 발생한 환자 파악(수영장에 남아 있는 이용자 있는지 확인)
- 학생 샤워 지도 및 환복 지도, 개인 물품 확인 및 분실물 수거
- 수영 강사와 인사 후 차량 탑승

⑥ 학교로 이동 중
- 차량 탑승 후 학생 인원 점검, 안전벨트 착용 여부 확인
- 차량 이동 중 안전 사항 점검

⑦ 학교 도착 후 교실
- 개인 물품 확인 및 분실물 찾아 주기
- 수영 교육 평가하기(자기 점검, 동료 평가, 체크리스트 등)
- 활동 정리 후 상급자에게 귀가 조치 결과 및 사후 보고

| 현장 체험 학습 | **현장 체험 학습을 가려고 해요.
어떻게 준비하고 진행할까요?**

학년 부장을 맡게 되었다면 현장 체험 학습이라는 산이 기다리고 있을 것이다. 코로나 19를 거치며 현장 체험 학습의 모습이 꽤 바뀌었다. 어떤 장소로 가야 할지, 버스는 어떻게 예약해야 하는지 생소하다. 현장 체험 학습은 어떤 절차로 준비하고 실시해야 할까? 짧게 다녀오는 1-2차시 야외 수업이라면 어떤 준비가 필요할까?

1. 현장 체험 학습 계획

① **장소 선정** | 현장 체험 학습의 준비는 새 학년이 시작되기 전에 장소를 선정하는 데에서 시작된다. 일부 학교의 경우 이전 해의 학년 부장이 11-12월 중에 미리 장소를 예약하기도 한다. 혹 장소가 미리 정해지지 않았다면 2월에 학년 발표가 난 뒤 바로 정해야 한다. 현장 체험 학습 장소로 인기 있는 곳은 일찍 예약이 마감되고, 행정실도 이 시기에 버스 업체와 계약하기 때문이다. 장소를 선정할 때는 먼저 이전 학년 부장과 상의한다. 전년 체험 학습 장소를 선정했던 이유, 경험담, 장소의 장단점 등을 듣고 동학년 선생님들과 공유해 이전 해의 현장 체험 학습 장소를 재방문할 것인지 결정한다. 이때 학년, 교육과정, 거리, 부담되지 않는 가격 등도 고려해야 한다.

이전 해 11월 중순 이후 예약을 시작하는 곳이 많으니 예약 가능 유무를 누리집이나 전화로 확인한다. 예약 시 중식 제공 여부와 복지 학생에 대한 체험비 면제 유무 등을 확인해야 한다. 장소가 예약되면 2월 말에서 3월 초, 학년 교육과정에 현장 체험 학습 계획이 수록된다.

2 **버스 예약** | 차량 예약은 행정실에서 일괄적으로 하지만 몇 대로 다녀올 것인지는 학년에서 정한다. 45인승 버스를 각 반에 1대씩 예약하는 경우 60-80만 원(거리에 따라 가격이 다름)을 한 학급에서 지출해야 하므로 학생이 부담하는 참가 경비가 높아지므로 많은 학교가 '학급 수-1대'로 예약해 다른 학급과 동승하게 한다. 하지만 이전 학년에서 민원이 있었거나, 다른 반과 섞였을 때 지도하기 어려운 저학년의 경우 한 학급당 1대로 예약하기도 한다. 동학년 선생님과 상의하여 결정한 버스 수는 현장 체험 학습 업무 담당 선생님을 통해 행정실에 전달된다.

3 **현장 체험 학습 계획서 작성** | 현장 체험 학습 계획서는 업무 담당자를 통해 학교운영위원회 안건으로 제안되며 작성에는 다음 내용을 확인해 제공되는 양식에 작성한다.

현장 체험 학습 계획서 수록 내용

1	학년 교육과정에 작성한 현장 체험 학습 관련 교과 및 시수
2	현장 체험 학습 시간대별 일정
3	체험비, 중식비(미포함일 경우 제외), 교통비를 포함한 1인 경비
4	교육 복지 대상 학생 지원 가능 여부(체험 기관, 행정실, 복지 업무 담당 교사 확인)
5	사전 답사 일정(업무 담당자가 안내한 기간 중 동학년 선생님과 협의)
6	특수교육 대상 학생 등을 지원할 수 있는 인력.
7	불참 학생 지도 계획(학습 내용, 담당 교사)
8	안전 교육 계획

④ **사전 답사** | 사전 답사는 계획서에 작성한 일정에 따라 학년 부장과 동학년 교사가 함께 다녀온다. 전원 참석이 필수는 아니지만 되도록 모두 함께 가는 것이 좋다. 체험 학습 장소를 둘러보면 어떤 것을 학생들에게 미리 안내해야 하는지, 안전상 위험한 부분은 없는지, 소요 시간은 적절한 지 등을 미리 파악할 수 있기 때문이다. 사전 답사 당일 이전에 예약해 둔 현장 체험 학습 장소에 연락해 답사 일정을 조율한다. 각 학년의 사전 답사 일정은 현장 체험 학습 업무 담당자가 일괄적으로 상신한다. 학년 부장은 출장을 상신하고, 자차로 다녀오는 경우 주유비를 행정실의 안내에 따라 지출한다. 주유비는 이동 거리에 따라 달라지기 때문에 행정실과 충분히 상의한 뒤 출발해야 한다. 답사 후에는 '사전 답사 결과 보고서'를 제출해야 하므로 사진 등 필요한 자료를 미리 확인한다.

⑤ **참가 경비 관련 업무** | 참가 경비 산출, 안내 등 참가 경비 관련 업무도 학년 부장의 몫이다. 첫째, 참가 희망을 조사하는 가정 통신문을 통해 일정, 예상 경비, 준비물 등을 안내하고 정확한 참여 학생 명단을 확정한다. 둘째, 참여 학생 수가 파악되면 정확한 참가 경비를 산출한다. 참가 경비는 일반적으로 활동비와 교통비, 중식비로 구성된다. 교통비의 경우 '학년 버스비 총액÷(참가 학생 수+교직원 수+특수 보조 인력 수)'로 산출한다. 셋째, 경비가 확정되면 '수납 요청'과 '지출 품의'를 상신한다. 수납 요청은 각 학생들의 참가 경비 수납(스쿨뱅킹 이체)을 요청하는 기안이다. 즉, 학생 명단에 각각 얼마를 수납 요청해야 하는지 작성한다. 복지 학생의 경우 활동비나 교통비가 면제되는지 여부를 확인해서 수납 요청해야 하는 비용만 기입한다. 예를 들어, 복지 학생에게 학교 예산에서 교통비가 지원된다면 '활동비+중식비'만 이체 요청하면 되고, 일반 학생들에게는 '활동비+교통비+중식비'를 이체 요청한다.

'지출 품의'는 현장 체험 학습과 관련된 모든 지출을 상신하는 것이다. '수납 요청'은 학생들에게 경비를 걷는 것이라면 '지출 품의'는 걷은 경비와 학교 예산을 모아서 체험비, 중식비, 교통비를 지출하는 것이다. 지출 항목에는 인솔 교사의 경비, 학생의 경비, 복지 학생의 경비가 모두 포함된다. 넷째, '수납 요청', '지출 품의'와 동시에 '금액 확정' 가정 통신문을 발송한다. 이 가정 통신문은 '참가 희망 조사서'와 유사한 양식이지만 핵심은 확정된 경비 금액과 수납 일정을 안내하는 것이다.

6 **안전 교육** | 현장 체험 학습 계획서에 따라 안전 교육이 실시될 수 있도록 동학년 선생님들께 안내한다. 이때 되도록 유인물로 학생들이 밑줄 치며 읽도록 지도하고 걷어서 보관하는 것이 좋다. 현장 체험 학습 도중 사고가 났을 때 담임 교사의 안전 교육이 사전에 있었는지 여부가 중요하기 때문이다. 안전 교육을 실시했다는 기안문도 작성해야 한다. 이 '안전 교육 실시' 상신은 현장 체험 학습 전날까지 반드시 결재가 완료돼야 한다. 이와 함께 나이스에 학년 선생님들을 포함해 출장을 상신한다.

2. 현장 체험 학습 실시

1 **현장 체험 학습 전날** | 현장 체험 학습은 보통 동학년과 함께 움직이므로 사전 조율이 필요하다. 학생 휴대폰 소지 여부, 준비물 안내, 차량 학생 자리 배치 방법, 현장 체험 학습 장소의 특징에 따른 주의점, 구급낭 담당, 현장 체험 학습 미신청 학생 지도 계획, 당일 교사 간 연락 방법 등을 최종적으로 공유한다. 충분한 사전 점검이 현장 체험 학습 당일의 돌발 상황을 예방하거나 유연하게 대처하도록 해 준다.

2 **학교에서 출발** | 현장 체험 학습에 챙겨가야 하는 것은 학생들의 비상 연락처 목록과 구급낭이다. 체험 학습 장소의 프로그램이 따로 있다면 일정표를 가져가는 것도 좋다. 구급낭은 보건실에서 미리 받아 두고 학년 대표로 한 사람이 지니고 다니도록 한다.

더불어 현장 체험 학습 장소에서 활동비를 직접 결제해야 하는 경우 행정실에서 학교 법인 카드를 받아 둔다. 버스가 도착하면 보통은 행정실에서 점검표 양식에 따라 버스 내부 안전을 점검한다. 하지만 버스에 탑승하는 각 반의 선생님도 점검표 양식을 받아 살펴보면 좋다. 점검표에는 비상 망치 등 사고를 대비해 알고 있어야 하는 내용이 정리돼 있기 때문이다.

버스 점검 후 학교에 있는 음주 측정기로 각 버스 기사를 대상으로 음주 측정이 이뤄져야 한다. 아침에는 행정실에서 버스 점검과 함께하는 경우가 많다. 체험 학습 활동을 마치고 귀교하기 전 학년 부장이 음주를 한 번 더 측정해야 하니 음주 측정기는 꼭 챙겨가야 한다. 각 반에서는 학생들이 모두 등교했는지, 멀미가 심한 학생은 멀미약을 복용하고 왔는지 확인하고 화장실을 다녀오게 한 뒤 짐을 챙겨 버스에 탑승하도록 인솔한다.

학년의 모든 학급 학생들이 탑승했는지 여부와 전원 안전벨트 착용한 것을 한 명 한 명 철저하게 확인한 뒤 출발한다. 현장 체험 학습 중 동학년 교사 간 긴밀한 소통을 위해 자주 휴대폰을 확인하도록 미리 요청해 둔다. 이동 후 목적지에 도착하면 관리자에게 문자로 무사히 도착했음을 알리는 센스를 발휘해도 좋다.

3 **현장 체험 학습활동** | 장소에 따라 주의해야 할 점이 다르겠지만 활동 중 가장 중요한 것은 '안전'이다. 학생들을 면밀히 살피고 구급낭을 지니고 다니며, 혹 안전사고 발생 시 대응 체계를 알아 두는 것이 좋다. 사고 발생 시 병원으로 이송해야 하는 경우 119에 연락해 전문 의료기관으로 연계한다. 담임교사는 보호자

에게 상세히 연락하는 동시에 응급 상황을 관리자에게 보고해야 한다. 관리자는 교육청에 사고 경위를 보고하고 학생 치료를 위해 지원해야 한다.

현장 체험 학습 장소에서 체험비를 결제해야 하는 경우 미리 챙겨온 카드로 결제 후 관련 서류를 철저히 받아 둔다. 더불어 활동 중 장소 내에서 이동할 때 학생들이 놓고 오는 물건이 없도록 안내한다. 고가의 물건을 분실해서 곤란한 경우가 있기에 자주 당부한다.

활동을 마무리하고 버스에 재탑승해 귀교할 때는 반드시 전 차량의 기사에게 음주 측정을 실시한다. 귀교 전 도착 예정 시각과 하교 장소를 학부모에게 전달하는 것도 좋다. 특히 저학년의 경우 하교를 혼자 하지 못하는 아이들도 있기에 학년 대표로 e알리미 등을 통해 간단히 메시지를 남긴다.

④ **학교 도착 이후** | 반드시 학생들이 내린 자리를 살펴본다. 물건을 두고 내리는 경우가 있기 때문이다. 점검 후 하차해 약속된 장소에서 하교 지도한다. 이때 학생들에게 다른 장소로 가지 않고 곧장 정해진 곳으로 하교하도록 당부한다. 하교 지도 후 관리자에게 무사히 다녀왔음을 알리고 음주 측정기와 구급낭을 정리하고 학교 법인 카드와 서류를 제출한다. 일반적으로 현장 체험 학습 인솔 후에는 조퇴, 사후 학교 인근 임장 관련 출장 등으로 미리 복무를 상신해 교실 밖으로 나오는 경우가 많다.

3. 현장 체험 학습 실시 이후

큰 문제 없이 현장 체험 학습을 다녀왔지만 아직 업무가 마무리된 것은 아니다. 현장 체험 학습 이후 10일 이내로 '정산' 절차를 밟아야 한다. 실제로 활동비, 교통비, 중식비가 어떻게 지출되었는지 상신하고 가정 통신문으로 발송한다. 정산에는 당일 급한 사정으로 참가하지 못한 학생에 대한 환불 내용도 포함된다. 정산 후 남은 잔액은 1원도 없이 사용해야 하므로 일반적으로 10원 단위의 봉투 등을 학생 복리비 명목으로 지출하게 된다. 지역에 따라 학생, 학부모, 교사 대상의 만족도 조사를 실시하는 곳도 있다. 이를 다음 연도 운영 계획에 반영할 자료로 사용한다. 이로써 현장 체험 학습 업무 절차가 마무리되었다.

이런 경우에는 어떻게 해야 하나요?

4. 우리 학년 또는 학급만 2차시 인근 공원에 야외 수업을 다녀오려 한다. 어떤 준비가 필요한가요?

········

인근 공원이나 박물관, 도서관 등 3시간 미만의 일회성 프로그램으로 학교 밖 수업을 진행할 경우는 학교장 책임하에 자체 계획을 세워 실시한다. 학교별로 양식이 다르니 이전 해에 실시한 타 학급의 계획서를 검색해 활용하는 것이 좋다. 일반적으로 계획서에 포함되는 내용은 목적, 세부 일정, 사전 안전 교육 일정과 내용, 기대효과 등이다. 가정 통신문은 필수가 아니지만 학부모 동의를 구하기 위해 미리 학급에 안내할 필요가 있다. 당일 출장을 미리 내고 학생들을 안전하게 인솔해 다녀온다.

학예회 | **학예회(발표회)를 앞두고 있어요. 무엇을 준비해야 하나요?**

올해 아이들과 함께 학예회 및 발표회를 준비해야 하는 상황이다. 학예회 및 발표회를 위해 어떤 준비를 해야 하는지 감이 오지 않는다. 초등학교에서 학예회 및 발표회 공연을 준비할 때 어떤 절차로 준비하게 되는지, 담임교사는 어떻게 구체적으로 무대를 만들기 위해 어떤 지도를 해야 하는지 궁금하다.

1. 학예회 및 발표회 준비 과정

학교에서는 교직원 회의, 교육과정 협의회 등을 거치며 구성원의 의견을 조율하며 학교 교육과정 계획을 수립하고 운영해 나간다. 학예회 및 발표회의 경우 역시 운영 방식을 의견 수렴을 통해 결정한다. 학교 상황에 따라 전교생이 참여하는 학교 행사로 운영하기도 하고, 학년 및 학급 단위로 계획해 실시하기도 한다. 학예회 및 발표회를 진행하기로 결정했다면 계획과 지도가 필요하다. 특히 학교 행사로서 진행하는 경우, 교내의 선생님들과 학생, 학부모 등 다양한 구성원의 협동과 지혜가 필요하다.

대략적인 준비 과정

학교 행사인 학예회 및 발표회를 운영하기 위해서는 먼저 학교 교육과정에 따라 운영 계획서를 작성하고, 교내 자체 진행 여부 또는 전문 업체 선정 여부를 결정한다. 전문 업체를 이용할 경우 고가의 장비와 진행 인력이 필요하므로 예산 상황에 따라 적절히 선택해야 한다. 무대 공연 준비를 위해 학급별로 공연 계획서를 작성하며, 공연의 형태와 주제, 배경음악, 안무와 동선, 시나리오, 소품 및 의상 등을 종합적으로 고려한다. 공연 계획이 어느 정도 마무리되면 연습 기간을 설정하여 학생들과 함께 공연 무대를 완성한다. 학년 초에 협력 강사나 예술 강사가 배치되는 경우, 강사와 함께 공연 준비를 진행하기도 한다. 이후 행사 진행을 위해 리허설을 실시하며, 공연 진행과 장치 운용을 점검한다. 마지막으로 학예회 및 발표회를 홍보하고 안내하기 위해 가정통신문, 현수막, 초대장 등을 제작하여 학부모와 학교 구성원에게 안내한다.

2. 학예회 및 발표회 운영 계획 예시

1 학예회 및 발표회의 목적, 기본 방침을 세우기

(예)

> **목적 :** 학예회 및 발표회는 학생들이 학습 활동과 창의적 체험 활동을 통해 익힌 지식과 기능을 표현하고 공유하며 협동과 책임감을 기를 수 있는 장이다. 이를 통해 학생들이 적성과 흥미를 발견하고, 공연과 전시 준비 과정에서 창의성, 자신감, 인성을 함양하며 성취를 격려받는 기회를 제공한다.
>
> **기본 방침 :**
> - 학생 중심 운영: 학생들이 주도적으로 참여하고 역할을 분담하며 준비 과정을 경험하도록 한다.
> - 교과 연계 및 창의성 강조: 학업 성취와 연계된 내용뿐만 아니라 창의적 체험 활동을 반영하여 공연과 전시를 구성한다.
> - 안전과 효율성 고려: 무대, 음향, 조명, 이동 동선 등 안전 관리와 행사 진행의 효율성을 최우선으로 계획한다.
> - 학교 구성원 참여 확대: 교사, 학부모, 지역 인사가 참여하여 학생 활동을 지원하고, 학교 공동체의 참여와 협력을 유도한다.

② 세부 일시, 장소, 공연 일정, 공연명 및 공연 형태 등 계획하기

예)

1. 행사 일시(안) : 2023.10.12.(목) ~ 2023.10.13.(금)
2. 행사 장소(안) : 실내 체육관
3. 행사 일정 및 진행 내용(안)

순	시간	진행 내용	지도교사
1	8:50~9:00	공연 대기 완료	각 학급 담임 교사 및 진행 요원
2	9:00~10:20	1부 공연 진행 (80분)	
	10:20~10:40	1부 마무리 및 2부 준비	
3	10:40~12:00	2부 공연 진행 (80분)	
	12:00~	2부 각 교실로 이동	

4. 공연명 및 공연 형태(안)

순	공 연 명	공연 형태	학급
1	음악과 함께 여행을	우쿨렐레와 댄스	
2	대한민국 파이팅	치어리딩	
3	나의 꿈, 나의 미래	창작 뮤지컬	
4	우리들 음악회	리듬악기와 핸드벨	

3. 공연 종목 예시

초등학교 학예회 및 발표회에서 학생들이 참여할 수 있는 공연은 매우 다양하다. 악기 연주 공연으로는 난타, 리듬악기, 핸드벨, 리코더, 우쿨렐레, 바이올린, 오케스트라 등으로 구성할 수 있다. 합창과 노래 공연으로는 학급 단위의 합창, 아카펠라, 창작 안무를 곁들인 노래 공연 등으로 구성할 수 있다. 또한 전통·춤, 창작 무용, 연극 공연으로는 깃발춤, 부채춤, 우산춤, 치어리딩, 방송댄스, 태권도, 수화, 음악 줄넘기 등 다양한 형태로 진행할 수 있으며, 학급 구성원이 모두 참여하는 연극

이나 창작 뮤지컬을 계획하고 발표하는 형태로도 진행할 수 있다. 이외에도 학생들의 흥미와 적성에 맞추어 과학 실험 시연, 이야기극, 마술 공연, 그림·미술 퍼포먼스, 스토리텔링 발표 등 다양한 창의적 표현 활동을 포함할 수 있다.

다양한 공연 준비 활동은 학생들에게 자신감 향상, 성취감 경험, 타인과의 협력 및 소통 능력을 길러 주며, 학교 구성원과 학부모가 함께 즐기고 격려하는 의미 있는 행사가 되도록 해 준다.

4. 학예회 및 발표회 준비 시 고려할 점

학교에서 진행되는 학예회 및 발표회는 학생들이 자신의 끼와 재능을 마음껏 펼칠 수 있는 소중한 기회다. 학생들이 무대에서 자신감을 가지고 최선을 다할 수 있도록 체계적인 계획을 세워 준비하는 것과 동시에 따뜻한 관심과 세심한 지도로 공연을 준비해야 한다.

공연 종목을 선정할 때 학생들의 의견을 충분히 수렴하고, 학급의 분위기와 조화를 고려하여 적절한 공연을 결정한다. 학생들이 자발적으로 참여할 수 있도록 돕되, 어려움을 느끼는 학생이 있다면 함께 연습하며 보완하고, 자연스럽게 격려하는 분위기를 조성해야 한다. 공연이 부담이 아닌 즐거운 경험이 될 수 있도록 연습 과정에서 협력의 의미를 되새기고, 자신감과 흥미를 높이도록 노력한다. 또한 각자가 맡은 역할을 성실히 수행할 수 있도록 지속적으로 응원하며 긍정적인 학급 분위기를 유지하는 것이 중요하다. 학생들이 공연을 준비하는 과정에서 작은 변화와 성장을 경험할 수 있도록 세심히 살피고, 노력과 발전을 아낌없이 격려해 나간다.

공연 연습이 일정 정도 마무리된 시점부터는 무대 구성과 소품 및 의상 준비에 만전을 기해야 한다. 공연의 주제와 분위기에 맞는 무대 배치와 역할별 동선을 구상하고, 학생들과 함께 직접 소품을 만들거나 필요한 경우 예산 내에서 대여 또는 구매한다. 특히, 손에 들고 연습을 해야 하는 소품의 경우 그 특성상 연습과 리허설 도중에 손상될 수 있으므로 여분의 소품을 준비하는 것이 필요하다. 그리고 무엇보다 학생들의 안전을 최우선으로 고려해야 하므로, 무대 동선을 꼼꼼히 점검하고 공연 중 발생할 수 있는 사고를 예방하기 위해 바닥, 전선 줄, 계단 등 공연 무대 주변의 안전을 미리 점검한다. 리허설은 실제 공연처럼 진행하며, 학생들이 무대 동선과 대기 장소를 충분히 익힐 수 있도록 반복적으로 연습한다. 또한 마이크 고장이나 소품 분실 등 돌발 상황에 대비해 해결 방안을 미리 준비하는 과정이 필요하다.

공연이 다가올수록 학생들의 마음을 살피고 정서적으로 지원하는 것도 중요하다. 무대에 대한 두려움을 덜어주고, 자신감을 가질 수 있도록 따뜻한 격려와 응원을 아끼지 않아야 한다. 연습 과정에서 학생들이 노력한 만큼 성장할 수 있도록 작은 변화를 칭찬하고, 협력과 배려의 가치를 강조하며 학생들이 하나의 팀으로 조화롭게 공연을 준비할 수 있도록 지원한다. 학생들이 서로 협력하여 완성된 무대를 발표함으로써 성취감을 느끼고, 한층 성장할 수 있는 뜻깊은 경험을 만들어 갈 수 있을 것이다.

5. 학예회 및 발표회 준비 시 유의할 점

1. 예술 활동 관련 예산 여부에 따라 운영 및 준비 형태가 달라질 수 있으므로 학기 초에 회의를 통해 미리 계획을 마련하기
2. 학년별, 학급별로 공연 종목이 골고루 배치되도록 조율하기
3. 무대 설치 장비, 공연 의상 대여의 경우 업체의 상황, 일정과 겹칠 수 있으므로 학예회 및 발표회 날짜와 시간에 맞춰 미리 예약하기

4 무대 소품으로 사용하는 물건 중 깃발, LED봉 등 소모품은 연습 중 훼손될 수 있으므로 물건을 소중히 다루도록 지도하기, 소품이 파손 혹은 소모되는 경우를 고려하여 사전에 여분 준비하기

5 악기 연주, 합창, 연기 등으로 무대 위에서 마이크가 필요한 경우 핸드마이크, 스탠드마이크 등 다양한 마이크를 준비해 공연 당일 아이들의 목소리가 잘 들릴 수 있도록 준비하기, 배경음악이나 음원파일이 필요한 무대라면 사전에 음악 또는 음원파일을 준비하고 체크하기

6 공연 준비로 수업 결손이 발생하지 않도록 유의하고, 학생들이 가정에서도 연습할 수 있도록 학부모와 소통하며 협력하기

7 많은 구성원이 참여하는 행사의 경우 교직원과의 업무 내용 공유, 소통, 협력이 중요하므로 원활하게 진행될 수 있도록 협조하기

교사생활

| 복지 | 교사를 위한 복지에는 어떤 것이 있나요? |

40대 교사인 나는 교원 복지 제도와 혜택에 관심이 없었다. 그런데 후배 선생님들로부터 맞춤형 복지, 연금 공단 복지, 단체보험 등의 정보를 얻게 되었다. 요즘에는 교권 침해와 관련된 지원도 있다고 들었다. 교원 복지에는 어떤 것이 있는지 궁금하다.

1. 맞춤형 복지 제도

맞춤형 복지 제도란 공무원의 다양한 복지 수요를 충족하기 위해 공무원 각 개인에게 주어진 복지 점수(포인트) 범위 내에서 복지 혜택을 선택하도록 하는 제도다.

1 맞춤형 복지 구성

복지 항목		주요 내용	비고
기본 항목	필수	정부 차원에서 필요성을 판단해 설정, 전체 구성원은 의무적 가입	생명보험, 상해보험
	선택	각 운영 기관의 장이 정책적 필요에 따라 설정하고, 각 구성원은 의무적으로 가입	본인 및 가족 의료비 보장 보험, 건강검진 등

교사생활

| 복지 | 교사를 위한 복지에는 어떤 것이 있나요? |

40대 교사인 나는 교원 복지 제도와 혜택에 관심이 없었다. 그런데 후배 선생님들로부터 맞춤형 복지, 연금 공단 복지, 단체보험 등의 정보를 얻게 되었다. 요즘에는 교권 침해와 관련된 지원도 있다고 들었다. 교원 복지에는 어떤 것이 있는지 궁금하다.

1. 맞춤형 복지 제도

맞춤형 복지 제도란 공무원의 다양한 복지 수요를 충족하기 위해 공무원 각 개인에게 주어진 복지 점수(포인트) 범위 내에서 복지 혜택을 선택하도록 하는 제도다.

1 맞춤형 복지 구성

복지 항목		주요 내용	비고
기본 항목	필수	정부 차원에서 필요성을 판단해 설정, 전체 구성원은 의무적 가입	생명보험, 상해보험
	선택	각 운영 기관의 장이 정책적 필요에 따라 설정하고, 각 구성원은 의무적으로 가입	본인 및 가족 의료비 보장 보험, 건강검진 등

자율 항목	각 소속 기관의 장이 필요에 따라 설정하고 각 구성원이 자유롭게 선택	건강관리, 자기 계발, 여가 활용, 가정 친화

※ 자율 항목으로 설계할 수 없는 항목은 보석, 복권, 경마장, 유흥비 등 사행성이 있거나 불건전한 항목 또는 상품권, 증권 등 현금과 유사한 유가증권의 구매 등이 있음.

② 맞춤형 복지 점수 배정 기준

기본 복지 점수	변동 복지 점수	
	근속 복지 점수	가족 복지 점수
전 직원에게 400점 일률 배정	• 1년 근속당 10점 • 최고 300점 배정	• 배우자 포함 4인 이내(자녀는 인원 수에 관계 없이 모두 배정) • 배우자 100점, 직계 존·비속 1인당 50점, 직계 비속 중 둘째 자녀는 100점, 셋째 자녀부터는 200점

※ 인사혁신처 예규에 따른 기준이며, 해당 기관별 예산액 등을 감안해 소속 기관장이 다르게 정할 수 있음.

③ 복지 점수 청구 및 지급

유형	방법
카드 사용 내역 청구	• 자동 청구: 카드 사용 → 맞춤형 복지 시스템에서 사용 순서에 따라 복지점수 자동 청구 → 총괄 운영자가 개인별 계좌로 지급 • 수동 청구: 카드 사용 → 맞춤형 복지 시스템에서 본인이 사용한 내역 선택(청구 버튼 클릭) → 총괄 운영자가 개인별 계좌로 지급 ※ 카드 청구의 경우는 별도의 승인 절차 없음
영수증 청구	• 카드(제휴 여부 무관) 또는 현금 등으로 구매 → 시스템에서 본인이 사용한 내역 입력(청구) → 청구서 출력 → 영수증 원본 부착 후 기관(학교) 담당자에게 제출 → 담당자가 복지 항목 심사 후 승인(기각) 결정 → 승인된 내역에 대해 총괄 운영자가 개인별 계좌로 지급 ※ 맞춤형 복지 시스템에 증빙 서류를 스캔 파일 형태로 업로드해 제출한 경우, 영수증 및 청구서 제출 생략

2. 교원의 교육 활동 보호

① **교원의 교육 활동 보호** | 교권 보호를 위한 제도로는 '교원의 지위 향상 및 교육 활동 보호를 위한 특별법'에 의거 모든 시·도 및 학교에서 교권보호위원회를 설치 및 운영하는 것이 이에 해당한다. 교원지위법에 따르면 교권 침해를 당한 교원에 대한 보호조치는 특별 휴가 사용, 보호조치 실행이 있다. 교원치유지원센터와 교원배상책임보험도 교원의 교육 활동을 보호하기 위한 장치다.

2 **교원치유지원센터** | 17개 시·도 교육청에서 전문 인력(상담사, 변호사 등) 및 시설을 확보하고 교권 보호와 교육 활동 침해를 예방하는 프로그램을 운영한다.

- 목적: 교육 활동의 침해 피해를 입은 교원에 대한 치유·회복·복귀 및 직무 스트레스 해소 지원, 교육 활동 침해 예방 활동 지원, 교육 활동 침해 사안 발생 시 대응할 수 있도록 다양한 정보 제공
- 운영 내용: 교육 활동 침해 예방 사업, 업무 담당자 및 교원 대상 역량 강화 연수, 교원 심리 상담(치유) 및 복귀 지원, 교육 활동 관련 법률 상담, 교원 배상책임보험 (※ 각 시·도 교육청별 차이 있음)

3 **교원보상책임보험** | 교육 활동 등으로 인해 발생한 소송을 경제적으로 지원함으로써 교원이 안심하고 교육 활동에 전념할 수 있는 여건을 마련하기 위한 목적이다.

- 보험 대상: 교육청 소속 교원(국·공·사립 유치원, 학교, 학력 인정 평생교육시설 등), 교육 전문 직원, 기간제 교원 포함, 휴직자 제외
- 보장 기간: 보험 기간 중에 발생한 보험사고에 대해 보험 기간 중에 배상 청구가 이뤄진 경우
- 보상 범위: 민사는 법률상 배상 책임(소송 비용 포함) 2억 원 한도, 형사는 법률 및 형사 소송 비용 5천만 원 한도(형사합의금 부담보, 유죄일 경우 보상 제외).
- 보상 내용: 수업이나 학생 상담 및 학생 지도 감독, 체험 학습 등 학교 시설이나 학교 업무와 관련된 지역에서 학교 업무 수행으로 발생한 우연한 사고(집단 따돌림 및 교원의 체벌, 인격 침해 포함)에 대해 배상 청구가 제기된 사안의 법률상 손해배상금, 수업이나 학생상담 및 학생 지도 감독 등 학교 시설이나 학교 업무와 관련된 지역에서 학교 업무 수행으로 형사소송을 당했을 때 피보험자가 부담하는 형사소송 비용, 수사기관에 입건돼 수사를 받게 된 경우, 공소가 제기돼 형사재판을 받게 된 경우

교육 활동보호센터 활용하기

- 시·도별 교육활동보호센터를 확인하고 이용할 수 있다.
  https://forteacher.kedi.re.kr/web/mapBoard/list.do?mId=40
- 본인이 소속된 교육청에서 운영하는 교원배상책임보험 가입을 확인하는 법: K-에듀파인 [문서등록대장]에서 [교원배상책임보험]을 검색하면 관련 공문을 확인할 수 있다.

3. 공무원연금 공단 복지제도

전·현직 공무원의 연금 관련 정보와 공단에서 수행하고 있는 각종 사업(연금·재해 보상·융자·주택·복지 등), 고객과 소통할 수 있는 민원 상담, 유튜브·웹진·블로그 등 다양하고 새로운 소식들을 만나 볼 수 있다. 공무원연금 공단에서는 공무원 연금기금을 비롯해 국가지방자치단체 부담금, 시중 은행 자료 등을 활용해, 공무원 및 그 가족의 생활 안정 지원을 위해 다양한 융자 사업을 실시하고 있다.

정보 제공	공단 소개, 사업 안내, 연금제도 안내 등
고객 참여	업무 상담, 채팅 상담, 국민 제안, 신고 센터 등
연금 복지 포털	퇴직 급여 예상액, 급여 청구 및 재직 정보, 재해·융자·주택 정보, 민원 신청 및 발급 등
	연금 담당자 기관 연금 정보 조회, 각종 민원 신청 및 발급 등(업무 지원 시스템)

Q&A
4. 공무원 단체보험은 무엇이고 의무 가입인가요?

공무원 단체보험은 공무원의 후생 복지를 위한 맞춤형 복지 제도 운영의 일환으로 공무원의 건강과 안전을 보장함으로써 직무에 전념할 수 있는 환경을 조성하기 위해 도입(2003년)했다. 공무원 단체보험은 맞춤형 복지 항목의 기본 항목에 해당되며, 기본 항목은 필수 기본 항목과 선택 기본 항목으로 구분되며 의무적으로 가입해야 한다. 필수 기본 항목은 생명·상해보험(보장 한도 1억~2억)이고, 선택 기본 항목은 본인 의료비 보장 보험(보장 한도 1천~3천만 원)이다.

생명상해보험을 의무적으로 가입하게 한 것은 공무원의 안전 보장을 위한 최소한의 혜택을 제공해 직무에 전념할 수 있는 환경을 제공하기 위한 것이다.

- 기왕 증자(기존 병력 존재자), 현증자(현재 질병 보유자) 가입 가능.
- 개인 의료 실비 보장 보험에서 담보하지 않는 내용 보장(임신 및 출산 내용 담보, 비급여 일부 치과 치료, 비급여 일부 한방 치료 보장, 보험 가입 전 미고지 병력 등으로 인한 면책 사항).

Q&A
5. 임신·출산 때 어떤 복지 혜택이 있나요?

교직원 공제회 회원이라면 혼인 신고일 또는 자녀 출생일로부터 5년 이내 축하금을 신청할 수 있다. 결혼 축하금은 10만 원이고 첫째·둘째 출산 축하금은 15만 원(2025.1.1. 이후 출생 자녀부터 적용)이며 부부 회원인 경우 각각 지급한다.

맞춤형 복지 제도 포인트로 태아 산모 검진 지원 100점(10만 원), 출산 축하 첫째 1,000점(100만 원)을 지원한다. 임신 및 출산 시 받을 수 있는 추가 복지 점수에는 난임 지원 500점(50만 원), 태아 산모 검진 지원 100점(10만 원), 출산 축하 첫째 1,000점(100만 원), 둘째 2,000점(200만 원), 셋째 이상 자녀당 1회에 한해 3000점(300점)이 있다(서울). 학교 단체보험에서 임신과 출산 특약 적용되는 보험으로 보장받을 수 있으니, 보유 중인 실비 보험에 임신 출산 내용이 없다면 학교 단체보험에 가입할 수 있다.

휴가 | 교사가 활용할 수 있는 휴가는 어떤 것이 있나요?

30대 부부 교사인데, 출산과 육아를 준비하고 있다. 출산 휴가, 육아시간, 모성 보호 시간 등을 잘 활용하기 위해 휴가의 종류와 사용에 대해 알고 싶다. 그리고 휴가 관련 법이 개정되면 필요한 내용을 어떻게 확인할 수 있는지 궁금하다.

1. 휴가 제도의 운영

휴가란 행정기관의 장이 일정한 사유가 있는 공무원의 신청 등에 의해 일정 기간 출근의 의무를 면제해 주는 것으로서, 연가·병가·공가·특별휴가를 총칭한다. 학교의 장은 휴가를 승인함에 있어 소속 교원이 원하는 시기에 법정 휴가 일수를 사용할 수 있도록 보장하되, 연가는 수업 및 교육 활동 등을 고려해 특별한 사유가 없는 한 수업일을 제외해 실시하도록 한다. 휴가로 인해 수업 결손 등이 발생하지 않도록 필요한 조치를 취해야 한다. (업무 공백을 막기 위해 업무 대행자 지정이나 인계·인수하기)

2. 연가

연가란 정신적·신체적 휴식을 취함으로써 근무 능률을 유지하고 개인 생활의 편의를 위해 사용하는 휴가를 말한다. 교원의 연가 일수는 재직 기간별로 아래와 같이 정해져 있다.

재직 기간	연가 일수	재직 기간	연가 일수
1개월 이상 1년 미만	11일	4년 이상 5년 미만	17일
1년 이상 3년 미만	15일	5년 이상 6년 미만	20일
3년 이상 4년 미만	16일	6년 이상	21일

연가 실시의 원칙

- 연가는 1월 1일부터 12월 31일까지 1년 단위로 계산한다.
- 연가는 반일 단위로 허가할 수 있고, 반일 연가는 1일 4시간을 기준으로 오전, 오후로 구분된다.
- 연가는 수업 및 교육 활동 등을 고려해 특별한 사유가 없는 한 수업일을 제외해 실시하는 것이 원칙이지만 수업일 중 교원의 연가가 가능한 경우가 있다.

('교원 휴가에 관한 예규' 제5조 참고)

3. 병가

병가란 질병 또는 부상으로 직무를 수행할 수 없는 경우 또는 감염병에 걸려 다른 공무원의 건강에 영향을 미칠 우려가 있을 때 부여받는 휴가를 말한다.

병가의 종류별 내용

일반 병가	공무상 병가
• 연 60일 범위 안에서 사용 가능 • 질병 또는 부상으로 인해 직무를 수행할 수 없을 때 • 감염병에 걸려 그 공무원의 출근이 다른 공무원이나 학생 건강에 영향을 미칠 우려가 있을 때	• 연 180일 범위 안에서 사용 가능 • 공무상 질병 또는 부상으로 직무를 수행할 수 없거나 요양을 요할 때

병가의 운영 방법

- 병가는 1월 1일부터 12월 31일까지 1년 단위로 계산한다.
- 질병이나 부상으로 인한 지각·조퇴 및 외출은 각각의 종별 구분 없이 누계 시간으로 계산해 8시간을 병가 1일로 계산한다.
- 연간 누계 6일까지는 진단서의 제출 없이도 병가를 사용할 수 있으나, 7일 이상 연속되는 병가와 병가의 연간 누계가 6일을 초과하는 경우에는 진단서를 제출해야 한다.
- 동일 사유의 병가는 최초로 제출한 진단서로 갈음할 수 있다.
- 일반 병가와 공무상 병가의 사용 가능 일수는 각각 별도로 운영한다.
- 병가 60일이 지났으나 호전되지 않아 근무하기 어려운 경우에는 개인 연가를 사용할 수 있고 그 이후에는 휴직 조치도 가능하다. (병가→연가→질병 휴직)

4. 공가

공가란 공무원이 일반 국민의 자격으로 국가기관의 업무 수행에 협조하거나 법령상 의무의 이행이 필요한 경우에 부여받는 휴가를 말한다. 〈병역법〉이나 그 밖의 다른 법령에 따른 병역 판정 검사·소집·검열 점호 등에 응하거나 동원 또는 훈련에 참가할 때, 법률에 따른 투표에 참가할 때, 승진 시험·전직 시험에 응시할 때, 건강 진단 등의 경우에 사용할 수 있다. (국가공무원 복무규정 제19조 참고)

공가의 승인 대상인 '직접 필요한 기간(시간)'에는 검사일·소환일·투표일·시험일 등의 당일에 왕복 소요 일수(시간)를 가산할 수 있다.

5. 특별 휴가

특별 휴가란 사회 통념 및 관례상 특별한 사유(경조사 등)가 있는 경우 부여받는 휴가를 말한다.

특별 휴가의 종류

구분		사용 요건
경조사 휴가		• 본인 결혼 5일, 자녀 결혼 1일 • 배우자 출산(한 번에 둘 이상의 자녀를 출산한 경우) 20일(25일) • 배우자, 본인 및 배우자의 부모 사망 5일 • 본인 및 배우자의 조부모·외조부모, 자녀와 그 자녀의 배우자 사망 3일 • 본인 및 배우자의 형제·자매 사망 3일 • 본인 입양 20일
출산 휴가		• 출산 전후 90일(다태아 120일) ※ 출산 후 45일 이상(다태아 60일 이상)
난임 치료 시술 휴가		• 여성 공무원은 난임 치료 시술별 2-4일, 남성 공무원은 정자 채취일 1일
여성 보건 휴가		• 생리 기간 중 휴식 사유, 매월 1일(무급)
모성 보호 시간		• 임신 중인 여성 공무원, 1일 2시간 이내
육아시간		• 8세 이하 또는 초등학교 2학년 이하 자녀 대상, 36개월 범위 내 1일 최대 2시간 ※ '만 9세가 되는 날(생일)의 전날' 또는 '초등학교 3학년이 되는 날(해당 학년 3월 1일)의 전날' 2가지 요건 중 하나만 충족해도 사용 가능
수업 휴가		• 한국방송통신대학 출석 수업의 참석을 위한 연가 일수 초과 출석 수업 기간
재해 구호 휴가		• 재해 또는 재난 피해 공무원과 재해 구호 봉사 활동 참여 공무원
유산·사산 휴가	여성	• 임신 기간 15주 이내 유산·사산일부터 10일, 16주-21주 30일, 22주-27주 60일, 28주 이상 90일까지
	남성	• 유산·사산한 배우자를 둔 남성 공무원 3일
가족 돌봄 휴가		• (손)자녀 병원 진료 동행 및 질병, 사고, 노령 등으로 (조·외조)부모, 배우자, (손)자녀를 돌보는 경우 등, 10일 내(자녀 돌봄 시 2-10일 유급)
포상 휴가		• 탁월한 성과 및 공로가 인정된 공무원, 10일 이내
임신 검진 휴가		• 임신 기간 중 임신 검진 사유, 10일 내
교권 침해 교원 지원 휴가		• 교육 활동 침해 피해를 받은 교원

- 한 번에 둘 이상의 자녀를 출산한 경우 출산 휴가는 120일이다.
- 육아시간 및 모성 보호 시간을 사용하려면 사용하려는 당일의 최소 근무시간이 4시간 이상이어야 한다.
- 육아시간과 모성 보호 시간은 같은 날에 동시 사용이 불가능하다.
- 육아시간이나 모성 보호 시간을 신청한 날에는 시간 외 근무 신청이 원칙적으로 불가능하다.

Q&A
6. 휴가와 휴직은 어떻게 다른가요?

휴가는 재직 상태이며 거의 대부분의 휴가는 유급이다. 이에 반해 대부분의 휴직은 직무를 하고 있지 않기에 대부분 무급이며, 일부 휴직에 대해서는 월급 일부분 또는 수당이 지급되기도 한다. 휴직은 신분은 유지하나 각종 사유로 인해 직무에 종사하지 못하는 경우로 대상자가 휴직을 청원(청원 휴직)하거나, 임용권자가 휴직을 명령(직권 휴직)할 수 있다. 직권 휴직과 청원 휴직의 종류는 교육공무원법 제44조를 참고할 수 있다.

직권 휴직	청원 휴직
임용권자의 권한으로 휴직을 명할 수 있는 것 • 질병 휴직 • 병역 휴직 • 행방불명 휴직 • 법정 의무 수행 휴직 • 노조 전임자 휴직	휴직자가 희망하면 임용권자는 휴직을 허가할 수 있는 것 • 고용 휴직 • 유학 휴직 • 연수 휴직 • 육아 휴직 • 가족 돌봄 휴직 • 해외 동반 휴직 • 자기 개발 휴직

휴직의 효력
- 휴직 중인 공무원은 신분은 보유하나 직무에 종사하지 못한다.

- 휴직 기간 중 사유가 없어지면 30일 이내에 임용권자 또는 임용제청권자에게 신고해야 하며, 임용권자는 지체 없이 복직을 명해야 한다.
- 휴직 기간이 끝난 공무원은 30일 이내에 복귀 신고를 하면 당연히 복직된다.

Q&A

7. 부모님의 병원 진료를 위해 무급 가족 돌봄 휴가를 사용할 수 있나요?

....

국가 공무원 복무 규정 제20조 제15항 및 관련 복무예규에 따라, 무급의 가족 돌봄 휴가는 연령과 상관없이 질병, 사고, 노령 등의 사유로 조부모, 외조부모, 부모(배우자의 부모 포함), 배우자, 자녀 또는 손자녀를 돌봐야 하는 경우 사용이 가능하다. 아울러 무급 휴가이기 때문에 유급 가족 돌봄 휴가와 달리 상황에 대한 구체적인 증빙 자료를 제출하도록 하지는 않고 있으나, 가족관계증명서 등 해당 가족과의 관계를 증명할 수 있는 서류를 제출하도록 규정하고 있다. 또한 복무 관리를 위해 필요한 경우에는 유급 가족 돌봄 휴가 승인 관련 증빙 서류에 준하는 서류의 제출을 요구할 수 있다. 나의 휴가 일수는 [업무포털]-[나이스]-[복무]-[개인근무상황관리]-[신청]에서 확인할 수 있다. 또한 공무원 휴가 관련 규정은 국가법령정보센터, 인사혁신처 홈페이지에 탑재된 자료에서 확인할 수 있다.

방학 보내기

방학을 알차게 보내는 방법이 있을까요?

초임 교사로서 맞는 방학은 설렘과 부담이 공존하는 시간이었다. 방학이 가까워질수록 두근두근하던 20년 전의 내 모습이 떠오른다. 초등교사로서 알아야 할 것이 너무나 많았기 때문에 방학 동안 연수를 받고, 여행을 하고, 자격증도 땄다. 방학에 경험했던 것들을 학생들과 함께 공유할 때의 기쁨은 교직 생활의 윤활유와 같았다. 내게 있어 방학은 단순히 쉬는 시간이 아니라, 교사로서의 성장을 준비하고, 에너지를 충전하며, 삶을 돌아보는 소중한 기회였다. 그런데도 시간이 한참 흐른 지금, 방학을 좀 더 알차게 보내지 못했다고 후회할 때가 있다.

1. 교사에게 있어 방학이란

방학하기 전, 많은 교사들이 방학 동안에 해야 할 일에 대한 계획을 세우고 준비하느라 바쁠 것이다. 방학은 스스로를 돌아보는 시간이자 '자기 점검과 반성'의 시간이다. 교사는 늘 바쁘다. 학기 중에는 학생들, 학부모, 동료와의 관계 속에서 쉼 없이 달려야 한다. 방학은 그런 일상을 잠시 멈추고 자신을 돌아보는 소중한 시간이다.

☐ **반성의 질문하기** | "학기 중에 내가 잘한 점은 무엇인가?", "학생들에게 더 잘해

줄 수 있었던 부분은 무엇이었나?", "수업에서 변화가 필요했던 점은 무엇인가?", "학생들을 지도하면서 힘들었던 부분은 무엇인가?", "학생들하고 뭘 했을 때 재미있었나?", "어떻게 하면 학생과 더 적극적인 마음의 교류를 할 수 있을까?" 등 구체적인 질문을 던진다. 방학은 이런 물음을 정리하고, 다음 학기에 더 나은 방향으로 나아갈 계획을 세울 기회다.

2 **'교사가 된 이유'를 되새기는 시간 |** 가끔은 초심을 확인하는 것만으로도 큰 위로가 된다. 교사가 되고 싶었던 과거의 내게 질문해 본다. "교사가 되기 전 꿈꿨던 모습은 어땠었나?", "현재 어떤 교사상을 보여 주고 있는가?", "교사가 되면 하고 싶었던 일들은 무엇이었나?" 등 과거 교사가 되려고 노력하던 내게 질문해 보자.

2. 교사이기 때문에 방학이란

....

교사는 평생 학습하는 직업이다. 학생들에게 배우는 즐거움을 가르치기 위해서는 교사 스스로 배우는 기쁨을 느껴야 한다.

- 자기 계발을 위한 연수: 연수는 종류가 다양하다. 교사로서 성장할 수 있다면 어떤 주제라도 도움이 될 것이다. 최근에는 온라인 연수도 많아서 시간과 장소에 구애받지 않고 학습할 수 있다.
- 독서: 독서는 언제나 정답이다. 더 알고 싶은 분야나 교육 관련 서적을 집중해서 읽어 보자.
- 외부 연수: 교육청이나 지역 기관의 워크숍에 참여할 수 있다. 운이 좋다면 연수를 통해 교사로서 가져야 할 교육철학, 수업 철학의 기반을 다질 수 있다.
- 업무와 자료 정리: 한 학기 동안 쌓인 자료와 공문을 정리하자. 다음 학기에

활용할 수 있도록 파일로 체계적으로 보관하자. 학생들의 평가 자료, 수업 계획안 등도 방학 중에 정리해 두면 업무의 효율성이 크게 올라간다.
- 다음 학기 계획 세우기: 다음 학기의 학습 목표와 주요 행사를 미리 구상하자. 학급 운영 계획, 프로젝트 아이디어 등을 미리 정리해 두면 학기 초의 업무 부담이 줄어든다.

3. 교사도 사람이기 때문에 방학에는

- 미래를 위한 공부: 영어, 코딩 등 학생들에게 새로운 기회를 제공할 수 있는 기술을 배워보자. 공문서 작성법이나 업무 처리 능력도 학습하면 좋다.
- 건강을 챙기는 시간: 마음과 몸의 재충전하는 시간을 갖자. 교사의 일은 정신적·체력적으로 많은 에너지를 소모한다. 방학은 자신의 건강을 챙길 절호의 기회다. 운동 습관으로 체력을 관리하자. 가벼운 산책, 요가, 헬스장 이용 모두 좋다.
- 마음을 돌보기: 명상, 독서, 자연 속 산책 등을 통해 스트레스를 해소하자.
- 정리와 계획: 일상과 미래를 준비하는 시간을 갖자.
- 삶의 즐거움 찾기: 개인적인 성장과 즐거움의 시간을 보내자. 방학은 교사로서의 삶뿐만 아니라, 한 사람으로서 자신의 삶을 풍요롭게 할 시간이다.
- 가족과의 시간 갖기: 방학은 가족과 함께 시간을 보낼 절호의 기회다. 교사로서의 삶과 가족과의 시간을 균형 있게 유지하는 것은 행복한 교직 생활의 중요한 요소다.
- 취미와 자기 계발: 음악, 그림, 글쓰기 등 평소에 자신이 하고 싶었던 활동에 도전해 보자. '교사로서의 나'를 잠시 내려놓고, 자신을 위한 시간을 가져 보자.

- 자신을 칭찬하기: 스스로를 격려하고 '긍정과 감사'를 느끼는 시간을 갖자. 지난 학기 동안 노력했던 자신을 격려하고, 잘 해냈다고 스스로를 인정해 주자. 초임 교사라면 작은 일도 큰 의미를 갖는 것이 필요하다.

4. 20년 차 훌쩍 넘은 교사 사례

방학은 성장의 시간이다. 특히 초임 교사에게 방학은 단순한 휴식 이상의 의미를 지닌다. 교사에게 방학은 자신을 돌아보고, 배우고, 준비하며, 때로는 자신을 격려하는 시간이다. 교직은 긴 여정이다. 방학 동안의 작은 노력이 학생들에게 큰 변화를 가져온다.

어느덧 치열하게 살았던 교사 시절을 지나고 가족 중심의 삶을 사는 나이가 되었다. 가족이 생기면 내가 원하는 방학을 그대로 실현하기는 쉽지 않을 것이다. 더욱 기쁜 일들이 많이 생기겠지만, 개인적인 자유로움은 내려놓아야 할 때가 있다. 그러니 지금 맘껏 공부하고, 신나게 여행하고, 크게 성장해 나가는 방학으로 알차게 구성하기 바란다. 자신이 원하는 것이 무엇인지를 쉼 없이 고민하고 가꿔 나가는 시간을 보내시길 바란다. 방학을 잘 사용한다면 교사의 현재, 미래에 자유로움을 가져다 줄 수 있는 자원이 될 것이다.

겸직과 부수입

N잡러가 유행인데 초등교사도 할 수 있나요?

"오늘 수업 너무 재밌었어요, 선생님!" 아이들의 밝은 목소리가 하루의 피로를 잊게 만든다. 교실은 내가 가장 빛나는 공간이다. 하지만 퇴근 후 집에 도착하면, 어김없이 머릿속을 스치는 생각이 있다. '나는 아이들에게 매일 성장하라고 말한다. 나는 교사로서 얼마나 성장하고 있는 걸까?' 5년 차 초등학교 교사로서 학생들과 보내는 시간은 분명 값지고 보람된다. 그러나 반복되는 수업과 행정 업무 속에서 나 자신이 점점 정체되는 듯한 기분이 든다. 처음 가졌던 열정과 설렘은 어느새 당연함과 피로로 바뀌어 있었다. 'N잡러'는 말은 본업 외에 다양한 부수입 활동이나 새로운 활동에 도전하며 다방면에서 경제적, 개인적 성장을 추구하는 사람을 칭하는 말이다. 초등교사로 학생들에게 긍정적인 영향을 주면서도 나만의 열정과 재능을 활용해 새로운 기회를 만들어 가는 사람이 되어 보자.

1. 부수입

'교사는 안정적이다.' 초등교사라는 직업을 선택할 때에도 선택하고 난 뒤에도 많이 듣게 되는 말이다. 하지만 꼭 그렇지만도 않다. 월급을 제외하고서는 모든 것이 오르는 것 같은 것이 현실이다. 생활비, 교육비, 취미 생활, 예상치 못한 지출까지 감당하려면, 종종 월급만으로는 부족함을 느끼게 된다.

경제적 이유만이 전부는 아니지만 교사라는 직업은 전문성과 책임감이 큰 만큼 반복되는 일상 속에서 자기계발의 필요성 또한 매우 중요하다. 부수입은 단순히 돈을 더 벌기 위한 수단이 아니다. 새로운 배움과 경험을 통해 성장하고, 나아가 교사로서의 역량을 확장할 기회를 만들어 가는 과정이다.

초등교사를 포함한 공무원은 원칙적으로 겸직이 금지된다. 그러나 일부 예외적으로 교육공무원법, 국가공무원법, 공무원 복무규정 등에 따라 사전 허가를 받은 경우 겸직이 가능할 수 있다. 인사혁신처 홈페이지에서 구체적인 근거를 살펴볼 수 있다.

영리업무금지 및 겸직허가제도(출처: 인사혁신처)

1. 영리업무의 금지
  1 영리업무란?
   - 계속적으로 재산상의 이득을 취하는 행위
   - 계속성 기준
     ① 매일·매주·매월 등 주기적으로 행해지는 것
     ② 계절적으로 행해지는 것
     ③ 명확한 주기는 없으나 계속적으로 행해지는 것
     ④ 현재하고 있는 일을 계속적으로 행할 의지와 가능성이 있는 것
  2 복무규정 제 25조 본문에 따른 금지요건
   - 공무원의 직무 능률을 떨어뜨릴 우려가 있는 경우
   - 공무에 대하여 부당한 영향을 끼칠 우려가 있는 경우
   - 국가의 이익과 상반되는 이익을 취득할 우려가 있는 경우
   - 정부에 불명예스러운 영향을 끼칠 우려가 있는 경우
     → 위 금지요건에 해당되지 않는 영리업무의 경우 겸직허가를 받아 종사할 수 있음

2. 겸직허가
  1 대상: 복무규정 제26조의 제1항의 다른 직무
   - 영리업무 : 복무규정 제25조 본문에 따른 금지요건에 해당하지 않는 영리업무
   - 비영리업무 : 영리를 목적으로 하지 않는 계속성이 있는 업무
   - 겸직하려는 행위가 누가 보더라도 명백하게 계속성이 없는 행위라고 볼 수 있는 경우가 아니라면, 반드시 소속 기관의 장에게 겸직허가를 신청하여야 함
  2 허가기준: 겸직허가대상인 업무가 담당직무 수행에 지장이 없는 경우에만 허가
  3 허가권자: 소속기관의 장

위 근거를 바탕으로 초등교사의 관점에서 겸직 활동이 가능한 경우를 정리하면 다음과 같다.

- '교육적 가치'를 증진하는 활동
- 교육청이나 소속 기관의 허가를 받은 경우
- 본업에 지장이 없으며 공무원의 품위를 손상시키지 않는 경우

'교육적 가치'를 증진하는 활동 예시

① 강의 활동
   학교, 교육청 등에서 추진하는 연수에서 자신만의 전문성을 살린 다양한 강의 활동
② 창작 활동
   출판, 디자인, 작사, 작곡 등의 교육적 목적을 가진 창작 활동
③ 블로그, 유튜브, 인스타그램 등 SNS
   수업, 학급운영, 교육이슈 등의 내용을 전달하는 활동

N잡을 진행하고 있는 많은 선생님들이 이미 하고 계신 부수입 활동 예시를 적어 보았다. 이처럼 교육적 가치를 증진하는 활동이라면 가능하며, 이에 대한 판단은 소속기관의 장(교감, 교장선생님)이므로 반드시 사전에 협의하고 진행하는 것이 좋다. 다만 SNS의 경우 조회수를 통한 수익은 겸직허가를 통해 받을 수 있지만, 금전이나 물품 등을 받거나 특정 서비스를 홍보하는 행위는 금지된다.

2. 외부강의, 겸직허가

새로운 기회를 접하는 것은 반갑지만, 공무원 신분으로서 규정을 지키는 것도 중요하다. 외부강의나 창작 활동을 할 때, 신고해야 하는 경우와 하지 않아도 되는 경우가 나뉜다. 이를 정확히 이해하지 않으면 불필요한 문제에 휘말릴 수도 있다. 그럼 어떤 경우에 신고해야하고, 어떤 경우에는 신고하지 않아도 될지 알아보자.

신고하지 않아도 되는 경우

1. 교육기관의 요청에 의한 강의 활동
   학교, 교육청 등에서 추진하고 공문에 의해 활동하는 각종 지원단, 강의 활동 등은 특별히 신고하지 않아도 된다. 하지만 최근에는 외부 기관을 통한 위탁을 통해 강사료를 지급하는 경우가 있으므로 이를 반드시 확인해야 한다.
2. 부동산 임대, 주식 투자 등 계속적이지 않은 추가 소득
   부동산 임대 수익이나 주식 투자 소득은 계속성으로 보지 않으므로 신고 대상이 아니다. 하지만 이 역시 매달 임대료를 받거나 계속성의 성격을 가진다면 신고해야할 수 있다.
3. 학교 관리자(교감·교장)가 필요 없다고 판단한 경우
   학교 관리자와 논의 후, 겸직 신고가 필요 없다고 결정되었다면 따를 수 있다. 하지만 이 또한 명확한 규정을 근거로 해야 하고, 교육청마다 규정이 다를 수 있으므로 충분히 알아보고 협의하는 것이 좋다.

신고해야하는 경우

교육적 목적을 가졌다고 해도 교육기관이 아닌 외부기관과의 활동은 원칙적으로 반드시 신고해야 한다. 계속성이 없다면 '나이스-외부강의 신고', '내부기안'으로 처리하는 경우가 많고, 계속성이 있다면 '겸직신고'를 하는 경우가 많다.

외부 기관에서의 강의, 창작 등이 1회성 활동이라고 해서 신고를 하지 않아도 된다고 오해하는 경우가 있는데 금전적 이익이 있다면 원칙적으로 반드시 신고해야 한다. 책이 시리즈처럼 계속해서 출판되는 경우라면 겸직신고를 해야 할 것이고, 문제지 저술의 경우에도 사교육과 연관성이 없는지 반드시 확인해야 한다.

모든 내용은 학교, 교육청마다 다르므로 외부기관인지, 계속성을 가지고 있는지 등을 판단할 때는 반드시 관리자분들과 상의하여 진행해야 한다. 겸직신고를 위한 절차는 다음과 같다(출처: 인사혁신처).

1. 신청	공무원은 겸직하고자 하는 직무관련 상세 자료*를 소속기관의 복무담당 부서에 제출하여 겸직허가 신청
2. 심사	복무담당부서의 장은 겸직허가 신청서 등의 사실여부 확인 후 겸직허가 대상인지를 검토하여 소속기관장에게 보고
3. 겸직허가 여부 결정	겸직대상업무 및 담당직무의 내용과 성격, 영리업무금지와 겸직허가 제도의 취지를 종합적으로 고려하여 개별·구체적으로 판단
4. 결과통보	복무담당부서의 장은 공문을 통해 심사결과를 통보

* 학교 및 교육청마다 다르겠지만 직무관련 상세 자료는 1 공문 2 겸직허가 신청서 3 서약서 및 동의서 로 준비하는 경우가 많다.

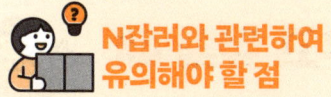 **N잡러와 관련하여 유의해야 할 점**

1. 관리자분들의 승인을 받을 때

- 관리자는 교사의 본업(수업 및 학생 지도)에 지장이 없는지를 가장 중요하게 본다. 따라서 허가를 요청할 때는, 단순히 "하고 싶다"가 아니라 이 활동이 교사로서의 성장과 학교에 도움이 될 수 있음을 강조해야 하는 것이 좋다.

  (X) "제가 유튜브를 해보려고 하는데 허락해 주실 수 있나요?"

  (O) "학생들에게 교육적 가치를 전달하는 유튜브 채널을 운영하려 합니다. 학급 경영과 수업 운영 노하우를 공유하면서 교사로서도 성장할 수 있을 것 같습니다."

- 또 하나의 우려 사항은 본업에 영향을 주지 않을까? 하는 점이다. 활동이 학사일정 외에 이루어질 것임을 명확히 설명하는 것이 좋다.

  "SNS 콘텐츠 제작은 퇴근 후에만 진행할 예정이라 학교 일정과 겹치지 않습니다."

2. SNS를 통해 홍보하라

- 단순한 부수입을 얻는 도구가 아니라, 기회를 창출하고 나를 알리며 전문성을 확장하는 플랫폼으로 활용해야 한다.
- SNS를 통해 강의 요청, 출판 기회, 협업 제안 등 다양한 활동을 제안 받는 경우도 있다.

3. 교사로서의 성장과 교육적 가치에 집중하라

- 강의, 출판, SNS 등을 통해 교사로서의 전문성을 넓히는 기회로 활용할 수 있다.
- 학생과 학부모에게 긍정적인 영향을 주는 방향으로 발전시킬 수 있다.
- "내가 하는 활동이 교사로서의 성장에 도움이 되는가?" 이 질문을 늘 스스로에게 던지며, 한 걸음씩 나아가 보자.

참고할 만한 도서

《일 잘하는 교사들의 성장 비책 슬기로운 교사생활》 교사삶책 집필팀, 교사크리에이터협회, 2025
《교사 N잡 백서》 정동완 외, 박영스토리, 2024
《공무원 N잡의 정석》 김민규, 테크빌교육, 2024

참고할 사이트

인사혁신처 : https://www.mpm.go.kr/mpm/
교사크리에이터협회 : https://t-creator.com/
전국교사작가협회 인스타그램 @ssem.writer

전문성 키우기 — 업무 실력을 키우고 싶을 때 무엇을 살펴보면 좋나요?

오늘도 정 선생님은 교실에서 최선을 다하고 집으로 돌아왔다. 그런데 문득 '내가 잘하고 있는 걸까?' 하는 고민이 들었다. 정 선생님처럼 수업 시간에 학생의 눈빛은 어땠는지, 생활지도는 제대로 했는지, 학부모와의 상담은 적절했는지 돌아보고 아쉬워하는 선생님들이 많다. 특히, 요즘 학생들의 특성이 더욱 다양해지고, 새로운 교육 정책과 기술이 계속 등장하면서 수업을 어떻게 준비해야 할지 막막할 때가 있다. '유튜브나 교사 커뮤니티를 보면 멋진 수업을 하는 선생님이 많은데, 나는 왜 이렇게 어려울까?'라고 고민하는 선생님들을 위해 내가 찾은 교사 성장을 위한 다양한 방법을 함께 나누고자 한다.

1. 교내 자원 활용하기

교사의 성장을 위한 곳은 가까이에 있다. 바로 우리 학교다. 매일 마주하는 동료 교사들과의 소통은 실제적이고 즉각적인 도움을 받을 수 있는 최고의 자원이다. 특히, 같은 학년을 맡은 선생님들은 비슷한 고민을 함께 나누고 해결 방안을 모색할 수 있는 가장 든든한 지원군이다.

☐ **동학년 협의회 활용하기** | 주기적으로 열리는 동학년 협의회는 단순한 회의가 아닌 실질적인 배움의 장이 될 수 있다. 각자의 수업 방법을 공유하고, 학생 지

도 사례를 나누며, 행사 준비나 업무 처리 노하우까지 배울 수 있다. 특히, 학년 초에는 더욱 긴밀한 협력이 필요한데, 이때 형성된 관계는 한 해 동안 큰 도움이 된다. 수업 자료와 학급경영 노하우 공유, 생활지도 사례 토론, 학부모 상담 경험 나누기 등을 할 수 있다.

② **교내 교사 동아리** | 공통의 관심사를 가진 교사들이 모여 함께 연구하고 실천한다. 독서 토론 모임, 교육 영화 감상 및 토론, 교육 연구 소모임, 수업 혁신 연구회, 학생 상담 연구회 등이 있다.

2. 온라인 커뮤니티 활용하기

디지털 시대의 장점을 활용해, 시공간의 제약 없이 전국의 선생님들과 소통하고 배울 수 있다. 각각의 플랫폼은 고유한 특징과 장점이 있어, 목적에 따라 선택적으로 활용하면 효과적이다. 예를 들어, 티처빌은 단순한 자료 공유 플랫폼을 넘어 교사의 전문성 개발을 위한 종합 플랫폼이다. 특히, 교사들의 실제 수업 사례와 연구 결과를 바탕으로 한 양질의 연수 프로그램이 특징이다.

교사 전용 플랫폼 활용법		
온라인 직무 연수	• 시간과 장소에 구애받지 않는 맞춤형 연수 • 최신 교육 트렌드를 반영한 다양한 주제 • 실시간 쌍방향 연수 프로그램	• 학점 인정 및 이수증 발급
교육 콘텐츠 활용	• 교과별 수업 설계 자료 • 교육 정책 관련 웨비나	• 학급 운영 우수 사례 영상 • 교사 전문성 개발 프로그램
교사 커뮤니티	• 학년별/교과별 정보 공유 • 교육 현장 이야기 나눔	• 실시간 질의응답 게시판 • 교사 연구회 활동 공유
맞춤형 학습 지원	• 개인별 관심 분야 추천 • 진단 제작 지원	• 학습 이력 관리 • 교육 전문가 멘토링

이런 온라인 플랫폼의 장점은 필요할 때마다 즉시 접근이 가능하고, 다양한 지역의 선생님들과 경험을 나눌 수 있다는 것이다. 특히, 농어촌이나 도서 지역 선생님들의 경우 오프라인 연수 참여가 어려울 때 유용하게 활용할 수 있다.

3. 전문적 학습 공동체 참여하기

학교 안팎의 전문적 학습 공동체는 교사의 성장에 있어 매우 중요한 역할을 한다. 단순한 지식 전달이 아닌, 함께 연구하고 실천하며 성장하는 과정을 경험할 수 있다. 같은 고민을 가진 선생님들과의 만남은 교직 생활에 새로운 활력이 되어 줄 것이다.

① **교내 전문적 학습 공동체** | 교내 전문적 학습 공동체는 일상적인 만남이 가능하다는 장점이 있다. 같은 학교 문화와 맥락 속에서 즉각적인 적용과 피드백이 가능하다.

수업 나눔 활동	연구 활동
수업 공개 및 참관, 수업 비디오 분석, 수업 성찰 일지 공유, 피드백 나눔 활동	교육과정 재구성, 수업 자료 공동 개발, 학생 이해 사례 연구, 평가 도구 개발

② **지역 교사 연구회** | 같은 지역의 선생님들과 함께하는 연구회는 학교 간 네트워크 형성에 도움이 된다. 다양한 학교의 사례를 접하고 폭넓은 시각을 가질 수 있다.

정기 모임 활동	프로젝트 활동
월 1회 정기 세미나, 교과 연구 발표회 현장 연구 공유회, 워크숍 및 특강	교육과정 개발 프로젝트, 학교 간 연계 수업, 공동 연구 발표, 교육 자료집 발간

4. 공식 교육기관 활용하기

공식 교육기관을 통한 연수는 체계적이고 전문적인 배움의 기회를 제공한다. 특히, 교육 정책의 변화나 새로운 교육과정 적용 시 매우 유용한 정보를 얻을 수 있다.

공식 교육기관 활용하기		
	연수 프로그램	교육 지원
교육청연수원	직무 연수 과정, 자격 연수 과정 특수 분야 연수, 맞춤형 단기 연수	교육과정 컨설팅, 수업 컨설팅 생활지도 상담, 학급경영 지원
	온라인 과정	전문성 개발
중앙교육연수원	정책 이해 과정, 교육 혁신 과정 리더십 개발 과정, 디지털 역량 강화 과정	교과 전문가 과정, 교육행정가 과정 연구자 양성 과정, 멘토 교사 과정

이런 공식 교육기관의 장점은 검증된 강사진과 체계적인 교육과정을 통해 신뢰할 수 있는 정보를 얻을 수 있다는 것이다. 또한 연수 이수 기록이 공식적으로 관리되어 교사 전문성 개발의 근거로 활용할 수 있다.

5. 이런 경우는 어떻게 해야 하나요?

① **시간이 부족해서 참여할 수 없을 때 |** 자신의 당면 과제나 관심사와 가장 밀접한 활동을 선택해 집중하는 것이 좋다. 예를 들어, 학기 초에는 학급경영 관련 모임을, 학기 중에는 수업 연구 모임을 선택적으로 참여하는 것을 추천한다.

② **교내 연수나 모임이 형식적으로 운영될 때 |** 모임의 질은 참여자들의 적극성에 따라 크게 달라질 수 있다. 참여자 한 명부터 변화를 시도해 볼 수 있다. 예를 들어, 다음 모임에서 다룰 주제와 관련된 실제 사례나 고민거리를 미리 준비해 가는 것이다. 특히, 수업 동영상이나 학생들의 활동 결과물과 같은 구체적인 자료를 가져가면 풍부한 논의가 가능해진다.

연수 | 41조 연수가 무엇인가요?

교사에게 배움은 끝이 없다. 그래서 대한민국 <교육공무원법>으로 '제41조 연수'라는 제도가 마련되어 있다. 초등학교 교육의 특성상 시대의 흐름에 맞춰 새로운 정보를 받아들이고 폭넓은 지식을 익히는 일은 필수다. 그래야 아이들과 더 자연스럽게 소통할 수 있고, 변화하는 교육 환경에도 잘 적응할 수 있기 때문이다. 제41조 연수는 그런 점에서 든든한 지원군이 된다. 평소 잘 몰랐던 주제나 꼭 필요한 내용을 배울 수 있는 기회이기 때문이다. 나의 교육 전문성과 수업의 질을 스스로 관리해 나가다 보면 아이들과의 수업은 훨씬 더 즐거워질 것이다.

1. 제41조 연수란

☐ **목적** | '41조 연수'의 목적은 교사의 전문성 신장과 교육의 질 향상이다. 교사로서 필요한 새로운 지식을 습득하고, 변화하는 교육 환경에 적응하며, 학생들에게 더 나은 교육을 제공하기 위해 필수적으로 실시한다. 법적 근거는 교육공무원법 제41조에서 찾을 수 있으며, 이는 교사가 정기적으로 연수를 받아야 한다는 의무 조항을 명시하고 있다.

제41조 연수는 교사의 성장과 전문성 향상을 위한 중요한 기회다. 그러나 연수의 취지에 부합하지 않거나 규정을 준수하지 않으면 문제가 발생할 수 있다. 연

수 목적을 명확히 하고, 사전 승인 절차와 복무 규정을 철저히 지키며, 연수 결과를 학교 현장에 실질적으로 활용하는 것이 중요하다.

② **교육공무원법 제41조** | 교육공무원법 제41조는 교원이 수업에 지장을 주지 않는 범위에서 소속 기관장의 승인을 받아 연수 기관이나 근무 장소 외의 시설에서 연수받을 수 있도록 규정하고 있다. 규정의 취지는 교원이 방학에 교과 지도 및 교재 연구 등 연찬을 독려하고자 한 것이다. 자율 연수로도 불리는 제41조 근무지 외 연수의 사용에 있어서 다양한 해석이 가능한데 교육부(2012. 8)에서 발간한 《교육공무원법 제41조에 따른 근무지 외 연수의 업무 처리 요령》의 내용을 토대로 해석한다.

※ 법 취지 : 교육공무원법 제41조는 교원 연수에 관한 규정으로서, 방학 기간을 이용해 지난 교육 활동을 정리하고 향후 교육 활동을 준비하는 등 자기 연찬을 목적으로, 심도 있는 연수가 가능하도록 연수 장소의 제한을 열어 주는 데 목적이 있음.

학교 현장에서 학기 중 조기 퇴근, 단축 근무, 방학 중 연수 휴가 등 본래의 취지와 어긋난 방향으로 운용하는 등 문제가 발생함에 따라 복무 관리상 감사 지적(징계)을 당하지 않도록 주의가 필요함.

2. 제41조 연수의 적용 범위

① **교육공무원법 제41조 연수의 의미** | 제41조 "교원이 수업에 지장을 주지 않는 범위에서 소속 기관장의 승인을 받아 연수 기관이나 근무 장소 외의 시설 또는 장소에서 연수를 받을 수 있도록 규정하고 있다."를 구체적으로 살펴보자.

① '교원'의 의미: 국·공·사립 교원(장학사 등 교육전문직 제외)을 말한다.

※ 사립 교원은 사립학교법 제55조에 따라 국·공립 교원의 복무를 준용.

② '수업에 지장을 주지 아니하는 범위'의 의미: 수업이란 교과 수업지도뿐만 아니라 생활지도·상담 등 학생의 성장이라는 목적을 갖고 계획하에 이뤄지는 모든 교육 활동을 말한다. '수업에 지장을 주지 아니하는 범위'는 학생들이 등교하지 않아 수업이 이뤄지지 않는 '휴업일'을 말하며, 학교 현장에서는 방학 또는 재량 휴업일이다.

※ 비교과 교사(전문 상담 교사, 보건·영양·사서 교사 등)의 교육 활동을 포함.
※ 점심시간 급식 지도, 직업 현장 체험, 창의적 체험 활동 등의 교육 활동도 포함.
※ 방학: 학기와 학기 사이의 휴업일(초·중등교육법 시행령 제47조).
※ 휴업일은 학생들에게 '수업이 없는 날'일 뿐, '교원의 근무가 면제되는 날'은 아님.

③ '소속 기관의 장의 승인을 받아'의 의미: 초·중등학교의 경우 소속 기관의 장은 학교장이므로, 학교장에게 승인(결재)을 받아야 한다. 교육공무원법 제41조에 따른 근무지 외 연수를 희망하는 교원은 '근무지 외 연수 계획서'(학교마다 별도의 명칭 가능)를 작성해 학교장에게 승인(결재)을 받아야 한다. 교육공무원법 제41조에 따른 근무지 외 연수의 승인(결재)권자는 학교장이므로 연수의 질 관리 등의 책무성을 가지게 되며, 학교장은 휴업일일지라도 학교 업무에 지장이 없는 범위 내에서 승인을 해야 한다.

④ '연수 기관이나 근무 장소 외의 시설 또는 장소'의 의미: '연수 기관 외의 시설·장소' 또는 '학교(근무 장소) 외의 시설·장소'를 의미한다. 시·도 교육 연수 기관 등 교과부 장관의 인가를 받거나, 특수 분야 연수 기관 등 교육감의 지정을 받은 연수 기관은 해당하지 않는다.

※ 연수 기관의 직무 연수는 교육공무원법 제41조의 근무지 외 연수에 해당하지 않으므로, 근무지 외 연수 계획서를 필수로 작성해야 하는 것은 아님.
※ 따라서 방학 기간이 7월 24일-8월 31일까지이고, 7월 23일-8월 1일까지 ○○시 교

육 연수원에서 직무 연수를 받는다고 할 때, 방학 중 제41조 연수의 연수 기간은 8월 2일-8월 31일까지로 해 계획서를 작성·결재함.

2 **유의 사항** | 연수 계획서를 작성할 때는 기간, 장소, 활동 내용, 기대 효과를 기재하고, 승인을 받기 전에는 연수를 진행하지 않도록 주의하자.

① 사전에 승인을 받아서 시행: 초·중등교육법 시행령 제47조에 의한 방학 등 휴업일은 교원의 공휴일이 아니므로 학교장의 허가 또는 정당한 이유 없이 직장을 이탈할 수 없다. 따라서 학교장의 승인이 있어야 연수가 가능하기 때문에 승인이 없다면 연수를 사용할 수 없다.

② 연수 신청 양식과 기간은 시·도 교육청의 지침 준수: 연수 신청은 나이스나 종이 문서의 자가 연수원으로도 가능하며, 최근 나이스로 통합·운영되는 추세다. 주 단위로 상신하여 결재를 득하도록 요구하는 경우도 있다. 간단하게 나이스에서 '요일 반복' 기능을 활용하면 방학 기간 전체로 상신할 수 있고 '특정일 제외하기'나 '특정일 시간 조정하기' 등이 가능하다.

③ 방학 중 수업 등으로 출근하고 근무시간 이전에 퇴근하고자 할 때는, 제41조 연수를 사용하거나 개인 휴가(조퇴 및 반일 연가)를 이용한다. 방학 중 방과 후 수업 때문에 자가 연수를 신청하지 않고 학교에 출근한 교사가 수업이 끝난 후에 바로 퇴근하면, 근무지 무단이탈로 징계를 받을 수 있으므로 반드시 근무하지 않는 시간을 제41조 연수 신청(예를 들면, 돌봄 교실 전담 교원 등 소속 교육청에서 별도 지침을 통해 허가한 경우)을 하거나, 조퇴 및 반일 연가 등 합법적인 절차를 거쳐서 퇴근할 수 있도록 유의한다.

- 사적인 일 처리: 조퇴, 연가 등 활용.
- 교재 연구, 학습 자료 수집, 교원 능력 개발 등: 교육공무원법 제41조 근무지 외 연수 활용.

④ 연수 시간: 연수 활동이 근무시간 내에 이뤄질 경우, 근무와 연수의 경계를 명확히 해서 연수 시간이 실제 근무시간과 중복되지 않도록 주의해야 한다.

3. 제41조 연수와 연가

1 **차이점** | 교육공무원법 제41조는 교원이 근무지 외에서 소속 기관장의 승인을 받아 연수를 받을 수 있도록 허용한 규정으로 교원의 전문성 개발과 자기 연찬을 돕는 제도다. 반면, 연가는 개인적인 사유로 근무를 하지 않는 날로, 주로 휴식이나 개인적인 용도로 사용된다. 두 제도를 상황과 목적에 맞게 활용한다면 업무 효율성과 개인적 성장 모두를 달성할 수 있다.

2 **사례**
① 제41조 연수
- 예) 초등학교 교사 A는 방학 동안 "디지털 학습자료 개발"에 관한 온라인 강좌를 듣기 위해 제41조 연수를 신청했다.
- 예) 초등학교 교사 B는 수과학 영재교육에 관한 논문을 작성하기 위해 제41조 연수를 사용했다. 논문 작성에 필요한 실험을 수행하고 결과를 논문화해 우수 연구로 선정되었다.
- 예) 초등학교 교사 C는 "AI 기반 초등 수학 교육" 워크숍에 참여하기 위해 기관장의 승인을 사전에 득해, 3일간 제41조 연수를 신청했다. 워크숍을 통해 습득한 최신 정보를 활용해 수업에 도입, 학생들의 학습 참여도를 높였다.

② 연가
- 예) 초등학교 교사 D는 방학 동안 3일의 연가를 사용해 여행을 떠났다.
- 예) 초등학교 교사 E는 부모님의 병원 진료 동행을 위해 하루 연가를 사용해 가족을 돌봤다.

ⓔ 초등학교 교사 F는 준비했던 시험을 보기 위해 하루 연가를 신청해 시험에 참여했다.

ⓔ 초등학교 교사 G는 부동산 계약 체결 등의 개인적인 법적 업무를 처리하기 위해 연가를 사용했다.

③ 제41조 연수와 연가

구분	제41조 연수	연가
목적	전문성 개발 및 자기 계발	개인적인 휴식이나 사적인 용무
사용 조건	• 연수 계획서 제출 후 기관장의 승인 필요 • 전문성 개발, 자기 계발 등 사유 제시 • 복무 관리 준수 • 무단이탈 금지	• 정당한 목적과 이유를 설명 • 연간 부여된 연가 일수(연간 21일 내외)를 초과하지 않는 범위에서 사용 가능 • 학교 관리자에게 사전 승인 후 자유롭게 사용
사용 시기	• 수업과 업무에 지장이 없는 시기	• 업무에 지장이 없다면 필요한 경우 언제든 사용 가능 • 연가 신청 시 사전 협의는 필수 • 반복 및 과도하지 않도록 유의
활동 장소	• 연수 기관, 자택, 도서관, 연구소 등 제한 없음	• 제한 없음

4. 제41조 연수 Q&A

《한국교육신문》 제41조 연수 해설 기사

Q 학기 중 수업일의 경우에도 교사 개인이 당일 수업이 없거나 조기 종료 시, 교육공무원법 제41조에 따른 근무지 외 연수가 가능한가요?

A 교육공무원법 제41조에 따른 근무지 외 연수는 학기 중 수업일에는 적용되지 않는다.

※ '휴업일' 원칙: 제41조 연수는 '수업에 지장을 주지 아니하는 범위'에서만 허용되며, 이는 실질적으로 학생들이 등교하지 않는 '휴업일'을 의미한다. 따라서, 학기 중 수업일에 교사 개인이 당일 수업이 없거나 조기 종료되더라도 제41조 연수를 사용할 수 없다. 이런 경우에는 개인 사정 처리로 조퇴, 반일 연가 등을 사용하거나 공적 활동의 경우 학교 워크숍 등의 경우라

면 출장 처리를 해야 한다.

즉 제41조 연수는 방학 등 휴업일에 한하여 적용되며, 학기 중 수업일에 이를 사용하는 것은 법의 본래 취지에 어긋나는 것으로 간주된다.

Q 제41조 연수 제도를 통해 단축 근무, 조기 퇴근이 가능한가요?

A 교육공무원법 제41조에 따른 근무지 외 연수의 취지는 방학 등에 교재 연구, 현장 체험 방문 등 다음 학기의 수업을 위한 준비를 하는 것이므로 단축 근무, 조기 퇴근 등의 용도로 운용될 수 없다. 예컨대, 방학 중 근무일에 학교에 출근한 경우 교육공무원법 제41조에 따른 근무지 외 연수를 근거로 해 조퇴, 반일 연가 등 복무에 대한 학교장의 허가 없이 단축 근무를 하는 것은 법의 본래 취지에 어긋나게 운용하는 것으로 감사에서 지적을 받을 수 있다.

Q 제41조 연수는 반드시 보고서(사후)가 있어야 하는 것인가요?

A 관리자의 재량 사항이다. 교육과학기술부 질의·회신 '교육공무원법 제41조에 의한 근무 장소 이외에서의 연수의 범위(교원07000-433, 2003. 7. 24.)'에서 교육공무원법 제41조의 규정에 의한 연수 기관 및 근무 장소 이외에서의 연수는 교원의 전문성 제고를 위한 연구, 연찬, 교육·훈련 활동을 포함하는 포괄적인 개념이다. 따라서 근무 장소 이외에서의 연수는 소속 기관의 장이 구체적인 사안에 따라 연수 계획의 적정성, 직무 수행 지장 여부, 직무 관련 정도 등을 종합적으로 판단·결정해 승인하는 사항이며, 이 경우 승인권자는 연수의 실적과 결과에 대해서 지도 및 확인이 가능함이라 하고 있어, 제41조 연수 결과의 확인 등에 대해서는 복무 관리자인 학교장이 판단해야 할 사항이다. 다만, 일반적으로 하루나 반일 정도의 연수를 승인하면서 계획서, 보고서 등을 요구하지는 않으며, 업무 경감 차원에서도 바람직하지 않다고 본다.

연수

교사를 위한 연수에는 어떤 것이 있나요?

나는 3년 차 교사로, 6학년 수업 준비와 생활지도, 학교 업무를 처리하는 데도 시간이 너무 부족하다. 그래서 학년 말에 법정 의무 연수를 급하게 수강하고 연수에 집중을 못하는 경우가 많다. 의무 연수에는 무엇이 있는지 궁금하고, 교사의 성장을 위해 어떤 연수를 활용하면 좋은지도 궁금하다.

1. 교원 연수의 종류

교육부가 제시하는 교원 연수는 크게 자격 연수, 직무 연수, 특별 연수로 구분된다. 자격 연수는 1·2급 정교사, 교(원)장, 교(원)감, 수석 교사 등 교원의 자격을 취득하기 위한 연수이며, 특별 연수는 국가나 지방자치 단체의 특별한 연수 계획에 따라 진행되는 연수로, 국내·외 교육·연구 기관에서의 우수 교사 학습 연구년제, 학위 취득을 위한 연수 파견 등이 있다. 직무 연수는 교원의 전문성을 신장하는 가장 대표적인 연수 방법이며 의무적으로 들어야 하는 연수와 교원들이 필요해서 자발적으로 이뤄지는 연수까지 포함된다. 직무 연수는 연간 60시간 이상 이수를 권고하고 있다.

〈'25년 교원 연수 중점 추진 방향〉에 따르면 연수 기관은 시·도 교육연수원(18개 기관), 교육행정연수원(1개 기관) 및 종합교육연수원(16개 기관), 대학부설교육연수원(80개 기관), 원격교육연수원(26개 기관)이 있다.

2. 법정 의무 연수 제대로 알고 활용하기!

중앙교육연수원 홈페이지에서 당해 연도의 법정 의무 연수를 확인할 수 있다. 매해 기준이 다를 수 있기에 반드시 소속 기관의 법정 의무 연수 기준을 확인해야 한다. (※[중앙교육연수원 로그인]-[나의 연수]-[법정 의무 연수])

20가지가 넘는 법정 의무 연수를 통합한 통합 과정 원격 연수를 수강할 수 있다. 시·도 교육청 산하 원격 연수원에서 수강하거나 다양한 연수 기관의 통합과정을 수강한다. 통합과정에 포함되지 않는 법정 의무 연수는 별도로 수강해야 한다.

법정 의무 연수에는 교사의 기본 역량과 법적 근거 및 업무 절차 등이 포함돼 있으므로 자신의 업무를 추진할 때 참고할 수 있다.

법정 의무 연수 유형과 종류 (정보 출처: 중앙교육연수원)

시간 지정형

연번	종류	주기	최소 기준 시간 (횟수)
1	아동학대 신고 의무자 교육	매년	1시간
2	4대 폭력(성희롱·성폭력·성매매·가정 폭력) 예방 교육	매년	4시간(각 1시간)
3	부패 방지 교육	매년	2시간
4	긴급 복지 신고의 무자 교육	매년	1시간
5	장애인 학대 및 장애인 대상 성범죄 예방 교육	매년	1시간
6	장애 인식 개선 교육	매년	1시간(대면 포함)
7	인성 교육	매년	1시간
8	학교 안전 교육	3년	15시간

9	심폐 소생술 등 응급처치에 관한 교육	매학년도	3시간(실습2시간)
10	생명 존중(자살 예방) 교육	매년	4시간
11	학생 인권 교육	매년	2시간

횟수 지정형

연번	종류	주기	최소기준시간 (횟수)
1	부정 청탁 금지 및 금품 등의 수수 금지 교육	매년	1회
2	교육 활동 침해 행위 예방 교육	매년	1회
3	정보공개 제도 운영에 관한 교육	매년	1회
4	학교 폭력 예방 교육	매 학기	1회
5	이해충돌방지법 교육	매년	1회
6	통일 교육	매년	1회
7	공무원행동강령 교육	매년	1회

비지정형

연번	종류	주기	최소 기준 시간 (횟수)
1	다문화 이해 교육		교육부 장관 및 교육감이 정한 바에 따름
2	선행 교육 및 선행 학습 예방 교육		학교의 장이 정한 바에 따름
3	학습 부진아 등의 학습 능력 향상을 위한 기초 학력 지도 역량 강화 연수		교육감이 정한 바에 따름
4	학생 도박 예방 교육		교육감이 정한 바에 따름
5	기타 법정 의무 연수		법령이 정한 바에 따름

3. 교사 성장을 위한 연수 활용 및 강사 도전하기!

☐ **교육부나 교육청 연수 안내 공문 활용하기** | 연수 담당 교사나 해당 업무 담당 교사가 다양한 연수를 안내한다. 교육부 또는 교육청에서 운영하는 직무 연수는 수업, 생활지도, 교육 공동체 참여, 교사 리더십 등 교사 전문 역량을 함양을 위해 희망자를 선발해 운영하므로, 관심 있는 영역의 연수를 신청할 수 있다. 그리

고 교육청과 연계한 사설 연수 기관에서 운영하는 원격 연수 프로그램을 활용하면 정해진 기간에 원하는 연수를 무료로 수강할 수 있다.

2 **다양한 교육 연수 기관 활용하기 |** 다양한 교사 연수 지원 플랫폼에서 내가 필요한 연수를 직접 신청할 수 있다. 어학 능력 향상, AI 융합 교육, 디지털 교과서 활용, 2022 개정 교육과정, 독서 교육 등 여러 플랫폼에서 내게 맞는 연수를 찾는다. 개인이 연수비를 지급했을 경우 학년 말에 자율 연수비를 청구할 수 있다.

3 **강좌를 개설해 함께 나누고 함께 성장하기 |** '지식샘터'는 선생님들이 가진 에듀테크 역량을 자유롭게 공유하는 쌍방향 온라인 지식 공유 서비스다. 전국의 모든 교사라면 누구나 지식샘(강사)이 되어 강의할 수 있다. 또는 선생님만의 콘텐츠를 개발해 '쌤동네' 등에서 나만의 강좌를 개설할 수도 있으니 도전해 보자.

4 **직무 연수와 자율 연수의 차이 |** 직무 연수는 교육부의 승인을 받아 교사의 승진 평점과 연수 학점제에 반영되는 연수다. 휴직 교사, 일반인은 연수를 받을 수 있으나 학점은 인정되지 않는다. 자율 연수는 교사가 원하는 기간에 자유롭게 신청해 수강할 수 있는 연수로 학점과는 상관없이 자유롭게 수강하는 연수다.

5 **자비로 결재한 직무 연수 경비 지원 |** 사업의 명칭과 연간 지원 금액은 시·도 교육청에 따라 다르며, 학교에서 예산을 편성하므로 학교마다 지원 금액이 다를 수도 있다. 직무 연수 경비 신청 방법은 자비로 먼저 결재하고 연수를 이수한 후에 소속 기관(학교)에 연수 이수증 및 연수 부담금 납부 내역서(영수증)를 첨부해 신청한다.

연구 대회는 언제, 어떻게 준비해야 할까요?

교사가 된 지 이제 3년 차가 되었다. 3년 동안 다양한 경험을 쌓았지만 여전히 연구 대회를 생각하면 걱정스러운 마음이다. 특히, 주변 선생님들께서 연구 대회에서 입상한 경험을 이야기할 때마다 한번 도전해 보고 싶다는 생각이 들었다. 그런데 막상 시작하려니 어디서부터 어떻게 준비해야 할지 막막하다. 연구 대회를 처음 준비하는 교사로서 무엇부터 시작해야 할까? 그리고 연구 보고서를 작성할 때 가장 중요한 점은 무엇일까? 도움이 될 만한 팁이나 참고할 자료가 있다면 알고 싶다.

1. 연구 대회의 종류 및 선택

연구 대회에 참가하기로 결정했다면 어떤 연구 대회에 나갈 것인지 고민해야 한다. 인성교육실천사례연구발표대회, 교육자료전, 수업혁신사례연구대회 등 교사가 참여할 수 있는 연구 대회는 정말 많다. 정부와 기관에서는 연구 대회를 크게 3가지로 나눠 운영한다.

연구 대회 군별 분류	
군	분류 기준
1군	연구 보고서 대회 중심
2군	자료 제작이나 실기 지도 대회 중심
3군	2군에 속하지 않은 공인 연구 대회 중심으로 분류

연구 보고서가 중요한 대회는 1군, 자료 제작, 실기 지도가 중요한 대회는 2군이다. 3군 대회의 경우 '공인 연구 대회'를 중심으로 실시하는 대회다. 여기서 공인 연구 대회는 공공기관이나 공공(교원)단체 등이 교육부 장관 또는 시·도 교육감의 인정을 받아 개최하는 대회다. 이런 기준에 따라 현재 운영되는 연구 대회에는 어떤 것이 있는지 알아보자.

연구 대회 군별 분류 및 현황

순	군	대회명	전국 대회 개최 조직
1	1군	수업혁신사례연구대회	교육부
2		교육정보화연구대회	교육부, 한국교육학술정보원
3		한국체육연구대회	대한체육회
4		교육방송연구대회	한국교육방송공사(EBS)
5		인성교육실천사례연구발표대회	교육부
6	2군	경기도기능지도연구대회, (전국농업교사현장연구대회)	경기도청 한국농업교육협회
7		한국체육연구상(전국, 소년, 동계)	대한체육회
8		과학전람회	교육부, 국립중앙과학관
9		교육자료전	한국교원단체총연합회
10	2군	장애학생직업기능경진대회 연구상	교육부
11		장애학생체육대회 연구상	대한장애인체육회
12	3군	현장교육연구대회	한국교원단체총연합회
13		기타 공인 연구 대회	

초보자 입장에서는 어떤 연구 대회를 선택해야 하는지 고민이 된다. 이 경우 2가지를 고려할 것을 추천한다. 첫째, 본인이 잘하는 영역을 생각해 보자. 수업 연구와 글을 잘 쓰는 사람이라면 연구 보고서 중심의 1군 대회(수업혁신사례연구대회, 인성교육실천사례연구발표대회 등)에 참가하는 것이 유리하다. 만약 내가 자료 제작 능력이 뛰어나거나, 나와 함께 연구 대회에 참가해 줄 사람(기왕이면 연구 보고서 잘 쓰는 사람)이 있다면 교육자료전이 좋은 선택이 될 수 있다.

둘째, 기왕이면 많은 사람들이 참가하는 대회를 선택한다. 연구 대회의 입상은 비율로 정해진다. 이 경우 참가자가 많을수록 입상작의 수는 늘어난다. 예를 들면, 대회 규정상 출품작의 40%가 입상할 경우 100명이 나가는 대회에서는 입상자가 40명이지만, 1,000명이 나가는 대회라면 400명이 입상할 수 있다. 노력하는 에너지 총량이 비슷하다면 최대한 입상하기 유리한 조건의 연구 대회를 선택하자.

2. 연구 보고서 작성에 대한 오해 탑3

연구 대회에 참가하고 싶지만 연구 보고서 작성이 부담스러워 주저하는 선생님들이 많다. 선생님들이 잘못 알고 있는 '연구 보고서 작성에 대한 오해 탑3'를 함께 알아보자.

1 연구 보고서 디자인은 화려해야 한다? | 연구 대회 입상을 위해 보고서를 화려하게 디자인해야 한다는 소문은 사실이 아니다. 화려한 디자인은 가독성을 떨어뜨릴 수 있으며, 중요한 것은 보고서에 담긴 실질적인 내용과 아이디어이다. 연구 대회의 핵심 목적은 교육 현장에서 활용할 수 있는 혁신적인 수업 아이디어를 발굴하는 것이다. 심사위원은 형식보다 교육적 가치를 평가하므로, 구체적이고 실질적인 내용을 담는 것이 가장 중요하다.

2 연구 보고서 내용은 빽빽할수록 좋다? | 연구 보고서는 빽빽하게 작성할수록 좋다는 소문은 사실이 아니다. 글자 간격이 좁거나 중복된 문구가 많으면 가독성이 떨어진다. 핵심 내용을 간결하고 명확하게 작성해야 보고서의 완성도가 높아진다. 심사위원은 보고서의 분량보다 내용의 충실성과 전달력을 더 중요하게 평가한다.

3 **연구 프로그램(학생 활동 프로그램)이 많을수록 좋다?** | 연구 보고서에서 백화점식 나열은 초보자들이 범하는 실수다. 보고서는 주제에 맞는 핵심 활동을 선택하고, 그 효과와 시사점을 구체적으로 서술해야 한다. 특히, 학생과 학부모의 피드백을 포함해 연구의 실질적인 가치를 보여 주는 것이 중요하다. 따라서 정선된 활동과 깊이 있는 서술을 통해 연구의 핵심 메시지를 명확히 전달해야 입상 가능성이 높아진다. (사례 나열식 제시보다는 주제와 목표에 맞게 구체적으로 실천한 내용과 학생, 학부모의 피드백을 중심으로 한 성과가 드러나도록 작성하기. -2022. 10. 심사위원 일동. 출처: 2022년 인성교육실천사례연구발표대회 심사평)

3. 연구 주제 설정 및 참고 사이트

연구 보고서는 논문에서 파생된 양식이므로 연구 주제를 만드는 것에도 기본적인 규칙이 있다. 연구 주제의 기본 형식은 '독립 변인을 통한 종속 변인'이다.

✦ 연구 제목의 기본 형식

독립변인 을 통한 종속변인
= A 프로그램 을 통한 B 결과
➡ A 프로그램을 통해 B라는 결과(효과)를 가져오다

'독립 변인을 통한 종속 변인'이라는 말은 어려우니 쉽게 이해할 수 있도록 바꿔 보겠다. 독립 변인을 A 프로그램으로, 종속 변인을 B 결과로 바꾸면 '독립 변인을 통한 종속 변인'은 'A 프로그램을 통한 B 결과'가 된다. 쉽게 말해 'A 프로그램을 통해 B라는 결과(혹은 효과)가 나타났다.'라는 의미다. 연구 주제는 이런 형식을 띠는 것이 정석이다. 예를 들어, 'S.S.E.N. 온(溫)라인 체육 프로그램으로 체력 기르기'라는 연구 주제에서 연구 프로그램을 의미하는 독립 변인은 S.S.E.N. 온(溫)라인 체육 프로그램이 된다. 연구 결과(효과)를 나타나는 종속 변인은 체력이 될 것이다.

따라서 연구 주제를 설정할 때 독립 변인 위치에는 내가 만든 연구 프로그램 이름(수업 모형 단계를 넣기도 한다)을, 종속 변인 위치에는 연구 프로그램 운영에 따른 결과를 나타내는 표현을 넣으면 기본적인 연구 주제 형식을 충족할 수 있다.

연구 주제를 설정할 때는 선행 연구를 많이 참고해야 한다. 이때 활용할 수 있는 사이트는 '에듀넷 티클리어'다. 연구 보고서는 에듀넷 티클리어에 접속한 다음, **[연구]-[연구 대회]-[연구 대회 입상작]** 탭을 클릭하면 시기별, 대회별 연구 대회 입상작을 확인할 수 있다. 전국 1등급 입상작의 연구 주제를 독립 변인, 종속 변인으로 나눠 살펴보고, 나의 연구 내용을 가장 잘 드러낼 수 있는 연구 주제를 설정하자.

더불어 연구 보고서 내용을 살펴볼 때는 연구 보고서의 구조를 머릿속에 그리며 내용을 정리하는 것이 좋다. 연구 보고서 맨 앞에 위치한 '요약서'를 참고해 서론-본론-결론이 어떤 방식으로 이어지는지 확인하고, 핵심 내용을 함께 정리해 본다. 그리고 내 연구에 활용할 수 있는 부분이 있다면 함께 기록해 준다.

4. 시기별 연구 대회 준비 방법 및 유의점

연구 대회는 1년이라는 긴 러닝 타임을 가진 대회다. 그래서 연구 대회 입상을 위해서는 체계적인 계획과 시기별 목표 설정이 중요하다. 연구 대회별로 운영 방식에 다소 차이가 있고, 모든 연구 대회 요강을 확인할 수 없다. 그래서 수업혁신사례 연구대회를 기준으로 시기별로 해야 하는 일과 유의점에 대해 자세히 살펴보겠다.

시기별 연구 활동(2024년 수업혁신사례연구대회 기준)

	연구 진행기(3~10월)						
① 연구 준비기	② 계획서 제출	③ 연구 프로그램 운영	④ 1차 보고서 제출 (지역예선)	⑤ 연구 프로그램 운영	⑥ 2차 보고서 제출 및 현장 심사	⑦ 전국 대회 참가	⑧ 최종 결과 발표
1~3월	2월 말~ 3월 말	3~7월	8월	9월	9월	10월 초	2024.12

① **연구 준비기(1~3월)** | 최근 3년 이내의 전국 1등급 연구 보고서를 읽으며 최신 연구 트렌드를 확인한다. 연구 보고서의 장점과 단점을 분석하고, 내 연구에 반영할 점이 없는지 기록한다. 더불어 교육과정 총론과 내가 선택한 연구 분과와 관련된 교과 교육과정을 숙독한다. 교과 간 연계 프로그램을 구안·적용하고자 한다면 다른 교과 내용도 확인한다. 연구 프로그램을 구안할 때는 다양한 매체의 자료를 수집한다. 그리고 연구 프로그램을 대략적으로 설계한다.

사전 작업이 끝났다면 연구 주제를 설정한다. 연구 주제는 연구에서 가장 중요한 요소이므로 연구 주제를 설정할 때는 최대한 많은 시간을 할애해 설정하자. 연구 주제 설정이 끝났다면 제출 시기를 고려해 연구 계획서를 작성한다. 작성한 내용 그대로 진행하지 않아도 되니 대략적인 흐름을 작성한다는 마음으로 연구 계획서를 쓰자.

2 연구 프로그램 운영 및 연구 보고서 작성(3-7월) | 개학 첫날, 학급 소개 활동 시간을 활용해 학생들에게 1년 동안 진행할 연구 프로그램을 소개하면 좋다. 학부모에게는 가정 통신문 형태로 작성, 기안 상신 후 발송하면 좋다. 3월 2-3주에는 학생들에게 사전 실태 조사를 실시한다. 설문을 진행 시 진지한 자세로 설문에 임할 수 있도록 분위기를 조성한다. 설문지는 잘 정리해 뒀다가 현장 심사 자료로 활용한다. 설문 결과를 바탕으로 구체적인 연구 프로그램을 구안·적용한다. 수업혁신사례연구대회에 나갈 경우 교수·학습 과정안으로 쓸 부분은 미리 골라 두자. 수업혁신사례연구대회에는 이 부분도 포함되기 때문이다.

학생 활동이 끝난 후에는 관련 결과물을 버리지 말고 포트폴리오에 활용하고, 활동마다 사진을 많이 찍어 두자. 연구 보고서 작성에 대비해 활동을 종료한 후에는 가급적 수업일지를 작성하면 좋다. 수업 일지를 작성하면 연구 과정을 체계적으로 정리할 수 있어 보고서 작성 시 세부 내용을 쉽게 보완할 수 있다.

일정이 바쁜 주중에는 연구 프로그램을 운영하고 산출물(사진, 활동 결과물, 소감 등)을 정리한다. 덩어리 시간을 확보할 수 있는 주말에 연구 보고서를 작성한다. 연구 보고서는 하나의 맥락으로 매끄럽게 내용이 전개돼야 하기에 덩어리 시간을 활용할 수 있는 주말에 연구 보고서를 쓰자.

3 1차 연구 보고서 제출(8월) | 연구 보고서는 제출하기 한 달 전까지는 작성을 완료해야 좋다. 그래야 많은 피드백을 받고, 수정·보완할 수 있다. 연구 보고서는 최소 3명에게 검토받는 것을 추천한다. 이때 연구 보고서 작성의 경험이 풍부하거나, 심사위원으로 나간 경력이 있는 사람에게 검토받는 것이 좋다. 교장·교감 선생님께 요청하는 것도 방법이다. 보고서를 검토할 때는 보고서의 기본 형식과

보고서의 세부 내용을 나눠서 검토한다.

4 **현장 심사(9-10월)** | 1차 심사를 통과했다면 수업 동영상과 현장 심사를 준비해야 한다(지역별로 다소 차이가 있으니 대회 요강을 꼭 참고한다). 현장 심사 대상자로 선정됐다면 2학기 연구 프로그램을 추가해 연구 보고서를 제출한다. 더불어 부록으로 제출했던 2학기 교수·학습과정안을 수정·보완하고 연구 보고서와 함께 제출한다(지역별로 다소 차이는 있으나 대체로 세안으로 작성해 제출한다). 이때 대회 요강에서 제시하는 수업 심사 기준안을 반드시 확인해야 한다. 심사 기준안에서 요구하는 조건들을 충족하는 수업 내용을 채택해 수업 공개를 진행해야 하기 때문이다.

수업 심사를 받을 때는 카메라 촬영을 함께 진행한다. 촬영한 동영상은 전국 대회 심사용으로 제출하기 때문에 학생-교사의 활동이 잘 보일 수 있는 위치에 카메라를 고정해 촬영한다. 2024년 대회 기준으로 수업 영상 전체 1부, 수업 영상 요약분(15분) 1부를 USB에 담아 함께 제출한다.

현장 심사에는 면접이 포함된다. 이때 연구 보고서와 연구 산출물을 정리한 포트폴리오를 함께 전시해야 한다. 면접 심사는 대체로 대면 심사로 이뤄지며 주로 방과 후 교실에서 진행된다. 포트폴리오를 만들 때는 내가 사용했던 모든 자료들 중에서 연구 내용을 설명하기 가장 좋은 자료 위주로 자료를 추출한다. 그리고 클리어화일이나 두꺼운 O링(D링) 파일들에 연구 계획, 연구 프로그램별 실천 결과물, 수업 공개, 가정 연계 순으로 정리한다. 면접에서는 주로 연구에 대해 물어본다. 연구에 대한 간단한 설명, 다른 연구와 차별화되는 내 연구의 특징(장점), 가장 기억에 남는 수업이나 학생의 반응, 연구 진행 중 어려웠던 점을 암기한다.

5 **전국 대회 참가(10월 말)** | 시·도 대회에서 입상할 경우 전국 대회에 참가할 자격이 주어진다(대회별로 전국 대회 참가 조건이 다르다). 이 시기에 지역별로 차이가 있으나 교육청에서 컨설턴트를 지원해 준다. 컨설턴트에게 최대한 많은 피드백을 받고, 전국 대회를 대비해 연구 보고서를 수정·보완한다. 연구 보고서를 제출할 때는 분실에 대비해 가급적 직접 제출하고, 연구 보고서 제출 건에 대한 기안을 상신한다.

5. 참고도서 목록

《도비쌤의 연구대회 필승 가이드》 도비쌤, 테크빌교육, 2025

《예둘쌤의 쉽게 쓰는 인성교육 실천사례 연구대회: 보고서 작성법 1-2》 홍석희, 부크크, 2019-2020

《연구대회 바이블》 김태령 외, 프리렉, 2023

대학원 | 대학원은 언제 선택하는 것이 좋을까요?

대학원에서 공부를 더 하고 싶다는 꿈이 있었고, 교사로서의 전문성을 키우고 싶어 대학원 진학을 진지하게 고민 중이다. 교사가 선택할 수 있는 대학원에는 어떤 것이 있는지, 언제 가면 좋은지, 대학원을 선택할 때 어떤 점을 고려해야 하는지 궁금하다. 또한 대학원 파견 제도가 있다고 들었는데 대학원 파견은 어떤 것인지 알고 싶다.

1. 대학원의 종류

대학원은 크게 일반대학원과 교육대학원으로 나눌 수 있다. 일반대학원은 연구 중심의 학문적 탐구를 목적으로 하며, 교사로서 교육학뿐만 아니라 다양한 학문 분야에서 깊이 있는 연구를 하고자 할 때 적합하다. 일반대학원은 교육대학교, 한국교원대학교 외의 일반대학교(서울대학교, 고려대학교, 연세대학교 등) 소속이다.

반면, 교육대학원은 교사로서의 실무 능력 향상과 현장에서 바로 적용 가능한 교육 방법론을 배우는 데 중점을 둔다. 교육대학원은 주로 교원 양성과 현직 교사의 재교육을 목표로 하는 교육대학교, 사범대학교를 기반으로 한 대학들(한국교원대학교, 서울교육대학교, 이화여자대학교 등)에서 많이 운영된다.

	교사들이 진학하는 주요 대학원	
1	한국교원대학교 교육대학원	교사 재교육의 중심 역할을 하는 대표적인 교육 대학원으로 현직 교사를 위한 유연한 수업 방식(주말 및 야간 수업) 운영
2	서울교육대학교 교육 대학원	초등교사를 위한 전문성을 높이는 데 특화된 대학원으로 초등교육학, 생활지도, 학급경영 등 실무 중심의 교육 프로그램 운영
3	이화여자대학교 교육대학원	상담 심리, 교육행정, 특수교육, 다문화 교육 등 다양한 전공을 제공하며 실무와 이론을 균형 있게 학습할 수 있는 프로그램 운영
4	연세대학교 교육대학원	교육행정 및 리더십, 상담 교육, 교과 교육 등 여러 전공을 운영하며 연구와 실무를 통합적으로 학습할 수 있는 프로그램 제공
5	서울대학교 일반대학원	일반대학원 형태로 교육학 심화 연구에 적합하며 교사 재교육보다는 연구 중심의 심화 학습이 필요할 때 적합함.

2. 대학원 진학 시 고려할 점

나는 교직 경력 2년 차에 한국교원대학교 교육대학원에 진학해, 석사(융합 교육 전공) 학위를 취득했다. "대학원 진학을 언제 하면 좋을까요?"라는 질문에 "본인이 원하는 시기"라고 답하겠다. 대학원 진학에는 많은 시간과 에너지를 할애해야 하기 때문이다. 석사 학위 기준으로 최소 2, 3년의 시간이 필요하고(논문 심사 통과가 늦어질 경우 더 걸릴 수 있다), 그 기간 동안 꽤 많은 액수의 대학원 등록금을 감당해야 한다.

학기 중에 야간으로 운영하는 교육대학원에 진학할 수도 있지만, 학업과 업무를 동시에 병행하는 일은 매우 어렵다. 그래서 교사들은 방학을 활용하는 계절 학기를 선택한다. 계절 학기를 선택하면 6학기를 수료했을 때 졸업 요건이 충족된다. 만약 일반대학원에 진학하기로 결정했다면 휴직도 고려해 봐야 한다. 교사의 근무 요건을 고려해 주는 교육대학원과 달리, 일반대학원은 주로 평일 주간에 수업을 하기 때문이다. 파견 제도를 통해서 일반대학원에 진학하면 월급을 받으며 공부할 수 있지만, 그렇지 않을 경우는 대학원 진학 기간 동안 수입이 들어오지 않는다는 것도 고민해야 한다.

일반대학원과 교육대학원의 차이		
	일반대학원	교육대학원
목적	연구 목적	현직 교사 재교육 및 교원 양성 목적
졸업 방식	대부분 논문 쓰고 졸업	논문 졸업 비율 적음 (보고서로 갈음하기도 함)
졸업 후 진로	연구원, 교수 및 기타	교사
수업 시간	주간제, 야간제(일부)	계절제, 야간제, 주간제(일부)

어린 시절부터 초등학교 선생님이 돼 석박사까지 공부하는 것이 꿈이었다. 그래서 교육대학원에 진학한 것을 후회하진 않는다. 하지만 전공 선택에 대해서는 약간의 아쉬움이 남는 것이 사실이다. 지금 시점에서 선택하라고 한다면 심리 상담이나 국어, 수학과 같은 일반 교과를 선택할 것이다. 교직 경력 3년 차 이상부터 한국교원대학교 교육대학원에서 심리 상담을 전공하게 되면 전문 상담 교사 1급 자격을 취득할 수 있다. 전문 상담 교사로 활동할 수 있고, 심리 상담과 관련된 겸직 활동(도서 출간, 연수 강사 활동 등)도 다양한 편이라 학교 바깥 활동에 관심이 있다면 이 방안을 추천하고 싶다.

국어, 수학과 같은 일반 교과를 선택하는 것이 낫다고 생각한 까닭은 신생 학과나 전공이 가진 한계 때문이다. 내 사례를 일반화할 수는 없지만 정권을 탈 확률이 높거나 새롭게 생기는 학과나 전공은 시간을 두고 좀 더 지켜볼 필요가 있다. 왜냐하면 '체계'가 없기 때문이다.

만약 연구 실적 평정점(연구 점수) 때문에 대학원을 진학하고자 한다면 주의가 필요하다. 학위에 의한 연구 실적 평정점 취득은 최대 2점(박사 학위 취득)이다. 석사와 박사 학위를 모두 취득했다고 하더라도, 둘 중 높은 학위만을 인정하기 때문에 승진에 필요한 연구 실적 평정점 3점을 모두 채울 수는 없다. 나머지 1점은 연구 대회에서 입상해야만 채울 수 있기 때문에 연구 실적 평정점 때문에 대학원 진학을 고민한다면 진지하게 다시 생각해 보실 것을 권한다.

3. 대학원 파견 제도

대학원 파견 제도는 교사가 전문성을 높이고 학문적 역량을 강화하기 위해 일정 기간 동안 대학원에 진학할 수 있도록 지원하는 제도다. 이 제도의 주된 목적은 교사가 다양한 학문 분야에서 심화된 지식을 습득해 학생 교육과 학교 운영에 적용할 수 있는 전문성을 갖추게 하는 데 있다. 각 시·도 교육청의 파견 교사로 선정될 경우 일정 기간 동안 학교 업무를 하지 않아도 된다. 대신 파견 기간은 대부분 1년에서 2년으로 제한된다. 이런 대학원 파견 제도는 교사의 경제적 부담을 덜어 주며 학업에 전념할 수 있도록 돕는다. 교육청에 따라 대학원 등록금을 지원하거나, 연구비를 보조하는 경우도 있다.

대학원 파견 교사를 신청하기 위해서는 먼저 자신의 소속 교육청에서 공고하는 대학원 파견 관련 공문을 꼭 확인해야 한다. 이후 신청 기간에 신청서를 작성하고 학업 계획서와 추천서를 교육청에 제출해야 한다. 지원자는 교육청의 심사를 거쳐 파견 대상자로 선정된다. 지원을 받을 경우 학업 종료 후 소속 교육청에서 일정 기간 근무해야 하는 조건이 있을 수 있으니, 반드시 확인한다.

대학원 파견 제도의 가장 큰 장점은 교사가 근속 연수를 유지하면서도 학업에 집중할 수 있다는 점이다. 또한 교육 이론과 실무를 결합한 학문적 연구를 통해 교사로서의 전문성을 강화할 수 있고, 대학원에서 다양한 학문적 네트워크를 형성하며 교육 현장 외부의 시각을 배우는 기회도 제공한다. 만약 성적 기준을 충족하지 못하거나 논문 작성 등 필수 조건을 달성하지 못할 경우, 지원 혜택이 회수되거나 추가적인 의무 복무 기간이 부과될 수 있다. 또한 복직 시 소속 학교가 변경될 가능성도 있으니, 이를 사전에 충분히 고려해야 한다.

승진과 전보

승진이나 이동은 어떤 기준으로 이루어지나요?

교직 5년 차가 되자, 학교 내 승진과 전보 소식을 접하며 미래를 고민하게 되었다. 점심시간에 동료 교사들에게 물었다. "언제쯤 나도 승진할 수 있을까요? 교감, 교장 선생님이 되는 길은 멀게 느껴져요." 그러자 한 분이 답했다. "지금부터 차근히 준비하면 아주 먼 길도 아니에요. 저도 연수와 연구 활동에 참여하면서 길이 보였거든요." 또 다른 선생님도 말했다. "저는 전보 신청을 하려고 해요. 학교가 집에서 너무 멀거든요. 그런데 전보 신청이 간단치 않아 알아보는 데 시간이 걸렸어요."

1. 승진의 개념

승진은 교사의 직급이 상승하는 것을 의미하며, 주로 교감이나 교장과 같은 관리직으로의 전환을 포함한다. 승진은 교사의 전문성을 인정받고, 학교의 운영과 정책 결정에 더 큰 역할을 맡게 되는 과정이다. 승진은 다음과 같은 기준에 따라 이뤄진다. 다만 지역별로 상이한 부분이 있으므로 각 교육청 인사 실무 편람을 참고해야 한다.

- 근무 경력: 일정 연수 이상의 경력을 쌓아야 승진 대상자로 고려된다. 예를 들어, 교감 승진은 대개 교사로서 20년 이상의 경력이 요구된다.
- 연수 및 평가: 승진을 위해 교사 연수와 평가 점수를 충족해야 한다. 교원의

전문성 신장을 위한 다양한 연수 프로그램 참여가 필수적이다. 대체적으로 60시간짜리 연수를 듣고 95점 이상을 받아야 한다.
- 가산점: 농어촌 근무, 교육 연구 활동, 돌봄 교실 운영, 준거 집단 운영 등은 가산점으로 인정된다. 특정 지역에서의 근무 경험은 승진 점수를 높이는 데 기여할 수 있다.

2. 이동(전보)의 기준

전보는 교사가 현재 근무 중인 학교에서 다른 학교로 이동하는 것을 의미한다. 이는 교사의 개인적 필요와 교육청의 인력 배치 정책에 따라 이뤄진다.
- 전보의 주요 기준: 전보는 다음 기준에 따라 이뤄진다. 이 또한 지역별로 다른 기준이 있으므로 매년 11월 말에서 12월 초에 공문으로 오는 인사 실무 편람을 꼭 챙겨 봐야 한다.
- 근무 연한: 동일 학교에서 일정 기간 이상 근무한 교사는 전보 대상자로 고려된다. 대개 2-5년 주기로 전보가 이뤄진다.
- 지역 우선 배치: 교사의 거주지와 학교의 거리, 가족 상황 등이 전보 요청에 반영될 수 있다. 예를 들어, 자녀 교육이나 배우자의 직장 이동이 고려될 수 있다.
- 교육청 방침: 교육청은 특정 지역이나 학교에 필요한 인력을 적절히 배치하기 위해 전보를 조정한다. 농어촌이나 소외 지역의 교사 배치를 우선적으로 고려하는 경우가 많다.
- 교사 요청: 교사 개인의 전보 신청은 일정한 기준과 절차에 따라 이뤄진다. 전보 신청서를 작성하고, 필요한 서류를 첨부해 교육청에 제출한다.

- 점수제 전보: 일부 지역에서는 전보 점수제가 적용된다. 근무 경력, 가산점, 특별 상황 등을 점수로 환산해 우선순위를 결정한다.

3. 승진과 이동을 준비하는 교사를 위한 팁

교사의 승진과 전보는 단순히 경력 이동 이상의 의미를 지닌다. 이는 교사가 전문성을 확장하고, 새로운 환경에서 다양한 교육적 경험을 쌓을 기회다. 꾸준한 준비와 자기 계발을 통해 교육자로서의 성장을 이어 나가야 한다.

- 장기적인 계획 수립: 승진과 이동은 단기간에 이뤄지지 않으므로, 장기적 목표를 세우고 꾸준히 준비해야 한다. (연수 프로그램 참여, 수업 자료 개발, 연구 활동 등)
- 연수와 네트워킹: 교육 관련 연수에 참여해 전문성을 높이고, 동료 교사 및 교육청 관계자들과의 네트워킹을 강화해야 한다.
- 실적 관리: 학급 운영, 학생 지도, 연구 활동 등 자신의 교육적 성과를 체계적으로 기록하고 정리해야 한다. 필요시 포트폴리오를 작성해 제출용 자료로 활용해야 하므로 꼭 정리해 둔다.
- 가산점 활용: 농어촌 근무, 연구 활동, 포상 등 가산점을 받을 수 있는 활동에 적극적으로 참여해야 한다.
- 교육청 정보 활용: 승진 및 전보와 관련된 정보를 교육청 홈페이지나 공문을 통해 확인하고, 관련 규정을 숙지할 필요가 있다.
- 멘토 찾기: 승진이나 전보를 경험한 선배 교사들에게 조언을 구하고, 그들의 경험을 참고해야 한다.

저자진 소개

교사성장학교 —— https://cafe.naver.com/teachergrowthschool

교사성장학교는 서로의 삶과 교육을 나누고 배우며 함께 성장하길 바라는 유초중등 교사들의 모임입니다.

강민정 —— moon3417@daum.net

서울일신초등학교 교사. 학생들을 잘 가르치고 싶어 대학원 파견을 거쳐 박사학위를 받았다. 방학의 경험을 다음 학기, 아이들과의 수업에 적용하는 재미로 여행과 자격증 따기, 다양한 연수에 매료되었었다. 대학의 시간강사, 연수 강사, 1정 연수 강사, 연구활동 등의 노하우를 열정 가득한 초등 선생님들과도 나누고 싶어서 늘 마음이 바쁘다.

김유리 —— ur2sarang@naver.com

서울방이초등학교 교사. 학년부장을 6년째 이어가며 동료 교사에게 기버가 되고 싶은 마음을 품고 출근길을 나선다. 학교 안에서 업무의 효율, 관계의 깊은 연결, 새로움에 도전을 즐기며 의미 있는 교육생활을 이어가고 있다. 자기주도생활, 그림책과 글쓰기 수업, 프로젝트 학습을 기반으로 글을 쓰고 전하는 중이다.

김정인 —— ksfksfks@naver.com

선암초등학교 교사. 학생들이 자신을 사랑하고 공동체 가치와 국제적 소양을 함양한 행복한 사람으로 성장하는 데 도움이 되고 싶은 교사이다. 세계시민교육 선도교사, 평화교육 및 그림책 수업 연구회 등에서 활동 중이다.

손경아 —— kyeong165@naver.com

강릉운양초등학교 교사. 아이들과 선생님이 함께 행복한 학교를 만들기 위해 고군분투하는 24년차 교사. 10년 넘게 학년 부장과 업무 부장을 하며 느꼈던 다양한 교직 생활 노하우를 함께 나누고 전달해 주기를 즐긴다. 학생에 대한, 인간에 대한 깊이 있는 이해를 위해 대학원에서 심리치료를 전공했다. 책을 통해 이야기 나누기를 즐기며 독서모임을 꾸준히 이어 가고 있는 작가이자 교사다.

윤용한 —— trts0906@hanmail.net

남창초등학교 교사. 항상 저경력 선생님과 동학년이 되어 학급운영 및 학교생활에 대해 적응하는 기간 동안 어려워 하는 모습을 보며, 조금이라도 쉽게 적응하도록 돕다 보니 1정 연수 강사, 학급경영 및 창의적체험활동, 사회과 강사로 활동하며, 선생님들과 만나고 있다. 교사와 학생 모두가 행복한 학교생활 방법을 연구하고 공부하고 있다.

이고은 —— tbdtbd0113@naver.com

서울지향초등학교 교사. 아이들과 함께 성장하며 배움을 즐기는 여정을 걷고 있다. 교육과 인문학을 사랑하고 미래교육의 방향성과 비전을 고민하며 다양한 질문을 품는 사람이다. 에듀테크 및 융합교육에 관심이 많고 연구회 활동을 하며 배우고 나누는 삶을 이어 가고 있다.

이선아 —— amongnet0@naver.com

서울아현초등학교 교사. 틈틈이 이모티콘 작가로 활동하며 그림 그리는 재미에 푹 빠져 있다. 학교에서는 아이들과 함께하는 경제교실을 운영하고 있다. 아이들과 머리를 맞대고 우리만의 특별한 콘텐츠를 만들어 가는 과정이 정말 즐겁고, 교실 안에서 아이들의 호기심과 창의력을 키워 주는 다양한 활동 수업을 개발하는 일에 행복을 느낀다.

이지애 —— jastation@naver.com

성동초등학교 교사. 어릴 때 꿈은 하늘을 나는 것이었다. 지금은 각종 연수를 통해 배움과 성장의 즐거움을 나누며, 선생님들과 함께 날고 있다. 호기심이 많아 경제, 환경, 독서, 에듀테크 등 다양한 분야에 관심을 갖고 달인이 되기 위해 오늘도 부단히 노력 중이다.

임우균 —— dladnrbs@naver.com

목포임성초등학교 교사. 디지털과 창의융합 교육을 실천하는 초등교사이다. 미래교육을 기반으로 학생들과 함께 성장하며 끊임없이 도전한다. 항상 어제보다 더 나은 사람이 되기 위해 노력하며, 새로운 교육 가치를 추구한다.

조혜민 —— chm5304@naver.com

서울잠원초등학교 교사. '도전과 비전을 품은 선생님'이라는 의미를 담아 도비쌤(Dobissaem)이라는 이름으로 교사 크리에이터로 활동하고 있다. 'Life is about connecting the dots.'를 늘 믿고 열심히 살아가는 ESTJ 교사다. 연구대회, 창의융합수학, 경제, 독서토론, 디지털 드로잉을 중심으로 전문성을 쌓고 있다.

주상희 —— *violetelff@naver.com*

청주소로초등학교 교사. 다양한 학급을 담임하며 쌓아온 풍부한 경험과 노하우를 바탕으로 학교 현장에서 겪는 어려움을 덜고, 보다 행복한 학교생활을 위한 연구활동을 하고 있다. 교육은 단순히 지식을 전달하는 것을 넘어 아이들의 삶에 긍정적인 변화를 가져오는 일이라고 믿으며 학생들과의 소통, 학부모와의 관계, 학급 운영에 관한 고민으로 다양한 연수에 참여하고 있다.

나를 소모하지 않는
요즘 학급운영
기본기 60

초판 1쇄 발행 2025년 8월 25일

지은이 교사성장학교 강민정, 김유리, 김정인, 손경아, 윤용한, 이고은, 이선아, 이지애, 임우균, 조혜민, 주상희

펴낸이 이형세
펴낸곳 테크빌교육(주)
주소 서울시 강남구 언주로 551, 프라자빌딩 5층/8층 | **전화** (02)3442-7783(333)
편집 한아정 | **디자인** 곰곰사무소

ISBN 979-11-6346-202-6

책값은 뒤표지에 있습니다.

테크빌 교육 채널에서 교육 정보와 다양한 영상 자료, 이벤트를 만나세요!
티처빌 teacherville.co.kr   **티처몰** shop.teacherville.co.kr
쌤동네 ssam.teacherville.co.kr   **체더스** chathess.teacherville.co.kr

이 책의 무단 전재와 무단 복제를 금합니다.
잘못 만들어진 책은 구입하신 서점에서 교환해 드립니다.